Heilige Symbole

Heilige Symbole

Die Schlüssel zu den großen Mysterien der Welt

Herausgegeben von Robert Adkinson

KNESEBECK

Bibliografische Information Der Deutschen Nationalbibliothek
Die Deutsche Nationalbibliothek verzeichnet diese Publikation
in der Deutschen Nationalbibliografie;
detaillierte bibliografische Daten sind im Internet unter
http://dnb.d-nb.de abrufbar.

Titel der Originalausgabe:
Sacred Symbols – Peoples, Religions, Mysteries
Erschienen bei Thames & Hudson Ltd., London 2009
Copyright © 2009 Thames & Hudson Ltd., London

Deutsche Ausgabe
Copyright © 2009 von dem Knesebeck GmbH & Co.
Verlag KG, München
Ein Unternehmen der La Martinière Groupe

Copyright © der deutschen Übersetzung:
Barbara Steckhan (S. 14–167), Rita Seuß (S. 168– 245),
Sonja Schumacher (S. 326–403, 560–633 und 710–787)
1996/1998 by arsEdition GmbH, München.
Alle übrigen Texte übersetzt von Walter Spiegl

Umschlaggestaltung: Fabian Arnet
Lektorat, Herstellung und Satz: VerlagsService Dr. Helmut
Neuberger & Karl Schaumann GmbH, Heimstetten
Druck: Everbest Printing Co. Ltd., China
Printed in China

ISBN 978-3-86873-036-4

Alle Rechte, insbesondere das Recht der Vervielfältigung
und Verbreitung, vorbehalten. Kein Teil des Werkes darf
in irgendeiner Form (durch Fotokopie, Mikrofilm oder ein
anderes Verfahren) ohne schriftliche Genehmigung des
Verlages reproduziert oder unter Verwendung elektronischer
Systeme verarbeitet, vervielfältigt oder verbreitet werden.

www.knesebeck-verlag.de

Inhalt

Einführung 7

VÖLKER
Die Ägypter 15
Die Kelten 91
Die Indianer 169
Die Maya 247

RELIGIONEN
Buddhismus 327
Taoismus 405
Christentum 481

MYSTERIEN
Mandala 561
Heilige Sexualität 635
Das Tarot 711

Bild- und Textnachweis 788

Einführung

Die heiligen Symbole der alten Überlieferungen führen uns zum Kern des Menschseins. Selbst im modernen westlichen Kulturkreis, in dem rationales Denken, Konsum und immer neue optische Anreize das Leben bestimmen, prägen überlieferte Symbole unser Bewusstsein. Der Wunsch, die Zusammenhänge des Universums und unseren Standort darin zu bestimmen, ist ein dem Menschen angeborenes Bedürfnis, das wir mit unseren ältesten Vorfahren teilen.

Dieses Buch bietet ein Kompendium der zeitlosen Anstrengungen der Menschheit, die Welt, in der sie leben, zu deuten und zu erklären. Es fasst einige der mächtigsten heiligen Zeichen und Bilder in drei Kategorien zusammen – Völker, Religionen und Mysterien. Innerhalb dieser Gruppen sind die Themenkreise weit gespannt. Sie umschließen Traditionen des Westens und des Ostens, vergangene und gegenwärtige, und schöpfen aus den Quellen der Kunst, der Rituale, des Mythos und der Spiritualität. Jede der hier untersuchten Traditionen ist auf ihre Weise faszinierend. Im Zusammenhang miteinander enthüllen sie viele der fundamentalsten Archetypen menschlicher Erfahrungen.

Am Beginn der Menschheitsgeschichte wurde die gesamte Welt – die lebende wie die tote, die natürliche wie die übernatürliche – mit Symbolen dargestellt. Leben, Sterben und Wiedergeburt lagen dicht beieinander, und diese sich ständig wiederholenden Transformationen wurden mit Hilfe von Überlieferung und Symbolik erklärt: der Übergang von dieser Welt in die nächste, die Ankunft jedes neuen Tages, jedes neuen Frühlings. Diese Überlieferungen wurden stets aufs Neue belebt durch Rituale, Kunstwerke, Tänze, Opfer, Masken, Hieroglyphen, Amulette, Fetische, Architektur und Musik. Sie waren das Bindeglied zwischen Gruppen von Individuen und ihren Überlieferungen, zu denen vor allem Schöpfungsmythen und Erzählungen vom Ursprung des Menschen gehörten. Die alten Ägypter verwendeten Symbole zur Darstellung aller Kräfte des Universums – der Götter und der Menschen, der Geburt und des Lebens nach dem Tod. Sogar ihre Schriftsprache war bis zu einem gewissen Grad symbolisch. Die Kelten sahen in allen Kräften der Natur das Wirken von Geistern, und viele Naturvölker des amerikanischen Kontinents hielten es ebenso. Ihre Welt war beherrscht von übersinnlichen Wesen, die mit Hilfe von Symbolen, Mythen und Kunstwerken verehrt und besänftigt wurden.

Die Maya lebten in einer vielschichtigen Welt unterschiedlicher Bedeutungen. Ein Haus, ein Maisfeld, ein Kaiman oder eine Schildkröte konnte das Symbol für die Erde sein. Natürliche Vorgänge und übernatürliche Erscheinungen vermischten sich zu einem konzertierten Ritual von kosmischer Weite.

Die Religionen der Welt haben ihre Glaubensgrundsätze immer in Form von Symbolen verbreitet, um deren tiefe, geheimnisvolle Wahrheiten zu offenbaren. Der Buddhismus, der keine Schöpfergottheit kennt, verkündet seine Glaubensregeln mit den Mitteln der Kunst, der Architektur und durch Episoden aus dem Leben Buddhas. Buddhistische Kunst ist reich an Symbolen, ob nun Buddha meditierend mit gefalteten Händen dargestellt ist oder die rechte Hand zur Erde hin ausstreckt, um sie zu erleuchten, oder unter einem Sonnenschirm sitzt, dem Sinnbild des Feigenbaums, unter dem er Schutz fand, als er die Erleuchtung empfing. Diese Symbolsprache war äußerst wirksam bei der Ausbreitung der undogmatischen Lehren dieses toleranten Glaubens.

Auch dem Taoismus fehlt eine allmächtige Gottheit. Tatsächlich handelt es sich hier weder um eine Religion im herkömmlichen Sinn noch um eine konstruierte Philosophie. Trotzdem hat sich seine bedeutungsschwere Bildsprache in Jahrhunderten chinesischen Kunstschaffens entwickelt.

Anders als Buddhismus und Taoismus verfügt die christliche Religion zwar über ein fest gefügtes theologisches Rahmenwerk, verzichtet aber keineswegs auf wirkungsvolle Symbolik. In der christlichen Überlieferung symbolisieren das Leiden und der Opfertod Jesu Christi das Leid der gesamten Menschheit. Das Lamm Gottes, die Taube des Heiligen Geistes, Brot und Wein beim Abendmahl, die Attribute der Heiligen fanden durch Rituale, Liturgie und Kunst zwei Jahrtausende hindurch Verbreitung und prägten sich unauslöschlich ins Bewusstsein der Gläubigen ein.

Andere Formen der Symbolik überschreiten ethnische, historische und religiöse Grenzen. Das zeitlose und alles umfassende Mandala ist eines der bedeutendsten Symbole menschlicher Erfahrung. Jung sah darin einen Archetypus des kollektiven Unbewussten und eine therapeutische Maßnahme, die kranke Psyche zu heilen. Die konzentrische Struktur des Mandala, die sowohl dem Kosmos als auch dem Mikrokosmos entspricht, verweist auf den physischen Aufbau des Universums ebenso wie auf die Reise der Seele des Individuums durch eine Aufeinanderfolge innerer Zustände zum

Mittelpunkt des Alles-Verstehens, dem Zustand des höchsten Bewusstseins. Für das Mandala gibt es weit über seine hinduistischen und buddhistischen Ursprünge hinaus Parallelen in vielen anderen Kulturen.

Im wahrsten Sinne universell ist die Sexualität, die in vielen unterschiedlichen Kulturen mit symbolischer Bedeutung unterlegt wird. Die dient nicht nur dem Fortbestand der Menschheit, sondern steht auch symbolisch für das Zusammenwirken der das Universum formenden und treibenden Elementarkräfte. Mutter Erde, Vater Himmel, *Yin* Erde und *Yang* Himmel sind Sinnbilder der Sexualität, der unerschöpflichen Energie im kosmischen Kreislauf. Dieses Buch schließt mit einer Betrachtung der komplexen und rätselhaften Symbolik des Tarot, die sich seit dem ersten Erscheinen im 15. Jahrhundert allen Versuchen einer verstandesmäßigen Deutung entzogen hat.

Die hier zusammengefassten Symbole stammen aus vielen Kulturen und Überlieferungen. In der Zusammenschau enthüllen sie weniger die Unterschiede zwischen den Religionen als den allen Menschen gemeinsamen Trieb, den grundlegenden Wahrheiten menschlicher Erfahrungen kreativ Ausdruck zu verleihen.

VÖLKER

DIE ÄGYPTER

EINE WELT DER SYMBOLE

Für die alten Ägypter war die Welt voller Symbole: So war der Falke nicht nur ein geschickter Greifvogel, sondern ein Sinnbild für alles Göttliche; der Skarabäus nicht nur ein großer Käfer, sondern ein Symbol für die Erneuerung des Lebens; die sich am Morgen öffnende Lotosblüte versinnbildlichte die Rückkehr der Sonne, die Auferstehung. Die Symbole standen für die

großen Fragen des Lebens wie Geburt und Tod, den Lauf der Gestirne, Macht, Gerechtigkeit und Weisheit. Sie waren von einer geheimnisvollen, mächtigen Aura umgeben und üben auch auf den heutigen Betrachter noch eine große Anziehungskraft aus.

SEITE 14 UND OBEN *Beispiele gemalter Hieroglyphen und Symbole aus dem alten Ägypten.*

Die Ägypter

Zeittafel

PRÄDYNASTISCHE PERIODE (bis ca. 3000 v. Chr.)

FRÜHDYNASTISCHE PERIODE (2920–2649 v. Chr.)

        1. Dynastie   2920–2770 v. Chr.
        2. Dynastie   2770–2649 v. Chr.

ALTES REICH (2649 – 2150)

        3. Dynastie   2649–2575
        4. Dynastie   2575–2465
        5. Dynastie   2465–2323
        6. Dynastie   2323–2150

ERSTE ZWISCHENZEIT (2150–2040 v. Chr.)

        7./8. Dynastie   2150–2134
        9./10. Dynastie   2134–2040

MITTLERES REICH (2040–1640 v. Chr.)

        11. Dynastie   2040–1991
        12. Dynastie   1991–1783
        13. Dynastie   1783–1640

ZWEITE ZWISCHENZEIT (1640 v. Chr.–1550 v. Chr.)

        14.–17. Dynastie   1640–1550

NEUES REICH (1550–1070 v. Chr.)

18. Dynastie	1550–1307
19. Dynastie	1307–1196
20. Dynastie	1196–1070

ÜBERGANG ZUR SPÄTZEIT (1070–712 v. Chr.)

21. Dynastie	1070–945
22. Dynastie	945–718
23. Dynastie	820–718
24. Dynastie	724–712

SPÄTZEIT (712–332 v. Chr.)

25. Dynastie	712–657 (nubische Herrschaft)
26. Dynastie	664–525 (Residenz in Sais)
27. Dynastie	525–404
28. Dynastie	404–399
29. Dynastie	399–380
30. Dynastie	380–343
31. Dynastie	343–332 (persische Herrschaft)

GRIECHISCH-RÖMISCHE PERIODE (332 v. Chr.–392 n. Chr.)

Dynastie der Makedonier	332–304
Dynastie der Ptolemäer	304–30
Römisches Reich	30–392 n. Chr.

Die Ägypter

Ein Geschenk der Götter

Nichts verkörpert die Symbolik des alten Ägypten besser als seine einzigartige Schrift. Bild und Schreiben waren eins, und so gab es für »zeichnen« und »schreiben« auch nur ein Wort. Die Hieroglyphen für die Götter waren symbolträchtige Bilder. Horus wurde als Falke, Isis als Thron, Seth als Wüstentier mit pfeilähnlichem Schwanz und Anubis als Schakal dargestellt. Ähnlich bildhaft waren auch andere Begriffe: »gehen« wurde durch zwei Beine, »Haus« durch ein Rechteck mit einer Öffnung nach unten wiedergegeben. Für den Gott Thot gab es verschiedene Darstellungsmöglichkeiten: mit Ibiskopf, als Pavian

oder als Mondgott. Als Gott der Schrift und Schutzherr der Schreiber spielte er eine wichtige Rolle, denn die Sprache galt als Geschenk der Götter. Deshalb beaufsichtigt der Pavian-Gott oft in gebückter Haltung arbeitende Lohnschreiber.

LINKE SEITE *Hieroglyphen aus dem Grab der Königin Nefertari nahe Luxor, Ägypten.*

LINKS *Statuette des Gottes Thot, dargestellt mit Ibiskopf.*

CHAOS UND KOSMOS

Schöpfungsgötter und Lebenskraft

In den religiösen Schriften des alten Ägypten finden sich je nach Ursprungsort verschiedene Erklärungen für den Ursprung der Schöpfung. Einer verbreiteten Version zufolge entstand die Welt, indem sich ein Urhügel aus dem Urwasser erhob. In abgewandelter Form spricht der Mythos von einer Lotosblüte, die auf dem Urwasser schwimmt und beim Aufblühen die neugeborene Sonne enthüllt. Nach einem anderen Mythos entstand die Schöpfung durch ein göttliches Wort. So glaubte man in Memphis, der Gott Nah habe die Welt durch die Macht des Wortes geschaffen.

Nut

Die Himmelsgöttin Nut galt als »Schwein, das seine Ferkel frisst«, denn man nahm an, dass sie die Himmelskörper durch den Mund aufnahm und durch den Schoß wieder ausschied. In der Darstellung wölbt sie sich normalerweise über den Luftgott, ihren Vater Schu, und über den Erdgott, ihren Gatten und Bruder Geb, die ihr beistehen (siehe nächste Seite). Als Göttin des kosmischen Kreislaufs verband man mit Nut auch die Auferstehung. Oft wurden Sarkophage und Grabkammern mit dem Bildnis dieser Göttin ausgeschmückt.

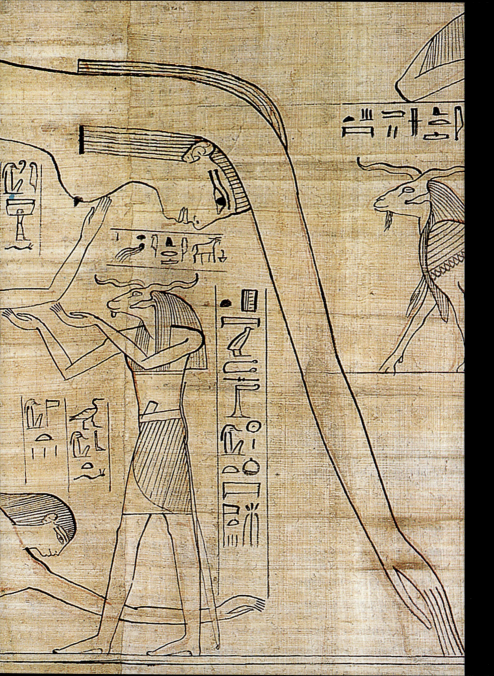

Die Himmelsgöttin Nut auf einem Papyrus aus der 21. Dynastie

Tefnut

Einer der ältesten ägyptischen Schöpfungsmythen verstand die Erde als Urhügel, der sich aus dem Chaos der Urflut erhoben hatte. Darauf thronte der »selbstentstandene« Gott Atum und erschuf Schu, den Gott der Lüfte, und Tefnut, die Göttin des Wassers. So entstand die Zweiheit, der Gegensatz der Geschlechter. Als Atum im Sonnengott Re aufging, wurden Tefnut und ihr Bruder Schu seine Kinder. Auf diesem Papyrus aus der 19. Dynastie wird Tefnut in der Rolle einer Richterin im Jenseits dargestellt.

GEGENÜBER *Tefnut, die Göttin des lebenspendenden Taus (Papyrus Hunefer; 19. Dynastie)*

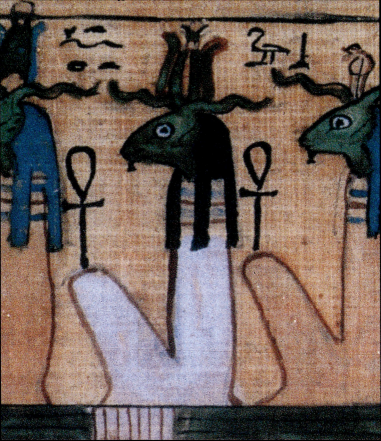

Stier

Der Apis-Stier repräsentiert den Schöpfungsgott, das Urwasser und die Fluten des Nils. Als Symbol der Lebenskraft verband man ihn mit dem ägyptischen König, und einige Pharaonen des Neuen Reichs wurden als »mächtiger Stier« oder »Horus-Stier« bezeichnet. Apis galt als Herold des Gottes Ptah und wurde in Gestalt eines Stiers verehrt, der bestimmte »heilige Zeichen« aufweisen musste.

Gegrüßt seist du, der in der Sonnenscheibe erstrahlt, ein Lebendiger, der aus dem Horizont hervor steigt ... Ich kenne die Namen der sieben Kühe und ihres Stiers, die Brot und Bier geben, die den Seelen Gutes tun.

DAS ÄGYPTISCHE TOTENBUCH, SPRUCH 148

GEGENÜBER *Sargmalerei aus der 20. Dynastie mit dem Stier als Gott der Schöpfung und der Wiedergeburt*

RECHTS *Bronze des Apis-Stiers (Spätzeit)*

Sonne und Mond

Den Lauf der Sonne über das Himmelszelt verkörpert die Göttin Nut, die den westlichen und östlichen Horizont mit Händen und Füßen berührt. Nut war die Gottheit der Himmelskörper und Mutter des Sonnengottes Re, den sie am Abend verschluckte und am Morgen wieder ausschied. Der Mond galt als »Sonne, die bei Nacht scheint«, als das linke Auge des Himmelsgottes. Gewöhnlich wurde er als Scheibe dargestellt, die auf einer Sichel ruht und vom Mondgott Chons als Kopfschmuck getragen wird.

GEGENÜBER *Grabgewölbe, auf dem die nächtliche Reise der Sonne durch den Körper der Nut dargestellt ist (20. Dynastie)*

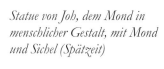

Statue von Joh, dem Mond in menschlicher Gestalt, mit Mond und Sichel (Spätzeit)

Die königliche Familie, in Kalkstein gemeißelt (18. Dynastie)

O Sonnenscheibe, Herr der Sonnenstrahlen, der jeden Tag am Horizont erglänzt: Mögen deine Strahlen das Gesicht des Verblichenen erleuchten, dass er dich am Morgen lobpreise und am Abend besänftige. Möge er die Nachtbarke vertäuen, möge er seinen Platz unter den immerwährenden Sternen am Himmel einnehmen.

DAS ÄGYPTISCHE TOTENBUCH, SPRUCH 15

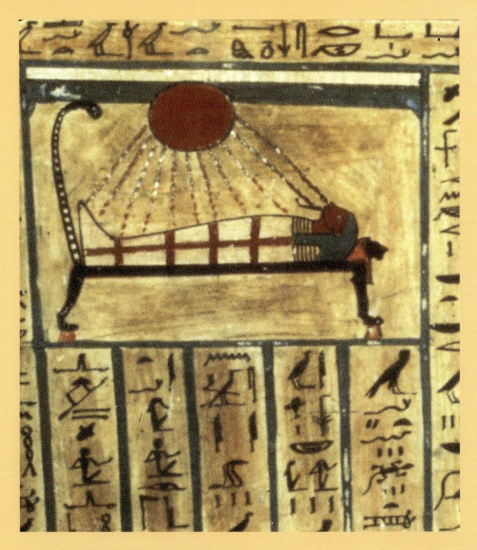

Eine Mumie unter den lebenspendenden Strahlen (26. Dynastie)

Osiris

Unter dem Namen »Wennofer« – das bedeutet »das ewig gute Wesen« oder »der Vollendete« – stand Osiris im Mittelpunkt der vielschichtigen religiösen Symbolik des alten Ägypten. Zunächst war er Fruchtbarkeitsgott und stand in Verbindung insbesondere mit dem Getreide und den lebenspendenden Wassern des Nils. Dieser wurde auch »Ausflug des Osiris« genannt. Nachdem Osiris von seinem Vater Geb die Herrschaft über die Erde bekommen hatte, führte er Weinbau und Landwirtschaft ein. Damit erregte er den Neid seines Bruders Seth, der ihn daraufhin im Nil ertränkte – ein Symbol für dessen Überschwemmungen und für die neue Ernte.

Gegrüßt seist du, Osiris, rechtmäßiger Sohn der Nut, Herrscher der Thiniten, Oberster unter den westlichen Seelen, Herr über Abydos, majestätischer Herrscher der Mächte …

DAS ÄGYPTISCHE TOTENBUCH, SPRUCH 128

GEGENÜBER *Tutanchamun, dargestellt als Osiris, bei der rituellen Mundöffnung durch König Aha (Malerei aus dem Grab Tutanchamuns)*

Osiris und Horus

Die trauernden Göttinnen Isis und Nephthys schützen den Died-Pfeiler (ein Symbol für Osiris) mit ihren Flügeln.

Der Falke, der König der Lüfte, war das Symbol für Horus und dessen Herrschaft über die Götter. Auf dieser Darstellung thront er triumphierend auf einem Djed-Pfeiler, einem urzeitlichen Fetisch und Teil der Fruchtbarkeitsriten. Der Pfeiler steht für Stabilität und Unverrückbarkeit, und im Neuen Reich deutete man ihn als Rückgrat des Gottes. Sein Aufrichten symbolisiert den Sieg Osiris' über Seth.

RECHTS *Djed-Pfeiler, überragt vom Falken mit der Sonnenscheibe*

Maat

Ohne die Göttin Maat wäre die Schöpfung und ihre ständige Erneuerung bedeutungslos. Sie verkörpert die Gesetze des Seins – Recht, Wahrheit und moralische Weltordnung. Richter galten als Priester der Maat. Sie war zuständig für die zyklische Natur des Lebens: Ihrem Vater Re, dem Sonnengott, war sie Speise und Trank. Auf Darstellungen trägt sie eine Straußenfeder, die so zum Symbol der Wahrheit wurde.

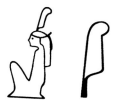

GEGENÜBER *Maat mit der Straußenfeder, dem Symbol der Wahrheit, am Stirnband*

Der Lebensbaum

Der Baum, insbesondere Dattelpalme und Sykomore, gilt als Symbol des Lebens, weil er nur dort wächst, wo es lebenspendendes Wasser gibt. Man nahm an, dass am östlichen Himmelstor, wo Re sich täglich zeigte, zwei Sykomoren standen. Im Niltal wurden Bäume verehrt, und mehrere Gottheiten wurden nach der Mythologie aus Bäumen geboren: Horus aus der Akazie und Re aus der Sykomore. Die Himmelsgöttinnen Nut und Hathor wurden mit zahllosen weiblichen Baumgeistern in Verbindung gebracht. Diese beiden Göttinnen versorgen die Seelen der Verstorbenen, die sich in Gestalt von Vögeln zeigten, mit Früchten und Wasser.

> SPRUCH ÜBER DIE ÖSTLICHEN SEELEN
>
> **Ich kenne jene beiden Bäume aus Türkis, zwischen denen Re hervorgeht. Sie wuchsen mit Hilfe des Schu am Tor des Herrn im Osten, aus dem Re hervorgeht.**
>
> DAS ÄGYPTISCHE TOTENBUCH, SPRUCH 109

GEGENÜBER *Die Göttin Isis auf einer Grabmalerei aus der Gruft Thutmosis III.*

Das Wasser des Lebens

Das Wasser als wichtigste Quelle des Lebens hatte eine hohe symbolische Bedeutung. Der Urstoff, aus dem alles Leben entstanden war, hatte nicht nur reinigende Kraft, sondern verkörperte auch die Fortpflanzung des Osiris. Der Gott der Pflanzenwelt war unter anderem Herr über die Wasser des Nils und dessen Überschwemmungen, die für Fruchtbarkeit sorgten und regelmäßigen Ackerbau erst möglich machten.

SPRUCH FÜR DEN GENUSS VON WASSER IM TOTENREICH

Möge das große Wasser für Osiris geöffnet sein, möge das kühle Wasser des Thot und das Wasser des Hapi in diesem meinem Namen des Pedsu offen stehen für den Herrn des Horizonts. Möge man mir Macht über die Wasser gewähren wie über die Glieder des Seth, denn ich bin es, der den Himmel überquert, ich bin der Löwe des Re, bin der Mörder, der das Vorderbein frisst. Das Bein des Rinds streckt sich mir entgegen, die Binsentümpel dienen mir, und mir ist grenzenlose Ewigkeit gegeben, denn ich bin es, der die Ewigkeit bekam; dem immerwährendes Leben geschenkt wurde.

DAS ÄGYPTISCHE TOTENBUCH, SPRUCH 62

GEGENÜBER *Der Verstorbene trinkt im Reich der Toten Wasser (20. Dynastie).*

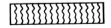

Der Fluss des Lebens

Der Nil, hier als Mann dargestellt (siehe rechts), trägt eine Palmrippe. Dies ist die Hieroglyphe für das Jahr, ein Symbol für die alljährlichen Überschwemmungen des Nils.

Obwohl der Fisch allgemein als unrein galt, war der Nil-Buntbarsch ein eindrucksvolles Symbol für die Auferstehung, weil er seine Eier im Maul ausbrütet.

Die Lebenskraft

Zeugungs- und Lebenskraft des Menschen fanden Ausdruck im Ka. Dargestellt durch zwei erhobene Arme war das Ka so etwas wie ein zweites Ich, die Verkörperung der intellektuellen und geistigen Kräfte. Die abwehrende Haltung der Arme soll Mächte fernhalten, die die Lebenskraft des Trägers bedrohen könnten. Jeder Mensch, so glaubte man, wurde mit seinem eigenen Ka geboren, es begleitete ihn durchs Leben und lebte nach seinem Tode weiter. In seiner frühesten Form verkörperte das Ka die männliche Potenz und bekam erst später seine umfassende Bedeutung.

GEGENÜBER
Ägyptischer Pharao mit dem Ka-Kopfschmuck (13. Dynastie)

MACHT UND ANSEHEN
Glücks- und Statussymbole

Sphinx und Pyramide waren im Denken des alten Ägypten zwei der bedeutendsten Symbole für die Integrität von Staat, Religion und Gesellschaft.

Macht und Stellung von Göttern und Pharaonen manifestierten sich in einer Reihe von persönlichen Symbolen – vom Kopfschmuck bis zum Amulett. Der Sphinx galt als die eindrucksvollste Verkörperung der Macht eines starken und gerechten Regenten.

Krone

Die Krone des ägyptischen Königs galt als eine Art Energiequelle, weil sie ihre Macht auf den Pharao übertrug. Als Symbol für die beiden Länder, aus denen sich Ägypten zusammensetzte, trugen die Pharaonen eine »Doppelkrone«, die Pschent, in der sich die mitraähnliche »Weiße Krone« Oberägyptens mit der »Roten Krone« Unterägyptens vereinigte. An der Stirnseite trug sie die Uräusschlange und den Geierkopf – Symbole der unterägyptischen Gottheit Wadjet und der oberägyptischen Göttin Nechbet. In den verschiedenen Epochen veränderte sich ihre Form von der »Doppelfederkrone« mit zwei aufrechten Straußenfedern bis zur blauen Chepresch mit goldenen Verzierungen.

GEGENÜBER *Die Goldmaske Tutanchamuns mit Geier und Kobra zeigt den Pharao als Osiris.*

Kopfschmuck

Wie eng die Ägypter die Verbindung zwischen Göttern, Menschen und Tieren einschätzten, lässt sich aus den zahllosen Abbildungen von Göttern mit Tierkopf ablesen. Der tiergestaltige Kopf verleiht seinem Träger Macht, und die Form ist vielfach eine Assoziation mit seiner Funktion.

> O Amun, Amun! Vom Himmelsgewölbe schaust du zur Erde herab. Wende dein strahlendes Antlitz zur starren, leblosen Hülle deines Sohnes, des vielgeliebten! Mache ihn kräftig und siegesbewusst in den unteren Welten!
>
> TOTENBUCH, KAPITEL 162

OBEN *Statue des Gottes Seth mit Tierkopf (22. Dynastie). Die Form des Kopfes lässt sich keinem realen Tier zuordnen.*

GEGENÜBER *Tierköpfige Gestalten am zweiten Tor zum Jenseits (Grabmalerei)*

Geierhaube

Wenn der ägyptische König in die Schlacht zog, schützte ihn die Figur eines Geiers unter einem weißen Kopfschmuck. Der Geier symbolisiert die oberägyptische Landesgöttin Nechbet, die vielfach als Geier oder als geierköpfige Frauengestalt dargestellt wird. Man schrieb den Geiern aber auch die Fähigkeit zu, im Reich der Toten Schutz zu bieten. In der Spätzeit verkörperte der Vogel das weibliche Prinzip, während das männliche durch den Käfer dargestellt wurde. Als Wappentier Oberägyptens und der Göttin Nechbet wurde der Geier zum mächtigen Königssymbol und oft in Königsgräbern abgebildet. Außerdem galt er als heiliges Tier der Göttin Mut, die in Theben verehrt wurde.

GEGENÜBER *Königin Nefertari mit der Geierhaube, einem Schutzsymbol.*

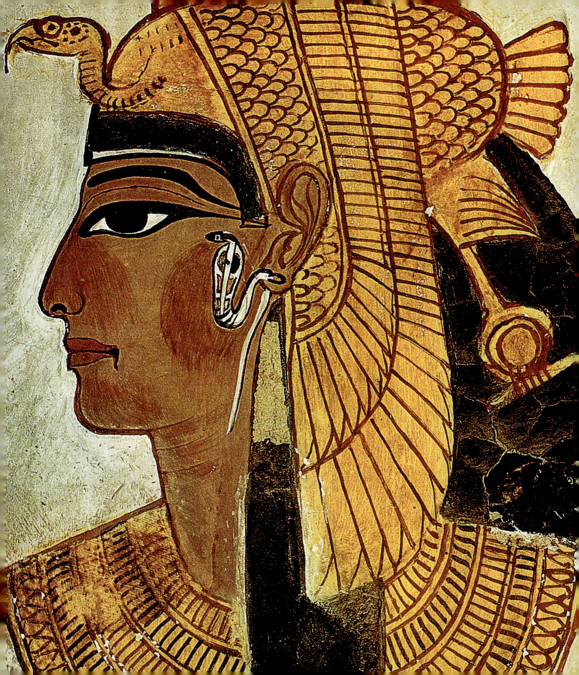

Anch

Bis heute konnte die Bedeutung dieses rätselhaften Zeichens nicht vollständig entschlüsselt werden. Man vermutet hinter seiner Form sexuelle Bezüge, aber auch andere Deutungen sind möglich. Es galt als Symbol des Lebens und der Unvergänglichkeit, als Verkörperung der lebenspendenden Eigenschaften von Luft und Wasser. Man betrachtete es als Geschenk der Götter an den König, und so finden wir es häufig in den Händen einer Gottheit oder des ihr zugeordneten Tieres. Zur Zeit der Kopten wurde es zu einem christlichen Symbol umgedeutet.

Vergoldeter Spiegelrahmen aus Holz in Form des Anch

GEGENÜBER *Die Göttin Hathor mit dem Anch in Gestalt von Osiris (Theben; 20. Dynastie)*

Die Ägypter

Schen-Ring

Das ringförmige Schen-Amulett ohne Anfang und Ende bietet sich an als Symbol für die Unendlichkeit. Wegen seiner runden Form verband man es außerdem mit der Sonnenscheibe. Auf bildlichen Darstellungen halten es oft Vögel wie der Falke in den Klauen – Symbol einer engen Verbindung mit der Sonne. »Magische« Ringe waren sehr beliebt, weil man ihnen nachsagte, sie würden vor Krankheiten schützen.

SPRUCH FÜR EIN KNOTENAMULETT AUS ROTEM JASPIS

Dein Blut gehört dir, o Isis;
Deine Macht gehört dir, o Isis;
Deine Zauberkraft gehört dir, o Isis.

Dieses Amulett ist des Großen Schutz und vertreibt einen jeden, der ein Verbrechen an ihm begeht.

DAS ÄGYPTISCHE TOTENBUCH, SPRUCH 156

GEGENÜBER *Die Göttin Isis hält die Hände über einen Schen-Ring, das Symbol der Unendlichkeit (11. Dynastie)*

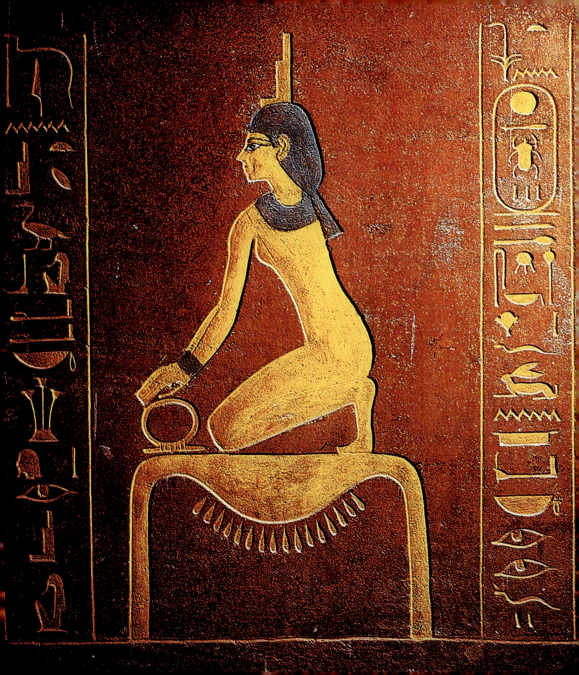

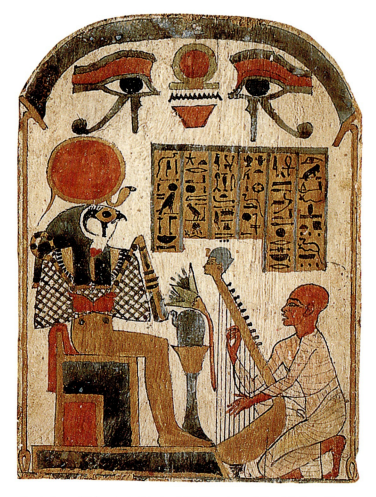

Zwei Augen bilden einen Schutzschild über einem falkenköpfigen Gott.

Horusaugen

Das rechte Auge des Falkengottes Horus wurde als »das Auge des Re« (des Sonnengottes) bezeichnet; sein linkes (das Horusauge) galt als Symbol des Mondes. Über Horus steht geschrieben: »Wenn er die Augen öffnet, erfüllt er das Universum mit Licht, aber wenn er sie schließt, tritt Dunkelheit ein.« Das heilige Auge, ein Schutzsymbol, wurde auf unzähligen Schmuckstücken abgebildet, und oft waren zwei Augen auf die linke Seite eines Sarges aufgemalt, damit die Toten den Weg sehen konnten, der vor ihnen lag.

> **Spruch, um den Verstorbenen das heilige Auge zu bringen**
>
> **Thot hat das heilige Auge geholt, er hat das Auge besänftigt, nachdem Re es ausgesandt hatte. Es war sehr wütend, doch Thot konnte seine Wut besänftigen, als es auf seiner fernen Reise war. Wenn ich unversehrt bin, ist es unversehrt, so sind die Verblichenen unversehrt.**
>
> Das Ägyptische Totenbuch, Spruch 167

TIERREICH UND GLAUBE

Symbole aus der Natur

Zahlreiche Tiere und Blumen galten bei den Ägyptern als Symbole für größere Naturphänomene. Der Skarabäus etwa, der seine Dungkugel vor sich herrollt, symbolisierte den Sonnengott, der die Sonne auf ihrer Bahn über den Himmel bewegt. Ein Mythos beschreibt die Flügel des Falken als Firmament und ihre gefleckte Unterseite als Himmel.

GEGENÜBER *Die Schlange aus dem Ägyptischen Totenbuch (Spruch 87) auf menschlichen Beinen; ein Symbol für das Mysterium und die Erneuerung*

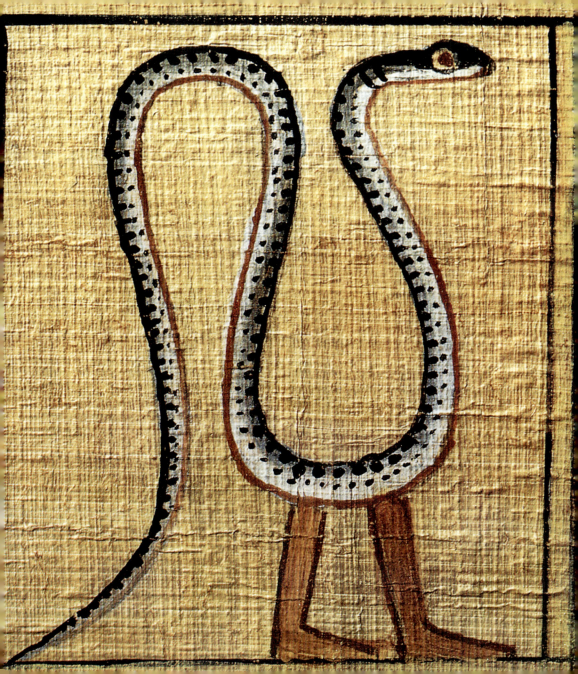

Pavian

Fayence-Figur eines Pavians, der das symbolische Auge trägt

GEGENÜBER *Grabschmuck, der Paviane bei der Verehrung der neu geborenen Sonne zeigt.*

Wie der Gott Thot wurde auch der Pavian mit der Kunst des Schreibens assoziiert. Häufig trägt er Mondsichel und Sonnenscheibe auf dem Kopf: Thot war ursprünglich der Mondgott, und vom Pavian glaubte man, dass seine Schreie am Morgen die aufgehende Sonne begrüßen. Der Kult des Thot hatte sein Zentrum in Hermopolis, wo der Gott im Laufe der Zeit mit den regionalen Gottheiten verschmolz und in der bildlichen Darstellung die Gestalt des Pavians annahm.

Ich bin Thot, der begnadete Schreiber, dessen Hände rein sind, der Reinheit besitzt, der das Übel vertreibt, der die Wahrheit schreibt, der Falschheit verachtet, dessen Schreibbinse den Allherrn schützt, der Herr der Gesetze, der die Schrift in Worte fasst, dessen Worte die beiden Länder schaffen.

DAS ÄGYPTISCHE TOTENBUCH, SPRUCH 182

Katze

In der frühen ägyptischen Symbolik orientierten sich Darstellungen der Katze wahrscheinlich an der Rohrkatze, die im Nildelta lebte. Im Neuen Reich galt der Kater als Verkörperung des Sonnengottes und die Katze als das Sonnenauge. Die Hauskatze war das heilige Tier der Göttin Bastet, die gewöhnlich als Wesen mit Frauenkörper und Katzenkopf abgebildet wurde.

Bronzefigur einer Katze, Sinnbild der Göttin Bastet (Spätzeit)

Die heiligen Katzen der Göttin Bastet wurden nach ihrem Tod einbalsamiert.

Skarabäus

Teil einer Skarabäus-Kette aus dem Grab des Tutanchamun (Theben)

Der Skarabäus symbolisierte die Selbstschöpfung, da man annahm, er entstünde aus den Kugeln tierischen Dungs, in denen er Eier und Larven ablegte. Man verband ihn mit der warmen, lebensspendenden Sonne, und als Symbol für die Erneuerung des Lebens wurden Nachbildungen von Skarabäen als Grabbeigaben verwendet. Außerdem war er ein Symbol für den Sonnenaufgang und die Morgensonne, da nach ägyptischem Glauben der Gott Chepren in Gestalt des Käfers am östlichen Horizont aufstieg. Als mächtiger Lebensgott stand Chepren auch für die Auferstehung.

Ich bin aufgeflogen wie die Urzeitlichen, ich bin zu Chepren geworden, ich bin gewachsen wie eine Pflanze, ich bin gekleidet wie eine Schildkröte, ich bin die Essenz jedes einzelnen Gottes …

DAS ÄGYPTISCHE TOTENBUCH, SPRUCH 83

Falke

Falke aus Gold mit Schen-Ring und Anch in beiden Klauen

Mit dem Falken verbanden die Ägypter so viele Gottheiten, dass er schließlich zum allgemeinen Sinnbild für das Göttliche wurde. Wegen seiner Flugkünste und seiner Kampfkraft bot er sich an als Symbol für Horus, den König der Götter. Aber auch Month, der Gott des Krieges, Re, der Sonnengott, und Sokaris, der Totengott, zählten zu den Falkengöttern. Horus wurde ursprünglich als Falke dargestellt, der mit ausgebreiteten Schwingen Himmel und Erde beschirmt.

RECHTS *Bronzefigur des Falkengottes Horus (26. Dynastie)*

Ibis

Der heilige Ibis hatte als Inkarnation von Thot, dem Herrn des Mondes und dem Schutzpatron der Schreiber, eine besondere Stellung inne. In Hermopolis, Zentrum des Thot-Kultes, wurden Tausende von Ibismumien beigesetzt. Der Schopfibis steht allgemein für »Verklärung«.

LINKS *In Spruch 183 des Ägyptischen Totenbuchs überreicht Thot mit Ibiskopf Osiris Symbole, darunter das Anch, das für ewiges Leben und Herrschaft steht.*

Ibissarg aus vergoldetem Holz, Gold und Silber (hellenistische Zeit)

Geier

Armgebinde der Königin Ahotpe mit Geier (westliches Theben)

Kobra

Die Kobra galt vorrangig als Sonnensymbol und stand in enger Verbindung zu vielen Göttern, unter ihnen die angesehene Göttin Wadjet aus der Stadt Buto. Durch sie wurde die Kobra zum Wappentier Unterägyptens.

Spruch, um die Gestalt der Schlange anzunehmen

Ich bin eine Schlange mit vielen Jahren, ich gehe durch die Nacht und werde jeden Tag neu geboren. Ich bin eine Schlange, die Grenze der Erde, ich gehe durch die Nacht und werde Tag für Tag neu geboren, erneuert und verjüngt.

Das Ägyptische Totenbuch, Spruch 87

Aufgerichtete Kobra aus Goldblech mit der Roten Krone (Spätzeit)

Krokodil

Das Krokodil galt als Sinnbild der Zerstörung und den Schaden stiftenden Gott Seth. Man schrieb dem Symbol eine so starke Macht zu, dass das Ägyptische Totenbuch zahlreiche Sprüche enthält, die

In diesem Papyrus aus der 21. Dynastie trinkt eine Priesterin Auge in Auge mit einem Krokodil Wasser aus dem Fluss.

Weiche, du Krokodil des Ostens, das von den Verstümmelten lebt.
Dein Abscheu ist in meinem Leib, und ich habe mich abgewandt.

DAS ÄGYPTISCHE TOTENBUCH, SPRUCH 32

das Reptil abwehren sollen. Da es jedoch, wie einst der Sonnengott, dem Wasser entstieg, steht es auch für so positive Kräfte wie Leben und Erneuerung.

Spruch, um die Gestalt einer Lotosblüte anzunehmen

Ich bin die reine Lotosblüte, die hervorging aus dem Sonnenschein, der an der Nase des Re ist. Ich bin herabgestiegen, um Horus zu suchen, denn ich bin die Reinheit, die aus den Niederungen hervorging.

Das Ägyptische Totenbuch, Spruch 81a

Lotos

Wenn die Sonne am Morgen im Osten aufgeht, öffnet sich der Lotos, um die Wiederkehr des Lichts zu begrüßen. So versinnbildlicht diese Wasserpflanze die Rückkehr der Sonne am Morgen – die Auferstehung – und wird deshalb dem Sonnengott Re als Symbol zugeordnet. Ihn beschreibt das Totenbuch als goldenen Jüngling, der der Lotosblüte entsteigt. Bei der Büste des Tutanchamun (links) entspringt das Porträt des Königs einer Lotosblüte, ein Hinweis auf seine Auferstehung.

DAS TOTENREICH
Symbole des Todes

*Die Großen Pyramiden
von Gizeh (4. Dynastie)*

Auch die Bauwerke des alten Ägypten, besonders die Kult- und Begräbnisstätten, hatten eine symbolische Bedeutung. Die Pyramide, die möglicherweise für den Urhügel der Schöpfung steht, wurde mit der Sonne in Verbindung gebracht.

Anubis

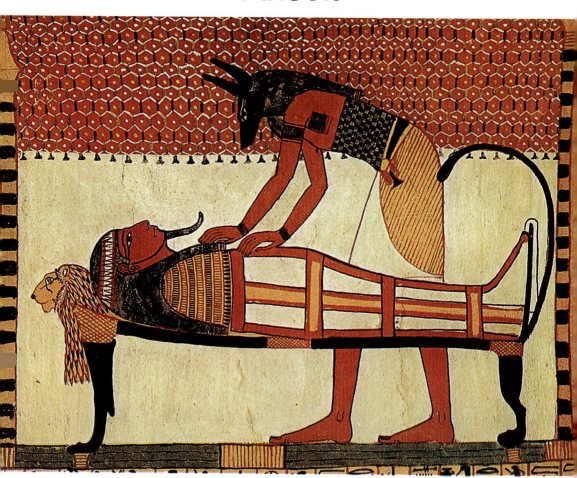

Anubis bei der Balsamierung des Adeligen Sennedjem (19. Dynastie)

Anubis – meist in kanider Form, das heißt als Hund oder Schakal dargestellt, – war noch vor Osiris der Gott der Toten. Man verband ihn mit dem Totenreich und nannte ihn »Gott des geheiligten Landes«. Abbildungen des Anubis wurden dem Grab beigegeben. Er sollte die Grabkammer bewachen und das Böse abwehren.

SPRUCH, UM IM TOTENREICH LUFT ZUM ATMEN UND ZUGANG ZUM WASSER ZU ERHALTEN

Ich werde zu Seinem Haus überfahren, er, der Gesichter erkennt. »Sammler der Seelen«, heißt der Fährmann … Er gibt mir einen Topf Milch, einen Kuchen, einen Laib Brot, einen Krug Bier und ein Stück Fleisch im Haus des Anubis.

DAS ÄGYPTISCHE TOTENBUCH, SPRUCH 58

Holzstatue von Anubis, dem Gott der Toten, mit Gips überzogen und bemalt (Spätzeit)

Tür und Treppe

Die Tür gewährt entweder Zugang, oder sie verwehrt ihn. Im alten Ägypten wurden der Tür beide Bedeutungen beigemessen. Tore von Gräbern und Schreinen waren mit verschiedenen Symbolen verziert, die den Übergang von einem Stadium zum nächsten verdeutlichen – in den Himmel oder die Tiefen der Unterwelt. Wenn die Tore eines Grabes offen abgebildet wurden, hatte der Geist des Verstorbenen freien Zugang zu dem Leichnam, und das Ka konnte nach Belieben kommen und gehen. Als ebenso mächtige Symbole für den Übergang, den Auf- oder Abstieg, galten Stufen und Leitern. In jedem ägyptischen Grab gibt es eine Treppe, die nach unten in die innere Grabkammer führt.

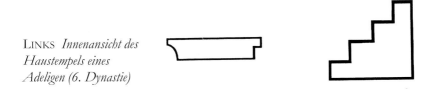

LINKS *Innenansicht des Haustempels eines Adeligen (6. Dynastie)*

Schrein

Die oberägyptischen Schreine, genannt Per-Wer oder Kar, wurden rasch zum Symbol für die ganze südliche Region. Sie enthielten ein Bild des jeweils darin verehrten Gottes und wurden für gewöhnlich in einem gesonderten Raum im hinteren Teil des Haustempels aufbewahrt. Für religiöse Prozessionen oder Rituale konnte man sie herausnehmen. Im Gegensatz zum Per-Wer mit seinem spitzen Dach und vorstehendem Sims waren die Schreine Unterägyptens, genannt Per-Nu, mit einem gewölbten Dach und hohen Säulen an der Seite ausgestattet. Im Buch der Tore findet sich eine Abbildung mit zwölf Schreinen in einer Reihe. Ihre Türen sind geöffnet und zeigen die im Schrein wohnenden Götter, geschützt von einer Schlange, die sich über die ganze Breite des Bildes erstreckt.

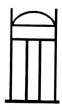

GEGENÜBER *Oberägyptischer Schrein aus dem Grab Tutanchamuns (18. Dynastie)*

Ba

Ba mit Menschenkopf aus Glas und Karneol

Oft unrichtig mit »Seele« übersetzt, sollten wir uns Ba eher als eine Art mentaler Kraft vorstellen. Zunächst schrieb man sie den Göttern zu, aber nach späterem Glauben war sie im Besitz aller Menschen. Ba war ein Teil des Geistigen eines jeden Individuums, das seinen Tod überlebte.

Spruch zur Aufnahme in das Totenreich

O du, der du die vollkommenen Seelen ins Haus des Osiris rufst, mögest du die hervorragende Seele des Verblichenen im Haus des Osiris in deine Nähe ziehen. Möge sie hören wie du, möge sie sehen wie du, möge sie stehen wie du, möge sie sitzen wie du.

Das Ägyptische Totenbuch, Spruch 1

Gegenüber *Auf Grabmalereien wurde Ba oft in Vogelform abgebildet.*

Die Ägypter 89

DIE KELTEN

Viele verbinden mit dem Begriff »Kelten« noch immer die Kultur und Mystik des äußersten europäischen Westens – Kulte und Mythen, die von Heldenverehrung und Artusromantik geprägt sind. Die Wurzeln dieser Vorstellungen liegen in der »keltischen Renaissance« des 18. und 19. Jahrhunderts. Die klassische Geschichtsschreibung versteht die Kelten jedoch als eine heterogene Volksgruppe indogermanischer Sprache, die sich aus bronzezeitlichen Kulturen entwickelte, ursprüng-

lich nördlich der Alpen lebte und sich dann nach Osten und Süden ausbreitete. Während der tausend Jahre vor ihrer Bekehrung zum Christentum entwickelten die kriegerischen Kelten eine Kultur, in der religiöse Handlungen und der damit verbundene Symbolismus eine große Rolle spielten. Alles in der Natur hatte eine eigene, geheimnisvolle Bedeutung, und mit dem Christentum schlüpften viele der heidnischen Gottheiten mühelos in eine Figur des neuen Glaubens.

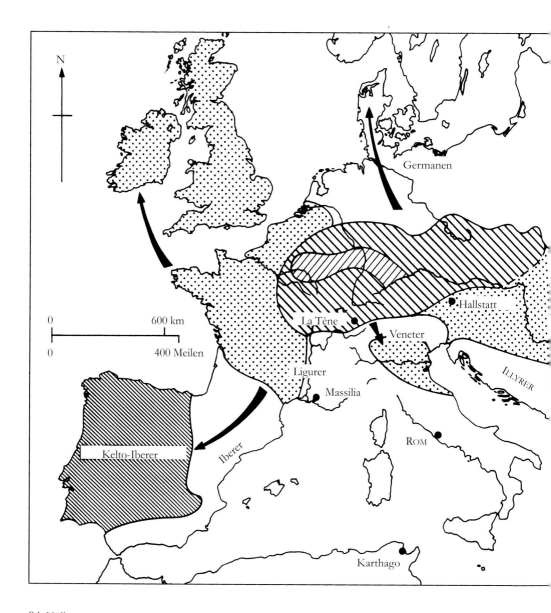

94 Völker

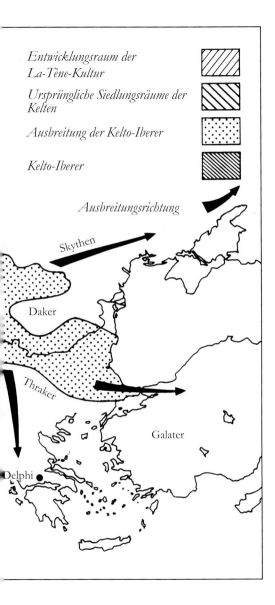

Seiten 90–91 Bronze-Statue; Bouray, Frankreich. 1. Jh. v. Chr. – 1. Jh. n. Chr.

Gebiete der Kelten vom 5. Jh. v. Chr. bis zur römischen Eroberung im 1. Jh. n. Chr.

Die Kelten 95

HEILIGE

Markante Punkte in der Natur bildeten oft die Zentren keltischer Riten. An Seen und Flüssen, in Sümpfen und in der Nähe von Quellen, in heiligen Hainen und Waldlichtungen, überall sind Opferstätten und kleine Schreine gefunden worden. Hügellandschaften und Berge waren Berggöttern geweiht und dienten ihrer Verehrung.

Der Steinkreis von Brodgar auf den schottischen Orkney-Inseln bestand ursprünglich aus 60 Menhiren, von denen noch 27 erhalten sind.

LANDSCHAFT

Andere Relikte aus dieser Zeit sind die phallisch aufragenden Großsteine, die schon von weitem eine Kultstätte erkennen lassen und diese begrenzen. Bereits in vorkeltischer Zeit kennzeichnete in Britannien eine kreisförmige Ansammlung von solchen Steinen einen heiligen Ort wie der hier abgebildete Steinkreis von Brodgar auf den Orkney-Inseln.

Menhire

Vom westlichen Irland bis nach Mitteleuropa gab es heilige Stätten mit Säulen aus Holz oder Stein. Als Ausdruck vitaler Energie sollten diese wahrscheinlich einen Baum – für die Kelten ein beziehungsreiches und mächtiges Symbol – darstellen. Zweifellos symbolisierten viele dieser Steine auch jene elementare Urenergie, die man mit dem Phallus verbindet. Zudem dienten sie in einsamen Gegenden der Orientierung. Einige tragen kunstvoll gemeißelte Muster wie der Stein von Turoe (links) in der irischen Grafschaft Galway mit den für die Kelten typischen spiralförmigen Linien.

Die heilige Stätte von Tara

Der heilige Königshügel von Tara (rechts) in der irischen Grafschaft Meath hatte bei den irischen Kelten vom ausgehenden Neolithikum bis zur christlichen Zeit eine besondere symbolische Bedeutung. Der in der Eisenzeit befestigte Hügel wurde zum Sitz des irischen Königs. Auffällig sind die zwei zusammenlaufenden Ringe. Im Zentrum des einen steht der legendäre Stein Fál, von dem es heißt, er würde schreien, sobald ihn der rechtmäßige Thronfolger berühre.

Nach der irischen Mythologie kann kein sterblicher König in Tara wahre Herrschaft erlangen, bevor er sich nicht mit einer der Göttinnen des Landes vereinigt hat. Die große Königin der Götter von Connacht, Medb, soll mit neun Königen kopuliert haben.

Göttin der Berge

Berge und Landschaftserhebungen standen häufig im Zentrum religiöser Kulte. Diese zwei runden Hügelkuppen in der irischen Grafschaft Kerry (links) heißen Dá Chich Anann oder »die Brüste der Anu«, einer irisch-keltischen Muttergöttin. Sie zeigen besonders plastisch, in welch weitgehendem Maß Naturphänomene für die Kelten eine numinose, über die sichtbare Welt hinausgehende Kraft und Ausstrahlung besaßen.

Da Irland nie von den Römern besetzt wurde, konnte sich hier die keltische Mythologie besonders reich entwickeln. Die Fruchtbarkeitsgöttin Anu, in den Sagen häufig mit Dana oder Danu verwechselt, war die Mutter der Tuatha de Danann, der letzten Generation von Göttern, die über die Erde herrschten.

Urquell des Lebens

Die Kelten waren vom Wasser in all seinen Erscheinungsformen fasziniert. Um Seen, Flüsse, Quellen, Brunnen und Sümpfe rankte sich ein komplexes System von Mythen, Riten und Symbolen. In der Bronzezeit wurden an diesen Stätten kostbare Gaben dargebracht, Tiere und sogar Menschen geopfert. An zahllosen Quellen und Brunnen wurden Schreine errichtet. Das Fließen des Wassers – vor allem wenn es aus dem Boden quoll – muss den Kelten als Zeugnis übernatürlicher Mächte und als Tor zum Jenseits erschienen sein.

In der römisch-keltischen Periode entstanden zahlreiche Kulte, die sich um Wassergötter rankten:
OBEN *ist ein keltischer Neptun aus Bath abgebildet;*
RECHTS *drei Wassergöttinnen aus High Rochester, Northumberland.*

Der Baum des Lebens (zeitgenössische Zeichnung von Jen Delyth © 1990)

Der Baum des Lebens

Wie stark die Kelten einzelne Bäume oder ganze Baumgruppen verehrten, zeigt sich an der Vielzahl der diesen gewidmeten Schreine und ihrer engen Verbindung zu den Menhire genannten Großsteinen, den markanten Säulen zahlloser heiliger Stätten. Von Tacitus wissen wir, dass die Druiden oft heilige Haine für ihre Menschenopfer wählten. Bäume symbolisierten unter anderem die Verbindung zwischen der Ober- und der Unterwelt, da ihre Wurzeln in das Erdreich hineinragen, während ihre Zweige dem Himmel zustreben.

METAMORPHOSEN

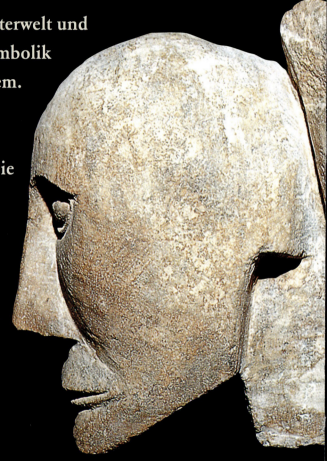

Die keltische Götterwelt und die religiöse Symbolik waren kein starres System. Alles und jedes konnte durch etwas anderes repräsentiert werden. Die irische und walisische Mythologie kennt zahllose Tiere, die einst Menschen waren, oder Götter, die sich, um ein bestimmtes Ziel zu erreichen, kurzfristig in ein Tier verwandelten. Götter konnten Menschengestalt annehmen oder Menschen göttliche Eigenschaften besitzen. Masken und vielköpfige Plastiken unterstreichen diese Wandelbarkeit. Der bedeutendste Übergang, der Tod, galt nur als kurze Unterbrechung eines langen Lebens, das im Jenseits fortgesetzt wurde.

Diese Figur aus Roquepertuse, Frankreich, stellt einen janusköpfigen Krieger und Gott dar.

Kriegsgötter und Krieger

Der Kriegerkult lässt die fließenden Grenzen zwischen Menschen und Göttern besonders deutlich werden. Viele der verehrten Helden galten zugleich als Repräsentanten eines Gottes, der das Menschliche und Göttliche in sich vereinigte. Mit Kriegern, ob männlich oder weiblich, assoziierte man Aggressivität und sexuelle Potenz, beides Eigenschaften, die besonders in Britannien den Kriegsgöttern zugeschrieben wurden. Auf einer Goldmünze aus Gallien (rechts oben) ist eine siegreiche Reiterin abgebildet, nur mit Gürtel und kurzem Umhang bekleidet. In Irland war die Göttin Morrighan für den Krieg zuständig, die in dreifacher Gestalt als Macha, Nemainn und Badb erschien und die in allen ihren Erscheinungsformen auch als Fruchtbarkeitsgöttin fungierte.

RECHTS *In dieser Szene auf dem Gundestrup-Silberkessel tragen Krieger, zum Teil mit Helmschmuck in Tierform, einen heiligen Baum.*

Obwohl die Kelten ihre Kriegsgöttinnen als kampfeslustige Wesen verstanden, nahmen diese nicht an der Schlacht teil. Vielmehr hatten sie die Aufgabe, den Verlauf der Ereignisse zu beeinflussen, indem sie sich beispielsweise verwandelten. Morrighan erschien dem sagenumwobenen irischen Krieger Cú Chulainn mehrfach in Gestalt eines Wolfs, einer Färse und eines Aals.

*Bronzener Kultwagen mit Krieger
(6. oder 7. Jh. v. Chr.)*

Jäger und ihre Beute

Zwischen Jägern und Jagdbeute herrschte in der keltischen Mythologie ein besonderes Verhältnis. Die Tiere, vorzugsweise Hirsche und Eber, wurden fast wie Jagdgötter verehrt. Der Tod des Tieres hatte dessen Unsterblichkeit zur Folge, und keltische Sagen erzählen von magischen Hirschen und Ebern, die ihre Jäger in den Tod und das Jenseits locken. Einige Mythen und Gestalten, besonders aus Gallien und Britannien, lassen auf eine Verbindung der keltischen Jagdgötter und -göttinnen zur römischen Jagdgöttin Diana schließen.

In den Sagen von Finn, dem Helden des irischen Fenian-Zyklus, und seinen kriegerischen Jägern, den Fianna, begegnen die Helden während der Jagd immer wieder dem Übernatürlichen. Bei der Verfolgung des verzauberten Ebers Ben Balben in Sligo verweigert Finn seinem Nebenbuhler Diarmaid das heilende Wasser, nachdem dieser von dem Tier verwundet worden ist.

Muttergottheiten

Wie in anderen Kulturen galten auch bei den Kelten Wohlstand und Fruchtbarkeit als kostbares irdisches Gut. Und so beschwören Abbildungen und Sagen aus dem keltischen Raum immer wieder das Bild einer segensreichen Mutterfigur. Oft wurden solche Göttinnen zu dritt – die bedeutendste magische Zahl der Kelten – gezeigt und mit Symbolen des Wohlstands umgeben: Früchten, Brot, Getreide. Manchmal trägt eine ein Kleinkind auf dem Schoß. Die Muttergöttinnen standen in enger Verbindung zu den heiligen Quellen wie den Thermalquellen von Aqua Sulis (Bath), wo man sie als »Suleviae« (oder Sulis) bezeichnete.

GEGENÜBER *Drei keltische Muttergöttinnen (Vertault, Burgund)*

Phallus

Während die drei Muttergöttinnen für die weibliche Fruchtbarkeit stehen, ist der Phallus das wichtigste männliche Fruchtbarkeitssymbol. Wie die meisten keltischen Symbole beschwört er göttliche und menschliche Assoziationen zugleich. Besonders Kriegsgötter wurden zuweilen mit erigiertem Penis dargestellt, um auf ihre sexuelle Potenz in Beziehung zur Fruchtbarkeit der Erde zu setzen. Der berühmte Kreideriese (links) von Cerne Abbas, Dorset, schwingt zwar einen gewaltigen Knüppel, stand aber mit großer Sicherheit im Mittelpunkt eines lokalen Fruchtbarkeitskults:

Zum keltischen Fest Beltene am 1. Mai tanzten die Anwohner des Dorfes um einen Maibaum, der 20 Meter über dem Kopf des Riesen auf einem Hügel aufgestellt wurde – ein Brauch, der zu Beginn unseres Jahrhunderts noch lebendig war.

Köpfe ...

Der abgeschlagene Kopf konnte als tödliche Waffe dienen. Conohobar, der sagenumwobene König von Ulster und der erste der neun Bettgefährten der Göttin Medb, wurde von einer Kugel aus dem Hirn von Meas Geaghra, dem König von Leinster, getötet. Die Kugel bestand aus einer gehärteten Mischung aus Kalk und Hirn.

... und Kopfjäger

Besonders erschreckend fanden die antiken Berichterstatter die Gewohnheit der Kelten, ihren Feinden den Kopf abzuschlagen. Mit dem Kopf des besiegten Feindes besaß ein Krieger nicht nur eine sichtbare Trophäe, sondern auch heilige und schützende Kraft, die dem Kopf nach keltischem Glauben innewohnte. Daher wurden am Tor keltischer Tempel oft Schädel als Wächter aufgestellt. Götter trugen auf Abbildungen oft übergroße Köpfe, aber noch bedeutender war der in zwei Richtungen schauende Januskopf. Ein berühmtes Fundstück aus Roquepertuse in Südfrankreich zeigt das Menschliche und Göttliche, den Krieger und den Kriegsgott, im Schnabel einer Gans (siehe S. 108 »Metamorphosen«).

OBEN *Keltische Münze mit Portrait*
GEGENÜBER *Steinkopf (2. oder 3. Jh. v. Chr., Fundstück aus Böhmen)*

Dreierkopf

Die »Drei« hatte für die Kelten – vor allem in Germanien, Gallien und Britannien – eine besondere Bedeutung. Noch häufiger als andere keltische Heiligtümer finden wir den Kopf, das Symbol für geistige Macht, in Dreigestalt dargestellt. In keltischen Sagen bedeutet das Auftreten und Wiederholen der Drei eine Verstärkung – man denke an die Dreiergruppe der Fruchtbarkeitsgöttinnen. Häufig sind aber auch Abbildungen eines einzelnen Gottes oder seines Kopfes mit drei Gesichtern anzutreffen: eines blickt nach vorn, zwei zu den Seiten.

RECHTS *Dreiköpfiger Gott auf einer Tonvase (Bavay, Frankreich, 2. Jh. v. Chr.)*

Der geschmückte Kopf

Obwohl wir über die Zeremonien der Kelten nicht viel wissen, deuten archäologische Funde darauf hin, dass sie bei religiösen Kulthandlungen einen Kopfschmuck trugen. Dabei handelte es sich wahrscheinlich um ein Diadem aus Bronze oder einen Kettenschmuck, der über dem Lederhelm getragen wurde. Kronen waren zuweilen mit kleinen Abbildungen menschlicher Gesichter geschmückt, doch wurden nur wenige richtige Masken gefunden. Diese wurden vermutlich bei einer Kulthandlung vor das Gesicht eines Priesters gehalten und symbolisierten damit dessen Verwandlung in ein höheres Wesen.

GEGENÜBER *Maske auf einem Krug aus Bronze (Kleinaspergle, Deutschland, 5. Jh. v. Chr.)*

Im »Mabinogion« wird folgende Geschichte erzählt: Groydion, ein Zauberer, beschwor durch Hexerei einen Krieg herauf zwischen seinem Onkel Math und Pryderi, dem Herrn von Dyfed. Damit wollte er es seinem Bruder Gilfaethwy ermöglichen, Maths jungfräuliche Magd Goewin zu verführen. Als Math von dieser Übeltat hörte, verzauberte er nun seinerseits seine übelwollenden Neffen im ersten Jahr in Hirsch und Hirschkuh, im zweiten in Eber und Krähe und im dritten in Wolf und Wölfin.

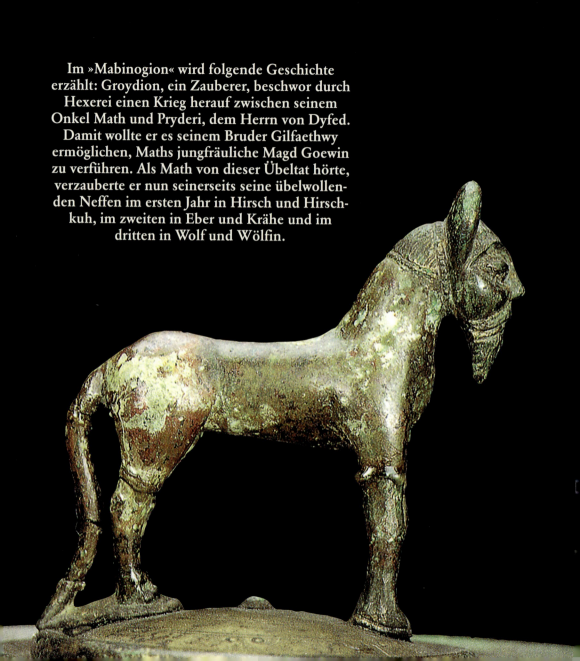

Göttliche Tiere

In der keltischen Mythologie findet man immer wieder einen fließenden Übergang zwischen Göttern, Menschen und Tieren. Cernunnos, der Herr der Tiere und des Überflusses, zeigte sich mit einem Hirschgeweih. Aber man brachte ihn auch mit der Schlange in Verbindung, dem Symbol für die Erneuerung. Caer, die Gespielin des Liebesgottes Oenghus, verwandelte sich jedes zweite Jahr in einen Schwan.

GEGENÜBER *Pferd mit Menschenkopf, Detail eines Weinkrugs aus Bronze (Reinheine, Deutschland, 4.–5. Jh. v. Chr.)*

Opfer

Von den blutigen Einzelheiten der keltischen Opferriten wissen wir aus den Berichten von Schriftstellern des klassischen Altertums. Lukan schildert einen heiligen Hain in der Umgebung von Marseille, in dem an jedem Baum das Blut der Geopferten klebte. Laut Tacitus stand in Anglesey auf einer Lichtung ein Altar, auf dem die Überreste einer schrecklichen Opferzeremonie der Druiden lagen. Vielfach wurden im Zuge eines Opferrituals Menschen bei lebendigem Leibe in großen Weidenkäfigen verbrannt. Fast alle Tierarten kamen für ein Opfer in Frage, obwohl der Eber anscheinend häufiger gewählt wurde. Das Opfer war der Schlüssel zur sofortigen Wiedergeburt des Opfernden in der Zeitlosigkeit des Jenseits.

GEGENÜBER *Eine mögliche Interpretation dieser Szene auf dem Gundestrup-Kessel ist die Darstellung eines Menschenopfers.*

 # TIER-

Obwohl Tieropfer bei den Kelten üblich waren, genossen sowohl wilde Tiere als auch Haustiere eine gewisse Verehrung. Der keltische Glaube war eng mit der Natur verbunden, und so gibt es Abbildungen von Tieren in vielfältigster Form und Bedeutung: Götter, die teils als Tier, teils als Mensch dargestellt wurden, und

SYMBOLE

Tiere von übernatürlicher Herkunft. Besonderes Ansehen genossen die Männlichkeit des Hirsches, die Kampfeslust des Ebers und die Kraft und Anmut des Pferdes. Verehrt wurden aber auch Haustiere wie Ochse und Hund.

Das Scharrbild eines Pferdes bei Uffington in Südengland gilt als das älteste seiner Art. Diese überdimensionale Abbildung war womöglich das Stammessymbol der Atrebates und sollte ihnen Schutz gewähren.

Eber

Der wilde Eber war in der keltischen Ikonographie und Mythologie allgegenwärtig. Die Rückenborsten angriffslustig aufgestellt, schmückte er Münzen, Posaunen und Helme, die im gesamten keltischen Siedlungsraum, von England über Ungarn bis Rumänien, gefunden wurden. Sein ungestümes Verhalten machte ihn zu einem kriegerischen Symbol, aber er war auch als Jagdbeute begehrt, stand er doch in einem besonderen symbolischen Verhältnis zu den Jagdgöttern. Archinna, die Jagdgöttin der Ardennen, wurde mit einem Dolch in der Hand an der Seite eines wilden Ebers dargestellt. Da sein Fleisch sehr beliebt war, verband man mit dem Eber aber auch Feste und Feierlichkeiten.

Eber aus Bronze (Ungarn, 2. Jh. v. Chr.)

Stier

Angriffslust und Stärke galten bei den kriegerischen Kelten als lobenswerte Eigenschaften, die auch ihre wichtigsten Tiersymbole auszeichneten. Der ungezähmte Stier stand in allen von Kelten besiedelten Regionen Europas in hohem Ansehen, obwohl sich in die kriegerischen Anklänge ein Symbolgehalt mischte, der von seinem häuslichen Gegenpart, dem Ochsen beeinflusst war, der für eine reiche Ernte stand. Anscheinend galt der Stier auch als Fruchtbarkeitssymbol: Es gibt Hinweise darauf, dass bei den Fruchtbarkeitsriten der Druiden ein weißer Stier geopfert wurde.

Stier aus Bronze (Blansko, Tschechien, 6. Jh. v. Chr.)

Hund

Der Hund wurde mit der Jagd, der Medizin und dem Tod assoziiert. Abbildungen aus dem keltischen Europa zeigen Jäger und Jägerinnen in Begleitung von Hunden, die bei der Verfolgung der Beute halfen und auch als Schutztiere dienten. Die Göttin Nehalennia, die an der holländischen Küste verehrt wurde, befindet sich auf Darstellungen in Begleitung eines besonders freundlich wirkenden Hundes – ein Symbol für den Schutz, den sie genoss. Bestimmte Krankheiten wurden mit einer Salbe aus Hundefett behandelt, und die Verbindung des Hundes mit dem Tod wird in den kaniden Figuren des Jenseits offenbar. Das »Mabinogion« schildert Arawn, den Gott der Unterwelt, umgeben von weißen Hunden mit roten Ohren.

GEGENÜBER *Kanine Figur mit Kaninchen aus dem* Book of Kells *(7. Jh. n. Chr.)*

Pferd

Als Symbol für Schnelligkeit, Schönheit und sexuelle Potenz genoss auch das Pferd bei den Kelten religiöse Verehrung. Hügelfiguren wie Felszeichnungen zeigen immer wieder sakrale Abbildungen des Pferdes. Man verband es mit dem Sonnengott, der auf den Steinsäulen Galliens und Westgermaniens oft hoch zu Ross dargestellt wurde. Aber die bekannteste kultische Pferdefigur der Kelten war die Fruchtbarkeitsgöttin Epona, die Schutzpatronin der berittenen Krieger. Münzen aus der Eisenzeit tragen Bilder von Reiterinnen und Wagenlenkerinnen.

LINKS *Keltische Münzen mit Pferdeabbildungen*

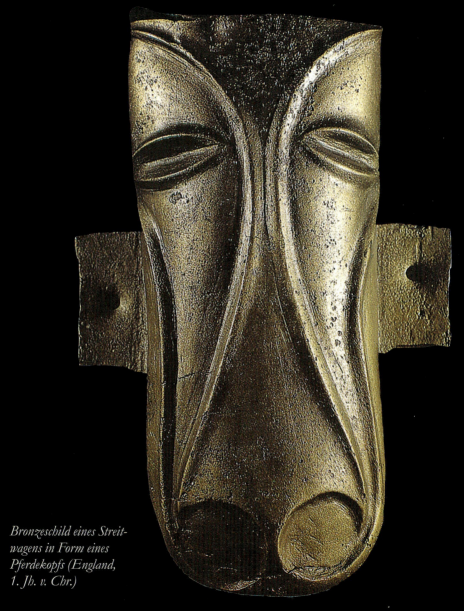

Bronzeschild eines Streitwagens in Form eines Pferdekopfs (England, 1. Jh. v. Chr.)

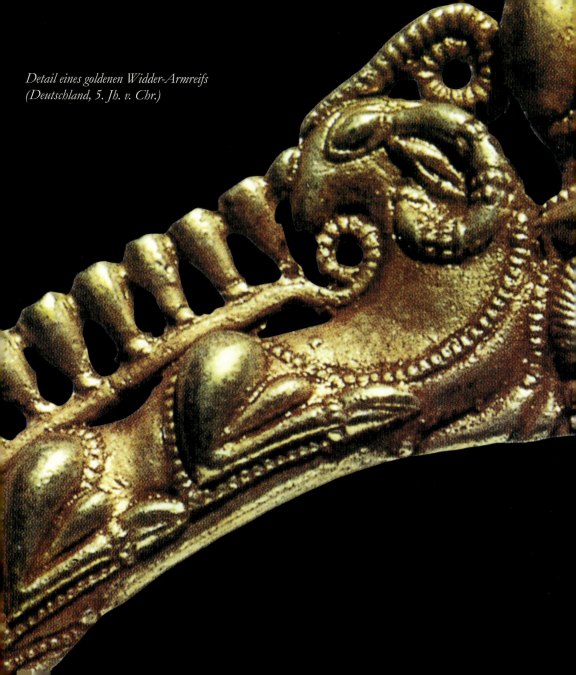

Detail eines goldenen Widder-Armreifs (Deutschland, 5. Jh. v. Chr.)

Widder

Auch der Widder hatte bei den Kelten wegen seiner Stärke und Angriffslust Kultstatus inne. Dies galt besonders für die romano-keltische Periode in Gallien und Britannien. Man assoziierte ihn mit dem römischen Gott Merkur, aber vieles deutet darauf hin, dass er für die Kelten eher ein Kriegssymbol war, da er oft gemeinsam mit einem Kriegsgott abgebildet wurde. Eine rätselhafte Variation des Widder-Symbols ist die widderköpfige Schlange. In ihr vereinen sich die Potenz und Angriffslust des Widders mit der Verbindung der Schlange zur Unterwelt und zur Erneuerung. Oft befand sich diese Figur in Gesellschaft des mit einem Hirschgeweih gekrönten Gottes Cernunnos.

Hirsch

Cernunnos, der Gehörnte, der Herr der Hirsche, war einer der Mächtigsten unter den zoomorphen Göttern der Kelten. Auf einer Seite des Gundestrup-Kessels ist er in all seiner Pracht abgebildet (rechts), umgeben von Symbolen der Fruchtbarkeit und des Wohlstands sowie einem Hirschen und der widderköpfigen Schlange. Der Hirsch verkörpert mehr als nur Männlichkeit und Kampfeslust. Er, der König des Waldes, wurde wegen der Ähnlichkeit von Geweih und Zweigen mit den Bäumen assoziiert. Und weil der Hirsch im Frühling oder Herbst sein Geweih abwirft – so wie zahlreiche Baumarten ihre Blätter zur Winterzeit verlieren –, wurde er zum Symbol für das zyklische Wachsen und Vergehen der Natur. Neben dem Eber war er die begehrteste Jagdbeute der Kelten.

Adler

Ein anderes keltisches Tiersymbol mit einem engen Bezug zur römischen Mythologie war der Adler, das Symbol für den Himmelsgott Jupiter. In der romano-keltischen Periode ging der Sonnengott der Kelten mit seinem symbolischen Bezug zum König der Lüfte in dieser römischen Gottheit auf. Die beeindruckende Spannweite der Flügel des Adlers und seine Fähigkeit, in große Höhen emporzusteigen, machten ihn zum natürlichen Begleiter eines Gottes. Im »Mabinogion« wird Lleu, ein himmlischer Krieger, dessen Name »der Kluge mit der starken Hand« bedeutet, von einem tödlichen Hieb getroffen. Sogleich verwandelt er sich in einen Adler und lässt sich in einer Eiche nieder, dem heiligen Baum Jupiters.

GEGENÜBER *Adler und Pferd auf einer keltischen Münze*

DER GEIST

Vielen Gegenständen, die die Kelten im Kult, aber auch nur im Alltag benutzten, wohnte eine große symbolische Bedeutung inne. Das Rad, die Swastika und die Spirale galten als Symbole eines himmlischen Gottes, der über Blitz und Sonne herrschte. Das Torques, ein offener Halsreif aus der La-Tène-Zeit, stand für Herrschaft und findet sich

DER DINGE

oft im Zusammenhang mit Darstellungen von Göttern. Kessel wurden besonders hoch geschätzt und galten in keltischen Stämmen häufig geradezu als Kultobjekte. Irische Sagen berichten mitunter von Kesseln des Überflusses, vielleicht ein Hinweis auf ihren Gebrauch bei bestimmten rituellen Feierlichkeiten.

Goldener Armreif (Deutschland, etwa 4. Jh v. Chr.)

Boot

Bei allen keltischen Stämmen Nordwesteuropas hatte das Boot eine hohe rituelle und symbolische Bedeutung. Winzige Bootsmodelle aus Edelmetall wurden Gottheiten – besonders den Meeres- und Wassergöttern – geopfert. Offensichtlich stand die Überquerung des Meeres für die Reise der Seele ins Jenseits. Manannán Mac Lir, ein irischer Meergott, ritt wie Poseidon in einem von Pferden gezogenen Wagen auf den Wogen und trug die keltischen Helden in die andere Welt jenseits des Meeres.

GEGENÜBER *Ein winziges Boot aus Gold aus dem 1. Jh. v. Chr. gehört zu dem reichen Fund von Broighter, Grafschaft Derry, Nordirland. Sogar die Ruder sind erhalten.*

Der Kessel der Wiedergeburt

Zeremonielle Kochgefäße standen im Mittelpunkt von Kulten, die sich mit dem Jenseits, mit Wiedergeburt und Auferstehung befassten. Einer Sage nach besaßen die Iren einen Kessel, in den man die gefallenen Krieger warf. Nachdem man sie eine Nacht gekocht hatte, standen sie am nächsten Morgen wieder auf, um zu kämpfen. Auf dem Silberkessel von Gundestrup ist neben anderen Göttern auch ein bärtiger Gott abgebildet, dem zwei Akolyten ihre Aufwartung machen.

OBEN *Der Kessel von Gundestrup aus verziertem Silber; Dänemark 3.–4. Jh. v. Chr., eventuell gallischen Ursprungs und von dort nach Dänemark gebracht*

GEGENÜBER *Bärtiger Gott, flankiert von zwei kleineren Figuren. Detail vom Gundestrup-Kessel*

Die Kelten

Feuer

In den kalten Regionen Nordeuropas war das Feuer ein kostbares Gut: Es vertrieb die Dunkelheit und wärmte die Behausungen. Und so entzündete man zu besonderen Festen des keltischen Kalenders wie Beltene (1. Mai) und Samhain (1. November) auch rituelle Feuer. Sowohl in heidnischen als auch in christlichen Zeiten feierte man den Mittsommer mit Feuerfesten. Einen grausamen Gebrauch des Feuers beschrieben römische Kommentatoren: Als ranghöchste Priester waren die Druiden verantwortlich für die öffentlichen Opferzeremonien. Manchmal übergaben sie ihr Opfer in einem Weidenkäfig, der dem menschlichen Körper nachgebildet war, den Flammen.

GEGENÜBER *Eine Szene aus dem Film* The Wicker Man *(1973)*

Dieser Hörnerhelm diente wahrscheinlich eher zeremoniellen als militärischen Zwecken (England, 1. Jh. v. Chr.).

Helm

Bei einem so kriegerischen Volk wie den Kelten standen Waffen und Rüstungen in hohem Ansehen. Als Opfergabe für die Götter warf man kostbare Kampfausrüstung in Gewässer und Sümpfe. Offensichtlich wurden auch einige Krieger in voller Rüstung begraben, da man in ihren Gräbern Helme aus Bronze und Eisen mit Bronzebeschlägen gefunden hat. Der Helm hatte eine besondere symbolische Bedeutung, wahrscheinlich weil dem menschlichen Kopf in der keltischen Mythologie so große Bedeutung beigemessen wurde. Hörnerhelme, von denen es zahlreiche Fundstücke gibt, sollten ihrem Träger göttliche Fähigkeiten verleihen.

S-Form

Die ausgefeilten, gewundenen und in sich verwobenen Muster der späten keltischen Kunst sind letztlich nur der höchste Ausdruck der Bewunderung für die Spirale, die in der gesamten keltischen Geschichte anzutreffen ist. In heidnischen Zeiten wurden die Spirale und die S-Form mit dem Himmel und der Anbetung der Sonne assoziiert. Der Sonnengott wurde mitunter mit S-förmigen Gegenständen symbolisch dargestellt.

Emaillierte Bronze-Brosche (England, 1. Jh. n. Chr.)

Swastika

Durch alle alten Kulturen zieht sich die Verehrung der Swastika als Symbol für Glück und die Wohltaten der Sonne. Dieses Motiv findet sich im gesamten von Kelten besiedelten Raum – beispielsweise im Zusammenhang mit Abbildungen des Speichenrads, einem anderen mächtigen Sonnensymbol.

Torques

Eine der prächtigsten Figuren auf dem Silberkessel von Gundestrup ist Cernunnos, der Gehörnte, mit seinem mehrendigen Geweih. Er trägt ein Torques um den Hals und ein anderes in der Hand. Da auch viele andere keltische Götter mit solchen offenen Reifen dargestellt wurden, ist anzunehmen, dass es sich um ein Symbol ihrer Würde handelt. Bedeutende Menschen erhielten Torques zusammen mit Münzen als Grabbeigaben – wahrscheinlich als Opfer für die Götter.

GEGENÜBER *Torques aus Gold (England, 1. Jh. n. Chr.). Es handelt sich bei diesem 20 cm großen Stück um eine sehr komplexe Arbeit aus einer Gold-Silber-Legierung.*

Rad

In Nordeuropa genoss das Speichenrad als Symbol schon immer eine gewisse Verehrung, aber in romano-keltischer Zeit wurde es zum Symbol für die Sonne und die Sonnengötter. Kleine Nachbildungen, die in Gräbern gefunden wurden, waren wohl Grabbeigaben für die Toten, um ihnen auf ihrer Reise ins Jenseits Licht zu spenden. Es gab Rituale, bei denen kleine Räder als Geschenk an die Götter in Flüsse und Seen geworfen wurden. Das Rad wurde auch mit der keltischen Version des Jupiter assoziiert. Man findet es des Öfteren neben der Swastika auf dem Göttervater gewidmeten Schreinen.

GEGENÜBER *Detail vom Silberkessel von Gundestrup*

CHRISTLICHE

Durch das massive Vordringen germanischer Stämme während der Völkerwanderung und der ersten postromanischen Periode wurden die Siedlungs- und Einflussgebiete der Kelten beschnitten. Die Germanen eroberten das mittlere und westliche Europa und drängten die Kelten bis an die Küsten der Meere und in die Alpen zurück. Zur glei-

KELTEN

chen Zeit breitete sich in den keltischen Stämmen, besonders denen Irlands, das Christentum aus und inspirierte die darstellenden Künste. Dennoch finden wir die traditionellen keltischen Motive in Handschriften dieser Epoche (siehe unten) wieder. Die zeitlosen Symbole der Kelten gingen problemlos in der christlichen Bilderwelt auf.

Kreuz

Schon in vorchristlicher Zeit verehrten die Kelten das Kreuz als religiöses Symbol. Die christliche Kirche knüpfte in der Ikonographie und religiösen Praxis an die heidnische Vergangenheit an, und das Kreuz wurde zum zentralen Motiv der keltischen Kunst. Vor allem in Irland entstanden zahlreiche Steinkreuze. Auch die traditionellen keltischen Künste, wie die Goldschmiedearbeit, standen bald im Dienst des neuen Glaubens. Dieses Kreuz (rechts) aus Holz und Bronze aus dem 12. Jahrhundert wurde für den irischen Großkönig Turlough O'Connor geschaffen.

Schrein

Die Kelten wählten für ihre religiösen Riten oft einen Ort in der Natur, wie etwa die Druiden heilige Haine für ihre Opferzeremonien. Daneben schufen sie auch Kultstätten von meist einfacher Machart. Diese waren nicht für das gemeinsame Gebet gedacht – das unter freiem Himmel stattfand –, sondern bildeten den Mittelpunkt spezieller Zeremonien. In der Umgebung von Schreinen fand man häufig Opfergaben wie Rüstungsteile und sogar Tiere.

GEGENÜBER *Detail des Bronzeschreins von* Stowe Missal *(Irland, 11. Jh. n. Chr.)*

Ein keltischer »Teppich«

Einen künstlerischen Höhepunkt im Gebrauch heidnischer Motive und Symbole im Dienste des Christentums stellen die sogenannten »Teppich-Seiten« im »Book of Durrow« dar. Neben traditionellen keltischen Webmustern, Dreierbögen und Knoten finden sich hier Seiten mit symbolischen Darstellungen der vier Evangelisten. Nach Art der vorchristlichen keltischen Kunst werden sowohl Tiere als auch Menschen nicht naturalistisch wiedergegeben. Außerdem erkennen wir in den Teppichmustern Anklänge an die keltischen Metallschmiedearbeiten aus früherer Zeit.

Das »Book of Kells«

Das vielleicht größte Kunstwerk aus dem keltischen Raum, das »Book of Kells« (ca. 800 n. Chr.), bietet einen reichhaltigen Fundus an Symbolik. Die vier Evangelisten werden durch christliche Symbole dargestellt: Matthäus durch einen Mann, Markus durch einen Löwen, Lukas durch ein Kalb und Johannes durch einen Adler. Aber in diese Symbolwelt mischen sich eindeutig keltische Elemente: Rosetten, Spiralen, Knoten und Webmuster. Hinzu kommen symbolträchtige Tiere wie Fische, Katzen, Mäuse, Hennen, Schlangen, Drachen und Vögel.

OBEN *Detail mit Menschendarstellungen aus dem »Book of Kells«.*

GEGENÜBER *Detail aus dem »Book of Kells« mit dem Chi-rho, dem Christusmonogramm, das aus den ersten beiden Buchstaben der griechischen Schreibweise des Namens Christi besteht.*

DIE INDIANER

UREINWOHNER NORDAMERIKAS

Die ersten europäischen Forschungsreisenden, die Anfang des 16. Jahrhunderts nach Nordamerika kamen, sahen sich einem riesigen Kontinent mit einer Bevölkerung von mehr als einer Million Menschen gegenüber. Ihre einzigartige kulturelle Vielfalt fand in zahllosen Legenden, Riten und Symbolen ihren Ausdruck.

VORHERGEHENDE SEITE
Eine Kette aus Klauen des Grizzlys soll dem Menschen die Kraft des Tieres verleihen (Fox, Great Plains).

LINKS *Die symbolhaft verkörperte Macht von Raubvögeln: Federkopfschmuck eines Häuptlings der Prairieindianer*

Die Völker Nordamerikas

1a Die arktische Region
1b Die subarktische Region
2 Die Plains
3 Der Nordosten
4 Der Südosten
5 Kalifornien
6 Das Hochbecken
7 Der Südwesten
8 Die Nordwestküste
9 Das Plateau

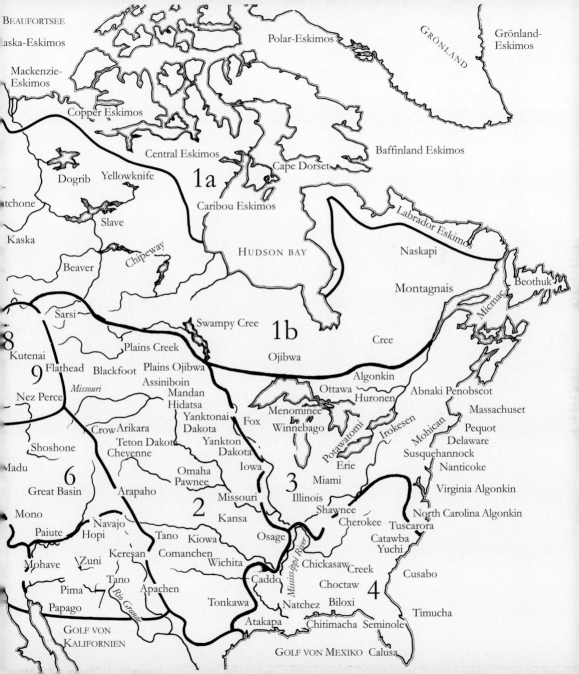

INDIANISCHE SYMBOLE

Im Leben der nordamerikanischen Ureinwohner spielten Mythologie und Religion eine große Rolle. Ihre sichtbaren Zeichen – Riten und Symbole – verdeutlichen die Anliegen der Menschen: Es galt die Erschaffung der Erde und der Menschen zu erklären, im Kontakt mit der Geisterwelt die Naturkräfte günstig zu stimmen und persönliche Macht und Ansehen zu erlangen. Gegenstände wie die Medizinpfeife, Tiere und bestimmte Orte erhielten symbolische Bedeutung und sollten dem ganzen Stamm Nutzen bringen.

Nach dem Schöpfungsmythos der Maidu Kaliforniens trieb auf den Fluten der Urzeit ein Floß mit der Schildkröte und dem »Vater der Adepten«. Bald schloss sich ihnen der »Erd-Adept« an, der von der Schildkröte aufgefordert wurde, die Erde zu erschaffen.

GEGENÜBER *Die Medizinpfeife der Blackfoot wurde beim ersten Donnergrollen im Frühling aus dem Medizinbündel hervorgeholt und diente als Talisman zum Schutz des Stammes.*

OBEN *Der Skeena-Fluss, Nordwestküste, wo sich nach dem Glauben der Gitksan die Begegnung mit übernatürlichen Mächten vollzog.*

Im Schöpfungsmythos der Maidu heißt es, der Erd-Adept habe zusammen mit Kojote, einer listigen Sagengestalt, zunächst die Tiere der Erde und dann zwei Menschen geschaffen, einen Mann und eine Frau.

HEILIGES LAND

Charakteristisch für die indianische Symbolik ist die Verehrung der Natur. Die gesamte sichtbare Welt gilt als beseelt und lebendig. Symbolisch bedeutsam sind Kleidung und Artefakte, da die Eigenschaften der Tiere und Materialien, aus denen sie hergestellt sind, auf den Träger übergehen. Auch die Landschaft weist eine starke Symbolkraft auf: An heiligen Stätten auf Bergen und in Tälern, in Wüsten und an Flussläufen treten die Menschen mit den Kräften des Universums in Verbindung, um ihrem Stamm Wohlbefinden und Wohlstand zu sichern.

DIE ENTSTEHUNG DER STÄMME

Zwei Symboltiere tauchen in den Schöpfungsmythen der Ureinwohner Nordamerikas immer wieder auf: Kojote und Schildkröte. Der Kojote tritt häufig als Schalk in Verbindung mit dem Alten Mann auf, der die Entstehung der Erde in Gang setzte. Auch die Schildkröte, die die Erde auf ihrem Rücken trägt, ist ein immer wiederkehrendes Motiv.

Die Schildkröte als Schutzschild (rechts) und als Beutel (links); (Cheyenne, Plains)

O-kee-pa

GEGENÜBER *Der Stiertanz – Teil der O-kee-pa-Zeremonie eines Mandan-Dorfes –, wie ihn der Künstler und Forscher George Catlin im Jahre 1832 auf einem Gemälde festhielt.*

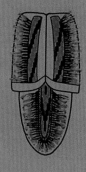

In Mythen und Legenden erzählen die Stämme die Geschichte ihrer Entstehung und die Entstehung der Welt als Ganzes. Bei den Stämmen der Great Plains zum Beispiel spielten zahlreiche Zeremonien, darunter der berühmte Sonnentanz, auf die Entstehung und Erneuerung der Welt an. Das außergewöhnlichste Ritual war die O-kee-pa-Zeremonie der Mandan, die die Erschaffung der Welt und des Menschen und die Entstehung des Mandan-Stammes zum Inhalt hatte. Der Kampf, aus dem der Stamm hervorging, wurde von jungen Männern dargestellt, die sich an Brust oder Rücken Hölzchen durch die Haut stießen und sich an Lederriemen im Gebälk des Festhauses aufhängen ließen.

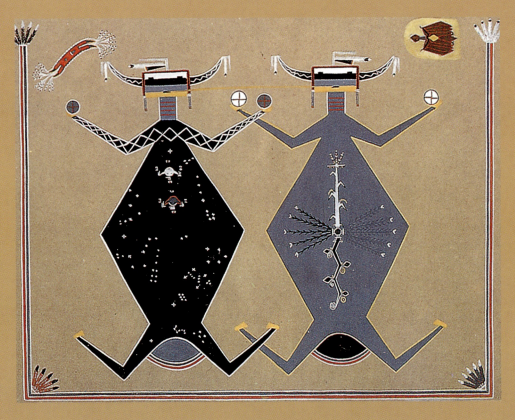

Mutter Erde (blau) und Vater Himmel (schwarz) in einer Sandmalerei der Navajo – eine Darstellung aus Anlass der Heilungszeremonie von Shootingway

Mutter Erde und Vater Himmel

Das männliche Prinzip wird mit der Sonne, das weibliche mit der Erde und den Früchten, die sie hervorbringt, assoziiert. Der Apachen-Göttin Usen wird die Fähigkeit zugeschrieben, die Welt nach einer Katastrophe neu zu bevölkern. In Malerei und Webkunst der Navajo wird Vater Himmel mit der Sonne und anderen Himmelskörpern assoziiert, Mutter Erde wird dagegen mit Feldfrüchten dargestellt.

In der Mythologie der Zuni nahm der Urschöpfer Awonawilona die Gestalt der Sonne an und schuf die Wolken und das Meer, aus dem mit Hilfe des Sonnenlichts Mutter Erde hervorging.

Der Sonnentanz

Das Selbstkasteiungsmotiv der O-kee-pa-Zeremonie findet man auch im Sonnentanz anderer Stämme der Plains. Traditionell wurde er zur Sommersonnenwende aufgeführt. Junge Männer stoßen sich kleine Holzspieße in Haut und Muskeln; an den Spießen hängen Riemen, die an einem Pfahl befestigt werden – eine Demonstration der Tapferkeit und der Leidensfähigkeit zum Dank für die von der Sonne empfangenen Wohltaten. Diese Huldigungsgeste wurde mit der Bitte an das Tagesgestirn verbunden, dass es auch in Zukunft dem Stamm seine Gunst erweisen möge.

In der Vorstellung der Cherokee war die Sonne weiblich und wohnte jenseits des Himmelsgewölbes. Ihre Tochter lebte am Himmel unmittelbar über der Erde; jeden Tag wurde die Tochter von der Mutter besucht, die mit ihr zu Mittag aß.

GEGENÜBER *Malerei auf Tierhaut mit einer Darstellung der Zeremonie des Sonnentanzes (wahrscheinlich Sioux, Plains)*

Zwillinge

Einem Mythos der Apachen und Navajo im Südwesten zufolge brachte die Erdmutter Zwillinge zur Welt, zwei Söhne, die an der Schöpfung der Erde und des Menschen weiterwirkten. In den Schöpfungsmythen tauchen sie immer wieder auf und erinnern an die Zwillingsheroen der Maya-Mythologie, die treibende Kraft zu Beginn der Weltwerdung. In der Mythologie der Diegueño Südkaliforniens stiegen die beiden Brüder aus dem salzigen Urmeer auf, schufen das feste Land, den Mond und die Sonne und schließlich Mann und Frau.

RECHTS *Diese frühe Mogollon-Keramikschale zeigt zwei symbolische Figuren. Vermutlich sind das männliche und das weibliche Prinzip oder Leben und Tod dargestellt.*

Manabozho, eine mythologische Heldenfigur, hatte einen Zwillingsbruder in Wolfsgestalt. Dieser ertrank eines Tages, als das Eis eines gefrorenen Sees unter ihm einbrach. Die Klage des überlebenden Bruders verursachte ein Erdbeben, aus dem die Hügel auf der Erdoberfläche entstanden (Menomini, Nordosten).

Die Sterne am Firmament

Himmelsobjekte wie der Morgen- und der Abendstern spielen in der nordamerikanischen Mythologie eine große Rolle. Besonders die Pawnee brachten die Kosmologie in die Kultur der Great Plains ein, indem sie Himmelskarten aus Wildleder für Weissagungen und Zukunftsprophezeiungen verwendeten. Bei den Pawnee symbolisierten Menschenopfer vor 1878 den Sieg des Morgensterns über den Abendstern: Ein junges Mädchen, die Personifikation des Abendsterns, wurde rituell getötet, indem ihr ein Pfeil ins Herz gestoßen wurde. Mit ihrem Opfertod gewann der Morgenstern die Herrschaft über den Himmel.

GEGENÜBER *Kostüm aus dem 19. Jahrhundert, das für den Geistertanz verwendet wurde (Arapaho, Plains)*

Der Donnervogel

GEGENÜBER *Hemd für den Geistertanz mit einem Bild des Donnervogels (Plains)*

Für die Chilcotin (Plateau) war der Donner der machtvolle Häuptling des Himmels; seine drei Töchter wurden von allen irdischen jungen Männern begehrt. Doch wer immer um die Hand einer der Töchter anhielt, wurde vom Donner in die Höhle eines Bären gelockt und getötet.

Das Grollen des Donners wurde von vielen indigenen Völkern Nordamerikas als Symbol des Göttlichen gedeutet. Für gewöhnlich wird der Donner als großer Vogel dargestellt, in den Plains als Adler mit geschlossenen Augen. Öffnete er sie, blitzt und donnert es. In den Legenden der nördlichen Paiute wird das Gewitter als Dach dargestellt, dem man die Macht zuschreibt, Donner, Blitz und Regen hervorzubringen. Zwei große Hörner am Kopf des Donnervogels symbolisieren seine gewaltigen übernatürlichen Kräfte. Der Donnervogel hat sein Nest auf dem Territorium des Stammes in den Bergen.

Baum und Totempfahl

In den Dörfern der Plains-Indianer war ein zentraler Platz dem zeremoniellen Tanz vorbehalten. In der Mitte stand ein heiliger Zedernholzstamm, ein Totempfahl, der den ersten Menschen und die Urahnen des Stammes symbolisierte. Bäume oder Pfähle wurden von vielen Stämmen als Quellen spiritueller Macht angesehen. Bei der Gründung des aus fünf Stämmen bestehenden Irokesenbundes wurde auf dem Territorium der Onondaga symbolisch ein großer Friedensbaum aufgestellt, ein Totempfahl, der auch als Versammlungsort diente. In der Vorstellung der nordöstlichen Stämme wuchs der Friedensbaum direkt aus dem Rücken der Schildkröte, der Weltenschöpferin.

GEGENÜBER *Zeremonielle Totempfähle an der Nordwestküste*

UNTEN *Detail eines »Mannes der Wildnis« – so der spirituelle Name eines Häuptlings –, in diesem Fall eine große Figur vor einem Potlatch-Haus (Tsimshian, Nordwestküste)*

Die Indianer

SPIRITUELLE KRÄFTE

Um in einer Welt, die auch böse und bedrohliche Züge trug, Überleben, Wohlstand und Gedeihen zu sichern, waren die Indianer Nordamerikas bestrebt, sich die zahllosen Geister gewogen zu machen, die ihr Universum bevölkerten. Diese spirituellen Kräfte konnten unsichtbar in der Natur oder als an besondere Stätten gebundene Geister wirken. Sichtbarere Formen nahmen sie in der Gestalt von Tieren an, die jeweils bestimmte Eigenschaften verkörperten. Die spirituelle Kraft dieser Tiergeister konnte sich der Einzelne »einverleiben«, indem er machtvolle Teile dieser Lebewesen auf seine Kleidung heftete.

GEGENÜBER *Der Kriegerkopfschmuck mit Büffelhorn und Raubvogelfedern sollte dem Träger die spirituellen Kräfte dieser Tiere verleihen (Blackfoot, Plains).*

Naturgeister

In der animistischen Religion der nordamerikanischen Ureinwohner war jeder belebte und unbelebte Teil dieser Welt von einem Geist beseelt. Die Stämme im Südwesten, besonders Zuni und Hopi, kannten auch Geister, die in Naturerscheinungen wohnten. Sie waren für Fruchtbarkeit, Regen und die Aufrechterhaltung der Weltordnung zuständig. Ihr Wirken wurde in Tänzen gefeiert, man dankte ihnen so für erwiesene Wohltaten und bat um Gesundheit und Wohlstand. Unter den Naturkräften gab es auch böse Mächte, die Unwetter und Unheil verursachten, während wohltätige Mächte von den Schamanen angerufen wurden, um ihr magisches Potenzial zu steigern.

GEGENÜBER *Eine Kachina-Puppe der Zuni. Zuni und Hopi kannten so genannte Kachinas, Geister von Verstorbenen, die für bestimmte Zeiten den Stamm aufsuchen. Sie brachten Wohlstand und Glück und wurden deshalb in Tänzen und Zeremonien gefeiert.*

Kleine Leute und Unsterbliche

Die Indianervölker des Südostens, besonders die Cherokee und Choctaw, wurden in den Dreißigerjahren des 19. Jahrhunderts gezwungen, ihr traditionelles Siedlungsgebiet aufzugeben und sich in Oklahoma neu anzusiedeln. Auf dem »Pfad der Tränen« konnten sie Trost aus ihrem reichen Legendenschatz schöpfen: Unter anderem wird von Stammesmitgliedern erzählt, die in der Wildnis von guten Geistern, den so genannten Kleinen Leuten, gerettet und mit Nahrung und Kleidung versorgt wurden. Zu den Schutzgeistern zählten weiterhin die *Nunnchi*, die Unsterblichen, die in Seen und Felsen hausten – und vergebens versuchten, den Stamm für den weißen Mann unerreichbar zu machen.

GEGENÜBER *Diese hölzerne Booger-Maske wurde von den Cherokee bei einem Tanz getragen, mit dem die Europäer abgeschreckt und vertrieben werden sollten.*

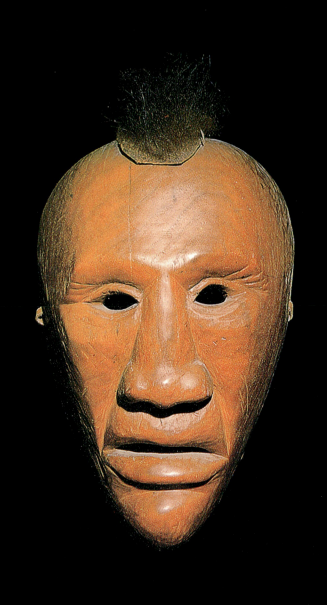

Adler und Habicht

Ein geschnitzter Adler auf der Spitze eines hohen Begräbnispfahls der Haida im Nordwesten ist ein großartiges Zeugnis für die Symbolkraft großer Vögel in der Mythologie dieses Volkes. Die weiter südlich lebenden Hopi glaubten an eine Art Adlerhimmel, in dem die Vögel ihre Eier ausbrüteten, ehe sie zur Erde zurückkehrten. Die Sioux der Plains wiederum hefteten sich Adler- und Habichtfedern an ihre Kriegsausrüstung und ihren Kopfschmuck, um sich die Furcht erregenden Kräfte dieser Vögel anzueignen. Adler und Habicht wurden bei vielen Stämmen auch mit dem allmächtigen Donnervogel in Verbindung gebracht; durch Federhauben übertrugen die Cherokee die Eigenschaften des Vogels auf den Menschen.

OBEN *Adlerkopf als Kopfschmuck mit Augen aus Abalonschalen (Tsimshian, Nordwestküste)*

GEGENÜBER *Jede einzelne Feder dieser Kriegshaube des Häuptlings Yellow Calf steht für eine Heldentat im Kampf (Arapaho, Plains).*

Bären

Jedes Tier hatte für die Indianer Nordamerikas eine symbolische Dimension. Viele Arten, insbesondere Bären, wurden mit dem Menschen in Verbindung gebracht und galten als dessen Helfer und Beistand. Einige Stämme Kaliforniens betrachteten den Bären als dem Menschen so ähnlich, dass sie darauf verzichteten, sein Fleisch zu essen – nicht aber darauf, ihn zu jagen. Bärenfelle verarbeiteten sie zu Kleidern und übertrugen so die Eigenschaften des Tieres auf sich. Die Bewohner der Nordwestküste richteten vor der Bärenjagd ein Gebet an die Jagdbeute; Kopf und Fell des erlegten Bären wurden feierlich zur Schau gestellt.

GEGENÜBER *Eingang zu einem Gemeinschaftshaus auf Shakes Island mit der Darstellung der Vagina der Bärenmutter, die als Totem verehrt wurde (Tlingit, Nordwestküste)*

Weit verbreitet sind Sagen von Menschen, die sich mit Tieren paaren: von Büffel-, Bären- und Hirschfrauen, Adler- und Walmännern. Die Blackfoot erzählen von einer Frau, die einen Bären liebte; er wurde von ihrer Familie erlegt, woraufhin sie die ganze Familie tötete.

Wölfe

Der Wolf als grausamer Jäger hat für die Stämme der Plains ebenfalls eine mythologische Dimension. Bei den Blackfoot spielt er in Legenden über die Erschaffung der Welt durch den Alten Mann eine Rolle: Der Alte Mann gestaltete mit Hilfe des Wolfes die Erdoberfläche: Überall, wo der Wolf, durch den Urschlamm schreitend, innehielt, entstand ein Tal. Aus der übrigen Erdoberfläche gingen Berge und Ebenen hervor. Das Klookwana-Ritual, das zur Winterzeit an der Nordwestküste praktiziert wurde, war ein Zeremonialtanz, bei dem die Initiierten von übernatürlichen Wölfen entführt und von den Dorfbewohnern durch den Tanz auf magische Weise zurückgeholt wurden.

GEGENÜBER *Eine sehr frühe Darstellung eines Wolfskopfes (entstanden zwischen 800 und 1440 n. Chr.; Südosten)*

Schlangen

Einer der eindrucksvollsten Orte Nordamerikas ist der Schlangenhügel (Serpent Mound) auf einer Erhebung in Ohio: Es handelt sich dabei um eine Erdaufschüttung von einem halben Kilometer Durchmesser in Form einer Schlange, die einen halbkugelförmigen Hügel im Maul hält. Die Monumentalität dieser Schöpfung verweist auf die zentrale Stellung der urzeitlichen Großen Schlange in Mythologie und Symbolik Nordamerikas.

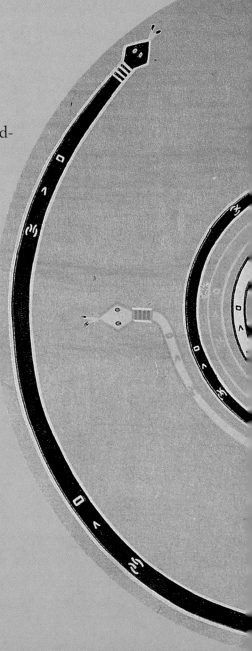

LINKS *Schlangen, besonders die Klapperschlange, wurden von den Völkern des Südwestens sehr verehrt (Sandmalerei der Navajo).*

Ein Hopi-Schamane mit Schlangen in der Hand, der sich auf den berühmten Schlangentanz vorbereitet. Mit diesem Tanz wurde um Sommerregen gebetet.

Büffel

Zu den zahlreichen Übergriffen der immer weiter nach Westen vorrückenden weißen Siedler, unter denen die Indianer der Plains zu leiden hatten, gehörte auch die rücksichtslose Dezimierung der großen Büffelherden. Für die Völker der Plains war der Büffel ein mächtiges und wohltätiges Symbol. Schließlich bot er ihnen mit seinem Fleisch und seinem Fell Nahrung, Kleidung und Wohnung. Es gab jährliche und halbjährliche Jagden, an denen der ganze Stamm teilnahm. Dabei wurde mit vereinten Kräften eine Büffelherde in ein Gehege getrieben oder über einen Felsen in den Abgrund gejagt.

GEGENÜBER *Eine mit einem Büffelmotiv verzierte Rassel; solche Rasseln wurden benutzt, um die Laute der Tiere nachzuahmen, mit denen die Teilnehmer einer Zeremonie in Kontakt treten wollten (Great Plains).*

Nach einer Sage der Comanchen waren alle Büffel ursprünglich im Besitz einer alten Frau und ihrer jungen Cousine; doch dem Kojoten gelang es, ein kleines Tier in ihren Pferch einzuschmuggeln, das derart durchdringend heulte, dass die Büffel ausbrachen und sich über die ganze Erde verstreuten.

Die Indianer

Der listige Rabe

Ein weiteres mit schöpferischen Kräften begabtes mythologisches Tier ist der Rabe, der insbesondere bei den Völkern der Nordwestküste eine große Rolle spielte. Als Kulturheros hatte er die Stellung eines zweiten Schöpfers inne, der unter anderem Sonne, Mond und Sterne entstehen ließ. Der Rabe galt als trickreicher Schelm und Unhold, als listiger Nahrungsdieb und Liebhaber. Petrel, ein Unsterblicher, ließ ihn für seine Schandtaten büßen, indem er ihn einen Baum hinauf jagte und unten ein Feuer entfachte, sodass die Federn schwarz angesengt wurden. Deshalb sind die Federn des Raben schwarz bis auf den heutigen Tag.

GEGENÜBER *Eine Truhe aus Argillit, geschnitzt von Charles Edenshaw, dem bekanntesten Künstler der Haida im späten 19. Jh. Der Rabe auf dem Deckel trägt menschliche und tierische Züge – er ist trickreicher Schelm und Kulturheros zugleich (Nordwestküste).*

Geweih tragende Tiere

Zu den Tieren, die besonders verehrt wurden, zählen die großen Geweih tragenden Säugetiere: Hirsch, Karibu und Elch. In Nordwestkalifornien wurde mit dem Weißhirschfell-Tanz, der zwei Wochen lang dauerte, die Erneuerung der Welt gefeiert. Für die Krieger der Plains symbolisierte der Elch die erstrebenswerten Eigenschaften eines jungen Mannes: Schönheit, Stärke und offenbar auch die Fähigkeit, die Zuneigung von Frauen zu gewinnen. Daher auch die Verknüpfung des Elchs mit dem Werberitual, das die Sioux praktizierten. Weiter nördlich, bei den Inuit der arktischen Region, wurde das Karibu als Fleischlieferant verehrt.

GEGENÜBER *Eine Servierplatte mit drei Darstellungen eines Karibus (Inuit, arktische Region)*

Pferde

Das Pferd fand erst relativ spät Eingang in die Kultur der Plains, wurde jedoch zu einem der großen Symboltiere der mächtigsten Stämme im Zentrum des nordamerikanischen Kontinents. Mit seiner Einführung als Reittier wurden Bauern, die an ihr Dorf gebunden waren, zu Büffel jagenden Nomaden, was letztlich zur Herausbildung einer Kriegerkultur führte, die 1876 in der Schlacht am Little Bighorn River ihre große Stunde hatte. Spanische Konquistadoren hatten das Pferd im Südwesten Amerikas eingeführt. Zuerst wurde es von den Völkern des Hochbeckens und des Plateaus eingesetzt und fand besonders in die religiöse Symbolik der Nez Percé Eingang.

Die Völker des Plateau und insbesondere die Nez Percé übernahmen als Erste das Pferd. Sie züchteten eine als »Appaloosa« bekannte Rasse, die es noch heute gibt.

Gegenüber *Bemalte Tierhaut mit der Darstellung eines Pferderaubzugs (Plains)*

Wassertiere

Gewässer und ihre Lebewesen kommen in vielen Schöpfungsmythen vor. In den mythologischen Vorstellungen der Stämme des Südostens wirbelte der Wasserkäfer den Urschlamm auf und erschuf daraus die Erde, und die Wasserspinne brachte das Feuer. Die Dakota, Bewohner des Binnenlandes, fürchteten die Ungeheuer aus den Tiefen des Wassers, die sie als Feinde des Donnervogels betrachteten. Die Küstenvölker des Nordwestens pflegten die umfassendste und komplexeste Wasser-Symbolik. Tlingit und Haida verehrten den Orca und glaubten, die Ertrunkenen verwandelten sich selbst in Orcas.

GEGENÜBER *Eine Schamanenrassel in Form eines Orcakopfes (Haida, Nordwestküste)*

Die Tahltan der subarktischen Region erzählen die Geschichte einer Fischersfrau, die unbeabsichtigt einen Orca tötete. Die anderen Orcas ziehen sie daraufhin ins Meer hinab und machen sie zu ihrer Sklavin. Erst mit Hilfe eines Hais gelingt es dem Fischer, seine Frau zu befreien.

DIE GUTE ERDE

In Mythen, Legenden und Symbolen fand die Dankbarkeit der Menschen für den Reichtum und die Fruchtbarkeit der Erde ihren Ausdruck. Tiere, Pflanzen, die ganze Erde waren von Geistern beseelt und standen mit den Menschen des jeweiligen Territoriums in Beziehung. Diese Sehweise der Natur war bei den Indianern der Plains besonders stark ausgeprägt, vielleicht aufgrund der Monumentalität ihrer Landschaft – der Hügel, Täler und Flüsse mit ihrem großen Bestand an wilden Tieren. Der mächtige Himmel, der sich über diese Landschaft wölbt, galt wiederum selbst als ein Symbol für die Kraft des Universums.

Gegenüber *Die eindrucksvolle Landschaft der Great Plains (indianisches Territorium in Wyoming)*

Heilige Berge

Dominanten Erscheinungsformen der Natur, etwa den Bergen, wurden auch außergewöhnliche spirituelle Kräfte zugeschrieben. Die Blackfoot in Montana glaubten, dass der Chief Mountain seine Existenz dem Alten Mann verdanke, der diesen Berg geschaffen habe, um dem Großen Geist seine Macht zu beweisen. Den Mount Hood in Oregon betrachteten die Cayuse als Ursprung des Feuers.

RECHTS *Der Chief Mountain im nördlichen Montana war für die Blackfoot ein heiliger Ort; zu diesem Berg pilgerten sie, um mit den Geistern in Verbindung zu treten.*

Ursprünge

Ein Ort, den ein Stamm als seinen Ursprungsort betrachtete, nahm in der Mythologie des betreffenden Stammes eine zentrale Stellung ein. Für die Hopi der Wüste des Südwestens war dieser Ort der Grand Canyon. Dorthin waren die Ahnen nach ihrem Tod zurückgekehrt, um mit ihrem Schöpfer in Kontakt zu treten.

GEGENÜBER *Sandmalerei der Blessingway-Zeremonie, in der das Entstehen der Navajo gefeiert wird (Südwesten)*

FOLGENDE DOPPELSEITE *Der Grand Canyon ist für die Navajo ein heiliger Ort, da sie hier ihren Ursprung sehen.*

Visionen

Insbesondere bei den Völkern der Plains spielten Bodenerhebungen als heilige Orte bei der Initiation junger Männer eine große Rolle. Nach dem Reinigungsritual im Dorf oder in einem Lager außerhalb des Dorfes begab sich der junge Mann an einen entfernten Ort, etwa auf den Gipfel eines Berges, um die unwirtlich-rauen Bedingungen eines Lebens in der freien Natur am eigenen Leib zu erfahren, um zu fasten und mit den Geistern in Verbindung zu treten. Dieses Streben nach visionärer Schau konnte sich in späteren Lebensabschnitten wiederholen, besonders wenn der Betreffende schamanistische Kräfte gewinnen wollte.

GEGENÜBER *Das Rahmenwerk einer Schwitzhütte auf dem Mount Butte, South Dakota, wo die Initianten um Feuerstellen saßen, in denen Steine zum Glühen gebracht wurden. Die heißen Steine wurden anschließend mit Wasser besprengt. Der aufsteigende Dampf sollte die Reinigung vollziehen und die Kommunikation mit den Geistern erleichtern (Great Plains).*

Wasserfälle

Das grandiose Naturschauspiel der Niagarafälle symbolisierte für die Irokesen nichts Geringeres als den Sieg des Guten über das Böse. Die Wasserfälle entstanden nach ihrer Vorstellung durch den Sieg des Donners über ein Ungeheuer in Gestalt einer Wasserschlange, die einem Seneca-Dorf Krankheiten und Unglück gebracht hatte. Die Schlange wurde durch Blitzstrahlen des Donners getötet und ihr Kadaver als Felsgestein im Niagara-Fluss eingeschlossen. Von nun an ergossen sich die Wassermassen des Flusses in einer großartigen Kaskade über diese Felsformation.

GEGENÜBER *Der Triumph des Guten über das Böse: ein Sieg, der in Gestalt der Niagarafälle symbolisch verkörpert ist.*

Das Meer

Der natürliche Reichtum und die Fruchtbarkeit des Landes, die in den Mythen und Legenden der Völker der Plains ihren Ausdruck fanden, haben eine Parallele in den Meeresmythen und in der Symbolik der Stämme an der Küste. Für sie ist das Meer seit undenklichen Zeiten die Hauptnahrungsquelle. Bei den Tlingit, den Tsimshian und den Haida bringt ein Meeresungeheuer Wohlstand; seine Klauen und Zähne sind aus Kupfer, dem Symbol für den Reichtum des Landes. Das Meer selbst wird mit Überfluss in Verbindung gebracht, den der »Große Häuptling unter dem Wasser« den Menschen spendet. Dieses alles beherrschende, wohltätige, übernatürliche Wesen trug den Namen »Copper Maker« (Kupfermacher).

GEGENÜBER *Der Legende zufolge schuf der Rabe diese Inseln aus der Gischt, die er in den Urfluten aufwirbelte (Haida, Queen-Charlotte-Inseln, Nordwestküste).*

SCHAMANISTISCHE ZEREMONIEN

Der berühmteste Schamane oder »Medizinmann« war Sitting Bull von den Teton Dakota. Ihm wurden übernatürliche Kräfte im Kampf zugeschrieben, besonders nachdem er zusammen mit Crazy Horse in der Schlacht am Little Bighorn River 1876 die Abteilung General Custers besiegt hatte. Die Ermordung Sitting Bulls im Jahr 1890 war der Auslöser für das Massaker am Wounded Knee. Die Kunst des Schamanen bestand darin, sich Kräfte anzueignen, indem er mit Geistern, häufig Tieren, in Kontakt trat.

Zur Ausstattung eines Schamanen gehörten Amulette (oben), die jene Lebewesen darstellten, aus denen er seine Kraft schöpfen wollte; in diesem Fall ein Vogel mit einem Menschengesicht. Weitere Gegenstände waren Rasseln, Halsbänder und Kronen aus Bärenklauen (gegenüber); (Tsimshian, Nordwestküste).

Der Medizinmann

GEGENÜBER *Diese Holzschnitzarbeit eines Inuit zeigt einen Schamanen mit zwei Helfern in Tiergestalt; neben ihm eine Trommel, mit der er die Geister ruft.*

RECHTS UNTEN *Die Figur eines Schamanengeistes, der seinen Körper verlässt, um andere Regionen der Welt aufzusuchen (Inuit, arktische Region)*

FOLGENDE DOPPELSEITE *Eine elegant geschnitzte Schamanenpfeife (links); (Inuit, arktische Region)*
Die Vorratskiste eines Schamanen mit der Darstellung des Mondes (rechts); (Tsimshian, Nordwestküste)

Überall, im tiefsten Süden wie im äußersten Norden des Kontinents, bestand die Hauptaufgabe des Schamanen darin, das Wohlbefinden des ganzen Stammes wie auch die Gesundheit der einzelnen Stammesmitglieder zu gewährleisten. Der Schamane hatte die überlieferte Symbolik zu deuten und die Welt zu erklären; er musste für das Gedeihen der Ernte sorgen, das Wetter und die Zukunft vorhersagen. Er übernahm auch Aufgaben als Arzt und half bei Gebrechen und Schmerzen aller Art.

Seelenfänger

Bei seinem Bemühen um das Wohlbefinden der Stammesgemeinschaft bediente sich der Schamane zahlreicher Hilfsmittel. Das gemeinsame Rauchen einer Pfeife war ein Friedenszeichen und diente auch zur Besiegelung einer Vereinbarung. Bei der Heilung Kranker war das wichtigste Hilfsinstrument der Seelenfänger, um die Seele in den Körper des Kranken zurückzuholen; denn man glaubte, dass die Krankheit die Seele aus dem Körper vertrieben habe und die Gesundheit nur durch ihre Rückkehr in den Körper wiederhergestellt werden könne.

GEGENÜBER *Seelenfänger aus Knochen und Abalonschalen (Tlingit, Nordwestküste)*

RECHTS *Ein besonders wirksamer Talisman: ein auf einen Holzring gespannter Skalp (Great Plains)*

Besondere Orte

Selbst die Nomadenvölker Nordamerikas erbauten Hütten, die teils mit aufwendig gestalteten Totempfählen geschmückt waren. Hier fanden Festveranstaltungen, Tänze und schamanische Riten statt. Im Gebiet des Winnipeg-Sees befanden sich zahlreiche heilige Orte, die mit der *Great Medicine Society* in Verbindung standen; diese Gesellschaft war damit betraut, die heilenden Kräfte des Schamanen zu fördern. Das außergewöhnlichste Beispiel für eine solche Zeremonialhütte sind die kreisförmig angeordneten Blöcke auf dem Medicine Mountain in Wyoming,

GEGENÜBER *In gewöhnlichen Wohnhütten wie etwa dem Langhaus der Haida, Nordwestküste, wurden im Winter heilige Zeremonien abgehalten (Rekonstruktion).*

Das Medizinbündel

Nicht nur im Kontakt mit den Seelen der verschiedenen Tiere konnte man sich deren Macht und Stärke aneignen. Die erstrebenswerten Eigenschaften der Tiere wurden auch durch das Tragen von Fellen oder Federn übertragen. Haut, Skelett, ja der ganze Kadaver eines Tieres oder Vogels wurden in ein Tuch eingewickelt und dieses Bündel während der Zeremonie an Riemen aufgehängt. Die Crow maßen solchen Bündeln mit Adlerskeletten große Bedeutung zu; bei den Blackfoot war das Biberbündel bedeutsam.

OBEN *Das Medizinbündel eines Wiesels (Crow, Great Plains)*

GEGENÜBER *Masken wie diese wurden bei den Ritualen der Great Medicine Society verwendet, um die Geister zu besänftigen (Irokesen, Nordosten).*

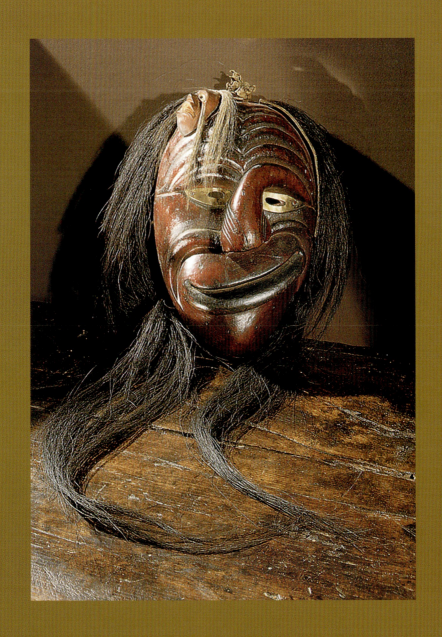

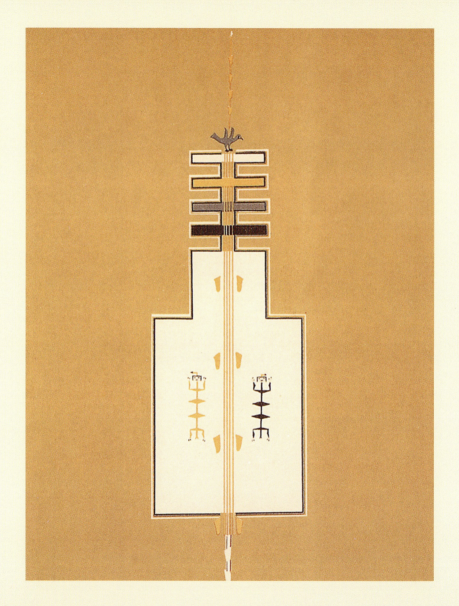

242 Völker

Sandmalerei

Auch durch die Sandmalerei konnte man mit den Geistern in Verbindung treten. Sie wird von den Völkern des Südwestens, insbesondere von den Navajo, gepflegt. Die handwerkliche Tradition dieses Stammes, die bis auf den heutigen Tag lebendig ist, kommt in erlesenen Webarbeiten und in ungewöhnlichen Sandmalereien zum Ausdruck. Normalerweise wurden sie auf dem Boden eines Hogans (Wohnhauses) hergestellt, mit Sand und Kohle als Grundmaterialien. Dargestellt wurden jene Geister, die während der Zeremonie angerufen werden sollten.

GEGENÜBER *Sandmalerei aus dem frühen 20. Jahrhundert mit der Darstellung der Schöpfung (Navajo, Südwesten)*

Heilige Tänze

Der indianische Tanz hat eine ungeheure symbolische Ausdruckskraft. Im Tiertanz wurden die Gaben der Natur gefeiert. Indem der Tanz die Taten der Ahnen und damit die Entstehung des eigenen Stammes darstellte, förderte er den Zusammenhalt der Gemeinschaft. Zusätzlich sollte er den Nomaden eine erfolgreiche Jagd und den Bauern eine gute Ernte sichern. Keramikfunde der Hohokam-Kultur in der Wüste Arizonas, aus der die Pima und Papago hervorgingen, zeigen Zeremonialtänzer mit symbolträchtigem Haarschmuck, die die Kräfte der Natur erflehen. Zahlreiche Legenden Nordamerikas sind mit diesem Tanz verbunden.

OBEN *Der Tanz, der höchste symbolische Ausdruck für das Wohlergehen einer Gemeinschaft (gezeichnet von John White in Virginia im späten 16. Jahrhundert)*

GEGENÜBER *eine Tonscherbe (500–900 n. Chr.) (Hohokam-Kultur, Snaketown, Südwesten)*

DIE MAYA

DIE MAYA

Der Maya-Prophet Chilam Balam hatte die Ankunft der spanischen Eroberer vorausgesehen. »Empfangt eure Gäste, die bärtigen Männer, die Männer aus dem Osten, die Träger des Zeichen Gottes, des Herrn.«

GEGENÜBER *Landkarte der Siedlungsgebiete der Maya mit den wichtigsten Niederlassungen*

SEITE 246 *Hofzeremonie der Maya mit Musikanten (Wandgemälde, 790, Bonampa)*

Heute heißt das Gebiet, in dem die Maya lebten, Mittelamerika, womit sowohl die geographische Lage als auch die kulturelle Zusammengehörigkeit beschrieben sind. Die dort ansässigen Völker hatten vieles gemeinsam: den 260-Tage-Kalender, religiöse Vorstellungen und Rituale, zu denen auch Menschenopfer gehörten, und ein Gefühl kultureller Gemeinsamkeit, das sich in Landwirtschaft und Architektur und sogar bei sportlichen Wettkämpfen ausdrückte. Das ursprüngliche Siedlungsgebiet der Maya lag auf der Halbinsel Yucatán, die heute zu Mexiko gehört, Guatemala, Belize und Honduras.

Städte und Anlagen

Im Unterschied zu anderen Kulturen Mittelamerikas lebten die Maya in mehreren Siedlungszentren. Ermöglicht wurde das durch die Fähigkeit der Bewohner, sich mit Hilfe einer sich ständig weiterentwickelnden Sprache und Symbolik untereinander zu verständigen. Am Beginn der klassischen Periode existierten bereits miteinander rivalisierende Stadtstaaten wie Bonampak, Caracol, Copán, Piedras Negras und Tikal. Etwas später kam das große Zentrum Palenque hinzu. Im 9. Jahrhundert scheint ein rapide voranschreitender Verfall eingesetzt zu haben, und als die spanischen Eroberer eintrafen, gab es nur noch verstreute regionale Zentren mit Bauwerken und Ruinen aus verschiedenen Siedlungszeiträumen.

Luftaufnahme von Tikal in Guatemala

Die Stadt Tikal bedeckte eine Fläche von 15,5 km² und bestand aus rund 3000 Bauwerken, angefangen von Tempeln bis hin zu einfachen Hütten. Nach Schätzungen soll die Gesamtbevölkerung zwischen 10 000 und 40 000 Menschen gelegen haben.

Die Zeitrechnung der Maya

Die Geschichte der Maya gliedert sich in drei Perioden: die vorklassische von 500 v. Chr. bis 200 n. Chr., die klassische von 200–900 und die spätklassische von 900 bis zum Eintreffen der Spanier im 16. Jahrhundert. Die Maya verwendeten zwei Kalendersysteme: die Lange Zählung und die Kalenderrunde. Bei der Langen Zählung teilte man das 360-Tage-Jahr mit dem Namen *tun* in 18 Monate mit je 20 Tagen. Die Kalenderrunde bestand aus zwei Versionen: dem *Haab*-Kalender mit 365 Tagen und den *Tzolkin*-Kalender mit 260-Tagezyklus.

Schematische Darstellung der Kalenderrunde der Maya

Sprache aus Symbolen

Symbole und Metaphern waren im Leben der Maya allgegenwärtig und wurden für Aufzeichnungen verwendet. Alle Bereiche des Universums, von natürlichen Gegenständen und Tieren bis zum Übernatürlichen, hatten ihre eigene Aussage und Bedeutung. Die eingemeißelten Inschriften auf Stelen, unsere hauptsächlichste Informationsquelle über die Maya, beschreiben eine Welt mit vielschichtiger Bedeutung. Ein Haus, ein Maisfeld, ein Kaiman oder sogar eine Schildkröte konnten die Erde repräsentieren. Die aus komplexen Symbolreihen bestehende Hieroglyphenschrift der Maya bezieht sich fortwährend auf eine Welt der Rituale: Blutopfer, Fortpflanzung, Geburt, Bestattung und Königtum.

Schätzungsweise 85 Prozent der Maya-Inschriften aus der klassischen Periode können heute entziffert werden und machen diese Kultur zur einzigen geschichtlich erfassbaren in der Neuen Welt. Die umfangreichen Aufzeichnungen reichen bis ins 3. Jahrhundert n. Chr. zurück.

GEGENÜBER *Eine Seite aus dem Codex Dresdensis, der ausführlichsten erhaltenen präkolumbianischen Handschrift, aus Alexander von Humboldts Atlas der Neuen Welt, Paris 1810*

DER HEILIGE KOSMOS

Das Universum der Maya war angefüllt mit spiritueller Kraft und Symbolik. Alle Naturerscheinungen, übersinnliche Wesen und Menschen waren die Akteure bei einem einzigen großen kosmischen Ritual, das sich auf drei Ebenen abspielte: der Überwelt, der Mittelwelt und der Unterwelt. Unter Ersterer verstand man vermutlich den hellen Tag, der von der Sonne erleuchtet wurde. Der die Unterwelt repräsentierende Nachthimmel zog Tag für Tag über die Menschen hinweg. Diesem Vorgang maßen die Maya besondere Bedeutung zu, denn für sie waren die Bewegungen der Gestirne Zeichen für das Wirken der Götter. Die Mittelwelt gehörte den Menschen und hatte vier Weltrichtungen, die jeweils durch einen Baum, einen Vogel oder eine Farbe gekennzeichnet waren.

Der Kosmos der Maya ist ein komplexes Gebilde aus Symbolen und Ritualen. Die farbige Schale eines Dreifußes aus spätklassischer Zeit (um 600–800) zeigt dies sehr anschaulich.

Der heilige Baum

Die drei Ebenen des Maya-Universums waren durch einen zentralen Baum miteinander verbunden, einer *Axis mundi*, der in der Unterwelt wurzelte und dessen Äste in die Überwelt, den Himmel, hinaufragten. Dieser zentrale Baum stand in Beziehung zur Farbe Grün, vier weitere Bäume in der Mittelwelt, welche die vier Kardinalrichtungen bestimmten, waren rot, weiß, schwarz und gelb gekennzeichnet. Der rote Baum symbolisierte Osten und die aufgehende Sonne, der weiße Norden und die verstorbenen Vorfahren, der gelbe Süden und die rechte Hand der Sonne und der schwarze Westen, Sonnenuntergang und Unterwelt.

GEGENÜBER *Auf diesem Sarkophagdeckel im Grab des am 31. August 683 gestorbenen Pakal wächst der Baum des Lebens aus dem Körper eines Königs (Tempel der Inschriften, Palenque, Mexiko).*

In der spätklassischen Zeit hatten die Bildhauer der Maya gelernt, in flachem Relief zu arbeiten, was den figürlichen Arbeiten eine neue Dynamik verlieh.

Die Schöpfung

Wie es einem von Kalendern und Zeitmessung besessenen Volk entsprach, waren die Maya sehr genau bei der zeitlichen Bestimmung der Erschaffung der Welt, deren letzte Phase am 13. August 3114 v. Chr. begonnen haben soll. Außerdem glaubten sie, dass die Welt mindestens drei Mal erschaffen und zerstört worden sei. Das wichtigste erhalten gebliebene Buch der Maya, das *Popol Vuh*, erzählt, dass die Erschaffung der Welt während eines Gesprächs zwischen den Gottheiten Tepeu und Gukumatz erfolgte, indem sich die Erde aus dem Urmeer erhob. Nach fehlgeschlagenen Versuchen, Menschen aus Lehm und Holz zu bilden, hätten die Götter die Menschen aus Mais geschaffen.

Als Symbol der Schöpfung erhebt sich die Mais-Gottheit Hun Hunahpu als Verkörperung der Erde auf dem Rückenpanzer einer Schildkröte. Die flankierenden Figuren repräsentieren die Hero-Zwillinge (verzierter Teller aus dem 8. Jahrhundert).

Die Helden-Zwillinge

Einige Gottheiten und mythologische Gestalten werden in der Kunst und Sagenwelt der Maya als Paare oder Dreiergruppen geschildert. Die berühmtesten waren die Helden-Zwillinge Hunahpu und Xbalanque, über deren Abenteuer das *Popol Vuh*, der vollständigste Bericht über die Erschaffung des Mayavolkes und die Entstehung ihrer Religion, erzählt. Die Zwillinge waren hervorragende Ballspieler. Auf Geheiß der Gebieter von Xibalba, der Götter der Unterwelt, besiegen die Zwillinge im Wettstreit die Todesgötter. In der letzten Phase des Spiels bewirken die Zwillinge mehrere Wunder, indem sie Tote wieder zum Leben erwecken. Die Gebieter der Unterwelt bitten nun darum, geopfert zu werden, damit auch sie ins Leben zurückkehren können. Die Zwillinge erfüllen ihren Wunsch, verweigern jedoch die erhoffte Wiedererweckung.

GEGENÜBER *Begegnung der Helden-Zwillinge mit der Gottheit Itzamna (bemaltes Tongefäß, Mexiko, um 593–830)*

Die Erde

Eine weit verbreitete Metapher für die Erde im Bestiarium der Maya war der Kaiman, der Assoziationen an eine gebirgige Landmasse erweckte, die auf dem Urmeer der Schöpfung schwimmt. Die charakteristischen Merkmale der Erde – Berge, Flüsse, Land, Höhlen und Himmel – führten nach dem Glauben der Maya über ein intensives spirituelles Eigenleben. Ein weiteres Modell für die Erde war das Maisfeld, das die Erschaffung der Mayawelt und des Mayavolkes versinnbildlichte.

Topf auf drei Kugelfüßen mit Deckelknauf in Form einer Schildkröte, dem verbreiteten Symbol für die Erde (Guatemala, um 495–593)

Die Maya

OBEN *Dieses Detail eines zylindrischen Gefäßes aus spätklassischer Zeit um 672–830 zeigt den Platz der drei Steine (eine Gottheit ruht auf drei Steinen), wo die Götter das Universum erschufen, indem sie Himmel und Erde voneinander trennten.*

GEGENÜBER *Himmelsbänder bestehen aus Symbolen für verschiedene Himmelskörper, weil man glaubte, dass der Himmel in zahlreiche fest umrissene Zonen unterteilt sei.*

Der Himmel

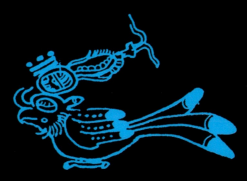

Für die Maya bedeutete der Himmel ein tiefes Geheimnis, denn er war das Reich der übernatürlichen Erscheinungen, die sie mit einigen ihrer wichtigsten Symbole in Verbindung brachten. Der Harpyien-Adler sowie der Muan-Vogel, eine gehörnte Eule, waren Symbole des Himmels und der zwanzig Jahre langen Katun-Periode. Wie andere mittelamerikanische Kulturen glaubten die Maya, dass das Firmament von Himmelsträgern, vier Göttern, an den vier Ecken des Himmels aufrecht gehalten werde.

Das gesamte Jahr hindurch veranstalteten die Maya Rituale und Zeremonien, um den Himmel dazu zu bewegen, günstige Voraussetzungen für reiche Ernten und erfolgreiche Jagden zu schaffen.

Die Sonne

Die Maya brachten der Sonne besondere Wertschätzung entgegen. Sie stand in Zusammenhang mit einigen ihrer mächtigsten Götter wie den Sonnenkreaturen Jaguar und Adler. Ein Zeichen für die Sonne, eine vierblättrige Form namens *kin*, was »Sonne« oder »Tag« bedeutet, erscheint zum ersten Mal in der vorklassischen Periode. Das gleiche Motiv kehrt in der klassischen und spätklassischen Zeit auf der Stirn des obersten Sonnengottes Kinich Ahau wieder. Eine der Gottheiten aus der Triade von Palenque, der Schutzpatrone der Stadt, ist ebenfalls ein Sonnengott. Er repräsentiert das Königtum der Maya, indem er die Vorstellung von Herrschaft und Sonne verbindet.

GEGENÜBER *Die großen Gesichter auf diesem Votivzylinder stellen die Sonne dar. Den unteren Abschluss bildet das Erd-Ungeheuer, den oberen ein reicher Kopfschmuck (Palenque, Mexiko, um 690).*

Sonnen- und Mondfinsternisse weckten das besondere Interesse der Maya. Sieben der 39 Blätter im Dresdner Kodex sind allein diesem Phänomen gewidmet. Um die Mitte des 8. Jahrhunderts konnte man Berechnungen anstellen, wann die Eklipsen vermutlich eintreten würden.

Die Maya 269

Der Mond

GEGENÜBER *Ein Meisterwerk der Mayakunst: ein als Trompete verwendetes Tritonshorn mit den Gesichtern dreier Gottheiten, darunter des Jaguars als Herr des Mondes (frühklassisch, um 300–500)*

In der Kosmologie der Maya stand die Sonne in Verbindung mit dem männlichen Prinzip, der Mond mit dem weiblichen. In der klassischen Zeit wurde der Mond als schöne Göttin dargestellt, die zumeist in der Mondsichel sitzt und ein Kaninchen im Arm hält. Auch das Tier hatte eine spezifische Verbindung mit dem Mond, insbesondere dem Vollmond, weil man seine Körperform in den dunkleren Flächen der Mondscheibe zu erkennen glaubte. Eine Sage erzählt, dass die Mondgöttin einst bei einem Ehestreit mit ihrem Mann, der Sonne, ein Auge verlor. Seitdem habe die Leuchtkraft des Mondes nachgelassen.

Die Venus

Die Maya verbanden mit dem Planeten Venus Vorstellungen von Blut und Krieg. Als die Venus am 29. November 735 als Abendstern erschien, war es das Zeichen für zwei Städte, über ihre Rivalin Seibal im Petén herzufallen.

Die im westlichen Kulturkreis übliche Assoziation dieses Planeten mit der Liebesgöttin widerspricht den Vorstellungen der Maya, in denen der Himmelskörper immer eine männliche Gottheit repräsentiert hat. Sie beobachteten sehr genau die beiden unterschiedlichen Phasen der Venus als Morgen- und Abendstern. Kriegshandlungen der Maya richteten sich in der klassischen Zeit häufig nach bestimmten Tagen in der Umlaufbahn des Planeten. Hunahpu, einer der Helden-Zwillinge, stand sowohl mit der Sonne als auch mit der Venus in Beziehung, ebenso einer der mächtigen Götter aus der Triade von Palenque.

GEGENÜBER *Auf dieser Seite aus dem Dresdner Kodex von 1810 sind die Himmelsbewegungen des Planeten Venus dargestellt.*

GÖTTLICHE WESEN

Eine Mayahandschrift, die die Spanier im 16. Jahrhundert nach Europa gebracht hatten, fünf Blätter aus dem *Dresdner Kodex*, wurde 1810 in Alexander von Humboldts *Atlas der Neuen Welt* veröffentlicht.

GEGENÜBER *Diese Abrollung eines spätklassischen Zylindergefäßes aus Naranjo in Guatemala zeigt die sechs Götter der Unterwelt.*

In der Weltanschauung der Maya bildeten Rituale und Symbole die Brücke zwischen den Welten der Menschen und der Götter. Gottheiten und die Riten des Königtums hatten besondere Bedeutung, weil sie dem Herrscher übernatürliche Macht verliehen. Die Götter der Maya traten in unterschiedlicher Gestalt in Erscheinung, häufig mit Attributen aus dem Tierreich – wie Jaguar, Schlange und Adler – und sind in der Kunst und Architektur in bildlicher und glyphischer Ikonographie vertreten.

Himmelswesen

Das Himmelsungeheuer hat einen Körper mit je einem Kopf an beiden Enden, welche die Opposition von Venus und Sonne symbolisieren. Bildwerke dieser krokodilähnlichen Gestalt schmücken häufig die Westseite von Gebäuden und versinnbildlichen die Venus, die die Sonne aus der Unterwelt herausführt. Der Himmelsvogel, die oberste Vogelgottheit, geht vermutlich auf das bunte Gefieder des Königsgeiers zurück. Das *Popol Vuh* schildert ihn als Verkörperung des Bösen, dessen Tod die Maya mit neuer Hoffnung erfüllt.

OBEN *Das Himmelsungeheuer auf einem Altar aus Copán in Guatemala*

GEGENÜBER *Seite 76 des Dresdner Kodex zeigt die Zusammensetzung des Himmelsungeheuers aus Venus, Sonne, Himmel und Finsternis.*

Itzamna und alte Götter

Im ausgehenden 19. Jahrhundert identifizierte der Wissenschaftler Paul Schellhas mehrere Gottheiten auf einem Wandschirm der Maya und bezeichnete jede mit einem Buchstaben des lateinischen Alphabets. Von besonderer Bedeutung waren die zahnlosen, die über Xibalba, die Unterwelt, herrschten, nämlich die Götter D, L und N. Gott D mit dem glyphischen Namen Itzamna (»Haus der Eidechse«) hat das Gesicht eines alten Mannes mit quadratischen Augen, spiralförmigen Pupillen und einer Scheibe auf der Stirn. Als höchste Gottheit der Maya wurde er häufig als Herrscher über die geringeren Götter dargestellt. Auch stand er in enger Beziehung zum Himmelsvogel. Gott L, mitunter ebenfalls mit einem quadratischen Auge ausgestattet, ist am Kopfschmuck zu erkennen, der dem Muan-Vogel gleicht.

GEGENÜBER *Gott L, auf einer Bank sitzend, wird von fünf jungen Frauen bedient, während er den Helden-Zwillingen zusieht, wie sie die Toten zum Leben erwecken (Zylindergefäß aus Mexiko, um 593–830).*

Pauahtun

Eine der rätselhaftesten Gottheiten der Maya, Pauahtun, galt als einer der vier Himmelsträger. Manchmal steckt er in einem Tritonshorn oder in einem Schildkrötenpanzer, auf anderen Darstellungen hängt er in einem Spin-

Hunahpu von den Helden-Zwillingen zieht den Gott N aus seiner Muschel, bevor er ihn tötet (Zylindergefäß aus Guatemala, um 672–830).

nennetz. Sein Merkmal ist der blattähnliche Kopfschmuck. Er war auch der Gott des Donners und der Berge und stand in älterer Zeit in Beziehung zu den Schreibaffen und, daraus abgeleitet, zur Schrift und zur bildenden Kunst. In der Klassifizierung der alten Gottheiten von Schellhas trägt er den Buchstaben N.

Das größte in Copán gefundene Bildwerk ist ein kolossaler Steinkopf Pauahtuns, der das Dach eines Tempels schmückte.

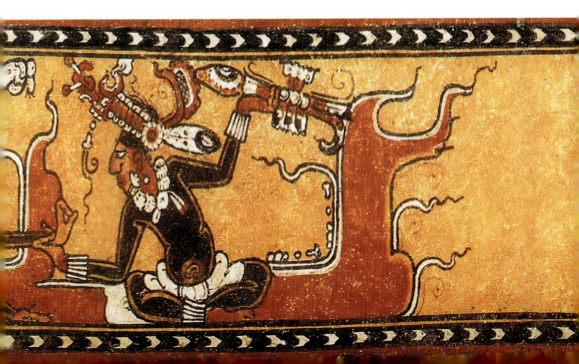

Jaguar

Mayakönige und Würdenträger benutzten Attribute mit Jaguar-Motiven – Gewänder, Pelze, Kopfschmuck, ja sogar Sandalen und Perlen, um ihre Autorität zu unterstreichen.

GEGENÜBER *Die Malerei auf einem Tongefäß zeigt den von Flammen eingehüllten Wasserlilien-Jaguar, während er einer Zeremonie der Selbstenthauptung beiwohnt.*

Im Mittelpunkt der zoomorphen Symbolik der Maya steht der Jaguar, der im alten Amerika als König des Regenwalds galt. Unter allen Tieren genoss er die höchste Verehrung und wurde mit vielen Gottheiten in Verbindung gebracht. Der Jaguar-Gott der Unterwelt mit Hakennase und verknotetem Haar wurde manchmal auf einem großen Kaiman reitend dargestellt. Er war auch ein beliebtes Motiv, mit dem Mayakrieger ihre Schilde schmückten, wahrscheinlich weil er auch als Kriegsgott fungierte. Düstere Assoziationen verbanden sich auch mit dem Baby-Jaguar, der meistens in Begleitung von Chac, dem Gott des Regens und der Blitze, in Tanzszenen auftritt, die Menschenopfern vorausgingen. An seiner Stelle erscheint manchmal der Wasserlilien-Jaguar, der eine Blüte dieser Pflanze auf dem Kopf trägt.

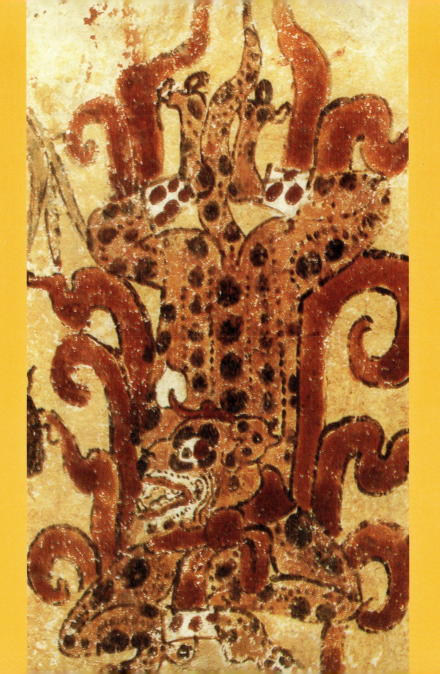

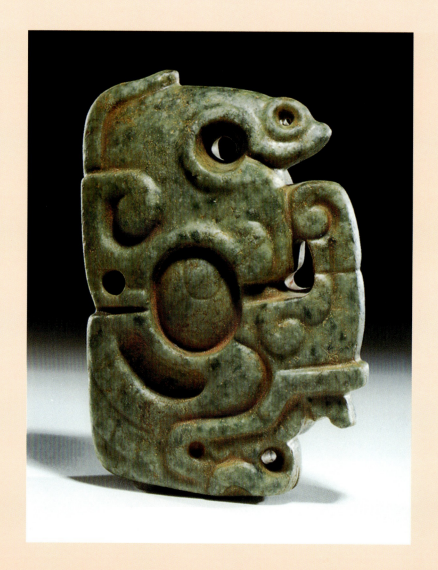

Die Schalk-Gottheit

Der Gott, der diese ungewöhnliche Bezeichnung trägt, hatte mit höfischer Spaßmacherei nur wenig zu tun. Der Name ist von den drei Stirnzipfeln einer mittelalterlichen Narrenkappe abgeleitet. Die Kopfform lässt mit ziemlicher Sicherheit auf die Königswürde schließen und geht auf die drei Spitzen des Stirnbandes zurück, das in vorklassischer Zeit den Mayakönigen als Krone diente. Später nahm der Gott manchmal die Gestalt eines Hais an und erschien häufig als aus Jade gefertigter königlicher Kopfschmuck. Jade war das kostbarste Gestein der Maya und stand mit Wasser, Himmel und Vegetation in Beziehung.

Jade erfreute sich bei den Maya höchster Wertschätzung und fand als Material für die bedeutendsten Schnitzereien Verwendung. In der spätklassischen Zeit wurde mit Plaketten und anderen Gegenständen aus Jade ein reger Handel zwischen den verschiedenen Mayagebieten betrieben.

GEGENÜBER *Darstellungen des Schalk-Gottes wie diese aus der Zeit um 600–800 sind immer in Jade oder anderen kostbaren grünen Schmucksteinen geschnitten. Vor dem Ende der klassischen Mayazeit im 9. Jahrhundert bestimmten sie auch die Form der Königskrone.*

Diese Statue des jungen Maisgottes aus der Zeit um 775 zierte einst einen Tempel in Copán in Honduras. Die jugendlichen Züge und das Blattwerk am Kopf versinnbildlichen den Zusammenhang mit jungen Maispflanzen.

Die Mais-Gottheit

Der Maisgott der Maya erscheint in frühklassischer Zeit als stattlicher Jüngling mit Maisblättern, die aus der Schädeldecke sprießen. Zwei Darstellungen aus späterer Zeit konnten ebenfalls identifiziert werden: der geschorene Maisgott und der blattgeschmückte Maisgott. Ersterer steht im *Popol Vuh* mit einem der Helden-Zwillinge in Beziehung, und sein Name geht auf die tonsurartig rasierten Stellen des Schädels zurück. Auf kürzlich entdeckten Wandbildern gleicht der Kopf reifen Maiskolben, was auf eine Verbindung mit der Maisernte hinweist. Beim blattgeschmückten Maisgott hingegen wächst nur ein Maiskolben aus dem Kopf, was als Zeichen für das Wachstum vor der Reife angesehen wird.

Neben Mais bauten die Maya auch Bohnen, Kürbis, Cassava und verschiedenes Obst an. Zu jedem Haus gehörte ein eigener Garten.

Die Paddelgötter

GEGENÜBER *Das Hauptmotiv auf diesem Tongefäß aus Guatemala um 672–830 zeigt die Reise der Seelen in die Unterwelt im übersinnlichen Kanu der Paddlerzwillinge.*

Dieses monströse Götterpaar bezieht seinen Namen aus dem Vergleich mit Ruderern im Kanu des Lebens. Die Zwillingsgottheit stand vorrangig im Zusammenhang mit dem Ende der Kalenderperioden und den zu dieser Zeit stattfindenden Blutopfern der Könige. Der Ruderer im Bug des Kanus, der Alte Jaguar-Paddler, repräsentiert die Nacht, der Alte Stachelrochen-Paddler im Heck symbolisiert den Tag. Einen erfreulichen Anblick bietet keiner von beiden. Der Jaguar ist zahnlos, und der Stachelrochen hat ein uraltes Gesicht mit einem Pflock durch die Nase.

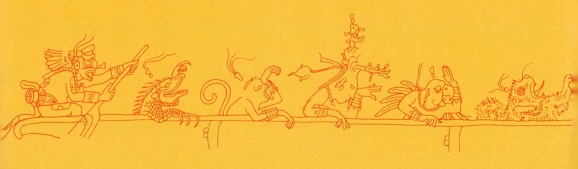

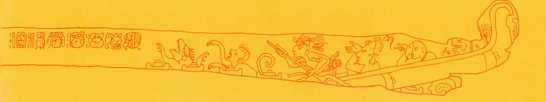
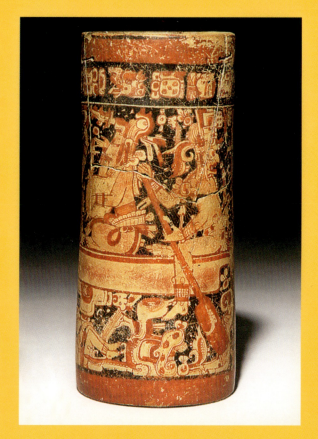

Die Maya 289

Die Göttertriade von Palenque

Diese göttliche Dreifaltigkeit erscheint zum ersten Mal gemeinsam im spätklassischen Palenque. Ihre Bezeichnungen lauten GI, GII und GIII. Sie wurden im zeitlichen Abstand von drei Wochen nacheinander geboren. Zwei von ihnen werden als Chac, den Gott des Regens und der Blitze, beziehungsweise als Jaguar-

gott der Unterwelt identifiziert. Die Szene auf einem spätklassischen Zylindergefäß zeigt den tanzenden Chac links, der Jaguar liegt auf dem Cauac-Ungeheuer, dem zoomorphen Symbol der Berge. Ein dritter Gott mit ausgestreckten Armen und angehobenem Bein führt einen ekstatischen Tanz aus.

Der Wasservogel

Das älteste Mitglied der Triade von Palenque wird häufig als Sonnengott mit engen Verbindungen zur Venus identifiziert. Sein Kennzeichen ist der Wasservogel, der als Kopfschmuck dient. Diese symbolische Kreatur stand in der Mythologie und in der Symbolik der Maya an prominenter Stelle, wohl weil sie die große Bedeutung der Vogelwelt versinnbildlichte, die in den Kanälen, Flüssen und Sümpfen des Tieflands heimisch war. Auf Darstellungen trägt der Vogel gewöhnlich einen Fisch im Schnabel, der dem eines Kormorans ähnlich ist. Der Kopf hingegen erinnert mehr an einen Reiher.

GEGENÜBER Der Deckelknauf dieser tönernen Fußschale aus frühklassischer Zeit um 350–500 hat die Form des Wasservogels, dessen Schwingen sich auf der Deckelwölbung ausbreiten. Der Kopf mit dem Kormoranschnabel, aus dem ein Fisch herausragt, ist nach vorn gereckt und dient als Handhabe.

Die Schreibaffen

Als Schutzpatrone der Schrift, der Kunst und des Rechnens erscheint dieses Götterpaar häufig in der Kunst der klassischen Zeit der Mayakultur. Die Darstellungen zeigen sie bei der Handhabung ihrer Werkzeuge: Farben, Bücher und Schreibpinsel. Häufig treten sie in der Gestalt eines Brüllaffen mit menschlichem Körper auf. Man hat sie auch mit den Halbbrüdern der Helden-Zwillinge aus dem *Popol Vuh*, Hun Baz (Brüllaffe) und Hun Chuen (Klammerschwanzaffe) gleichgesetzt, die von den boshaften Helden-Zwillingen in Affen verwandelt worden waren.

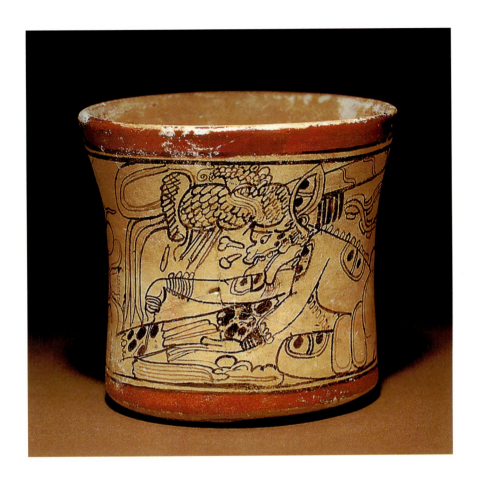

Die Schreibaffen werden in der Kunst der Maya üblicherweise bei der Ausübung ihrer handwerklichen Fähigkeiten mit Pinseln und Farben dargestellt, wie auf diesem spätklassischen Napf aus Copán (oben), oder als kauernde Steinfiguren (gegenüber).

Die Schlange

Aus der Fauna des Mayareichs abgeleitete Ungeheuer und Bestien bevölkern die Kosmologie der Maya. So gehörten sich aufbäumende Schlangen zum Ritual des Penis- und Zungenblutopfers. Auf manchen Darstellungen speien sie Götter und Ahnen aus ihrem Maul. Häufig sind sie mit zwei verschiedenen Köpfen ausgestattet, die jeweils am Ende des glatten oder gefiederten Körpers sitzen. Der Zusammenhang mit Opferritualen wurde hervorgehoben, indem man den Kopf am Schwanz mit der Vorstellung von Blut verband.

Die Blutentnahme aus dem Penis fand an bestimmten Tagen statt. Zum Einstechen benutzte man den Stachel eines Rochens oder eine Aale aus Knochen. Beide Instrumente waren reich verziert und galten als heilig.

GEGENÜBER *Dieser Fenstersturz aus Chiapas, Mexiko, um 600–900, zeigt die Frau eines Herrschers mit Instrumenten für die Blutentnahme. Über einer zweiten Schale, die wahrscheinlich ebenfalls zum Auffangen des Blutes diente, erhebt sich die Seherschlange, das Symbol für die Verbindung mit den Göttern und Ahnen.*

Chac

Einer der Hauptgötter der Maya, Chac, der Regengott, wird von deren Nachkommen noch heute verehrt. Sein Erscheinungsbild ist außerordentlich vielfältig. Auffällig sind das Reptilienmaul, der geschuppte Körper und das verknotete Haar. Als Attribute führt er häufig Axt oder Schlange, was auf seine Eigenschaft als Gott der Blitze verweist. Seine Beziehung zu Wasser und Regen wird durch herabfallende Fluten betont, die seinen Körper umgeben, was ihn wiederum zum Schutzpatron der Landwirtschaft prädestiniert.

GEGENÜBER *Dieses tönerne Räuchergefäß aus Mayapan, um 1200, hat die Gestalt des Regengottes Chac. In der einen Hand hält er eine kleine Schale, in der anderen entzündetes Räucherwerk.*

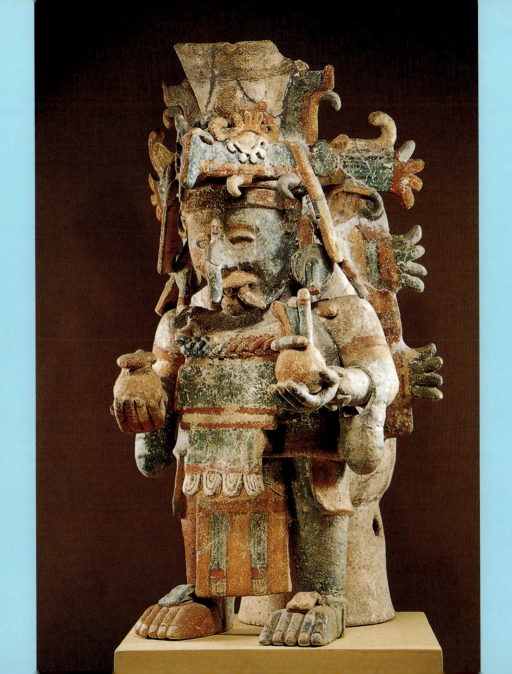

BLUT UND KÖNIGTUM

Bei den Maya war die Königswürde erblich und ging vom Vater auf den Sohn über. Es gibt jedoch Hinweise darauf, dass zwei Herrscher von Palenque Frauen waren. Die Übertragung der Königswürde stand in engem Zusam-

UNTEN *Kan Xul, der Sohn König Pakals, des berühmten Herrschers von Palenque, bei der Inthronisierung, flankiert von seinen Eltern. Palenque, Mexiko, 721*

GEGENÜBER *Tonfigur eines thronenden Mayaherrschers*

menhang mit Blutentnahme und Blutopfern, also der Freisetzung der Körperflüssigkeit, die die Mayagemeinschaft zusammenhielt, die Götter besänftigte und die geheiligte Autorität des neu ernannten Herrschers besiegelte. Der Mayaherrscher thront über den Gefangenen, die geopfert werden, und seine blutigen Fußabdrücke führen zum Thronsessel. In der klassischen Kunst wird auch der König selbst dargestellt, wie er sein Blut vergießt und damit an den Schöpfungmyhtos anknüpft.

Wettstreit und Krieg

Krieg und die Aussicht auf Gefangenschaft und Opfertod waren eine unerschöpfliche Quelle für die Symbolik der Maya und dienten als Vorbilder für Schlachten verherrlichende Denkmäler. In den Stadtstaaten der Maya war die Königswürde erblich, und trotz enger familiärer Beziehungen kam es immer wieder zu bewaffneten Auseinandersetzungen. Die Gefangenen der unterlegenen Partei lieferten reichlich Nachschub für die Blutopfer, auf deren Ritual der Zusammenhalt des Mayavolkes beruhte. In der spätklassischen Zeit verloren Kriege als rituelle Handlungen an Bedeutung, und die Durchsetzung von Gebietsansprüchen trat in den Vordergrund.

Die Gewänder der Figuren auf diesem spätklassischen Fenstersturz aus Piedras Negras, 667, weisen diese als Anführer (stehend) und Krieger (kniend) aus. Die Kleidung beider Gruppen bestand aus in breite Streifen geschnittenen Umhängen, wie sie von der gesamten Mayabevölkerung getragen wurden.

Der König Pakal

Der Tempel der Inschriften in Palenque ist unter allen mittelamerikanischen Pyramiden einzigartig und wurde mit größter Wahrscheinlichkeit im Auftrag Pakals, eines der bedeutendsten Herrscher eines Stadtstaates, als monumentales Grab errichtet. Pakal bestieg mit zwölf Jahren den Königsthron und herrschte bis zu seinem Tod 683 im Alter von 80 Jahren. Das Mausoleum ist mit vielen Symbolen geschmückt. Eine kunstvoll gearbeitete Gesichtsmaske aus Jademosaik wurde mit dem Leichnam des Königs bestattet. Ursprünglich war Pakal die Bezeichnung für »Handschild«.

Pakals Mausoleum in Palenque wurde 1952 geöffnet, nachdem man den verborgenen Eingang gefunden hatte. Darin stand der Sarkophag, der mit einer großen rechteckigen, reliefgeschmückten Steinplatte abgedeckt ist.

GEGENÜBER *Die lebensgroße Maske des Königs Pakal aus Jademosaik wurde in der Grabkammer des Tempels der Inschriften in Palenque gefunden.*

Palenque

Unter ihrem Herrscher Pakal entwickelte sich Palenque zu einer der herrlichsten Städte im Mayaland. Von 600 an dehnte sie sich im Zeitraum von etwa 150 Jahren dank eines gigantischen Bauprogramms ständig weiter aus. An den großen Palästen, die das höfische Leben mit bisher unbekanntem Luxus erfüllte, wurde vermutlich über hundert Jahre gebaut. Große Reliefs verherrlichen die Errungenschaften der Herrschenden. Die Steinmetzen von Palenque verwendeten dafür feinkörnigen Sandstein. Auf einem der Reliefs sieht man Pakals zweitgeborenen Sohn, der 702 den Thron bestieg, zwischen seinen verstorbenen Eltern sitzend, die ihm einen mit Jade eingelegten Kopfschmuck und einen Schild überreichen.

Der Hauptpalast von Palanque (gegenüber) enthielt wertvolle Kunstschätze wie diesen in Stuck gearbeiteten Herrscherkopf (unten).

Die Maya 307

Der Hof

Sobald der König den Thron bestiegen hatte, regierte er bis zu seinem Tod – sofern er nicht in Gefangenschaft geriet – und erfreute sich am höfischen Leben mit großer Dienerschaft, reicher Symbolik und üppigen Ritualen. Neben einem umfangreichen Opferzeremoniell gab es auch unblutige Zerstreuungen, beispielsweise Hofnarren, die sich bei ihren Auftritten als Götter oder Dämonen verkleideten. Zum höfischen Zeremoniell gehörten auch Gesangs- und Musikdarbietungen mit Flöten, Rasseln, Trommeln, Gongs und Tritonmuscheln.

LINKS *Diese aus Ton geformte Figurengruppe eines Liebespaars stammt aus der klassischen Zeit. Die Mayakunst benutzte für die Darstellung von Frauen zwei Archetypen: die Hofdame und die Kurtisane, Letztere häufig in Gesellschaft von Göttern der Unterwelt oder von Kaninchen.*

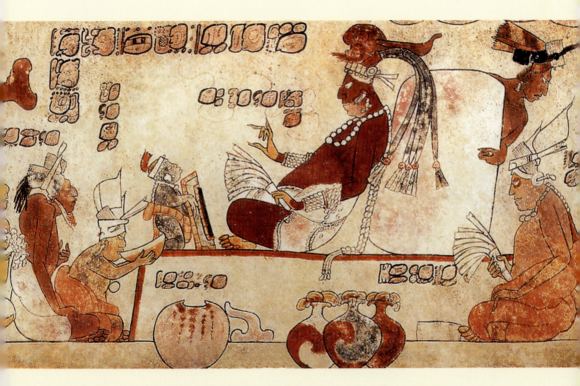

*Das Leben am Hof der Mayaherrscher hatte auch angenehme
Seiten. Diese Szene eines Trinkgelages auf einem spätklassischen
Tongefäß zeigt unter anderem einen Würdenträger, der sich an
seinem Abbild in einem von einem Zwerg gehaltenen Spiegel ergötzt.*

Kleidung

Der Bekleidungskodex der Maya war ein Spiegel der sozialen Ordnung und der Symbolik. Ein wichtiger Akt bei allen Thronbesteigungen dürfte die Bestellung neuer Gewänder für die daran teilnehmenden Würdenträger gewesen sein. Die Kleidung von Kriegern bestand aus Pelzen und Federn gefährlicher Tiere und Vögel. Auf einigen frühklassischen Darstellungen sind Kojotenpelze zu erkennen sowie Paraden in Tula und Chichén Itzá von Kriegern in Adler- und Jaguarkostümen. Frauen des Adels trugen vermutlich gewebte Umhänge und Röcke mit Schmuckstücken aus Perlmutt um die Taille, die den Mutterleib des Maisgottes symbolisierten.

GEGENÜBER *Auf diesem Wandgemälde aus Bonampak, um 790, sieht man hochrangige Würdenträger in kostbarer Kleidung. Darin unterscheiden sie sich deutlich von der Dienerschaft.*

Die Maya 311

Tempel und Gräber

Tempel und Grab bestimmten die Welt der Maya. Prunkvolle Grabmäler wurden häufig als letzte Ruhestätten des Königs errichtet, wie in Palenque für König Pakal. Aber auch Gebäude, die wahrscheinlich als Paläste genutzt wurden, bezeichnet man früher als »Tempel«. Der als Sakralbau verwendete Mayatempel besteht aus einem hohen Stufenfundament, auf dem sich ein Gebäude erhebt, zu dem eine Treppe hinaufführt, die gleichzeitig den Abstieg in die Unterwelt symbolisiert. Im Tempel der Inschriften in Palenque führt eine Geheimtreppe in die Grabkammer mit Pakals Sarkophag hinunter – eine für ganz Mittelamerika einzigartige Einrichtung.

Eine der größten architektonischen Leistungen der Mayakultur ist der im 7. Jahrhundert entstandene Tempel der Inschriften *in Palenque, den sich Pakal als Grabmal errichten ließ.*

Gefangene und Opfer

Menschenopfer waren ein mächtiges und vielschichtiges Symbol, das in den mittelamerikanischen Kulturen die Verbindung der Menschen mit den Göttern beschwor. Sie bildeten einen Aspekt im Gesellschaftsleben der Ureinwohner, der die Spanier mit Entsetzen erfüllte. Spätklassische Darstellungen zeigen die Enthauptung von Opfern, die oft vorher gefoltert worden waren. Geopfert wurden Sklaven, die man zu diesem Zweck gekauft hatte, oder Kriegsgefangene. Auch Eltern sollen ihre Kinder als Opfer verkauft haben. Besonders begehrt waren Würdenträger aus dem gegnerischen Lager, denn ihr hoher Rang machte sie als Opfer an die Götter besonders wertvoll.

GEGENÜBER *Tonfigur eines geopferten Gefangenen aus spätklassischer Zeit – grausames Symbol aus dem Leben der Maya. Die abgerissene Kopfhaut hängt vom Hinterkopf herab, der Körper windet sich unter grauenhaften Schmerzen, aus dem aufgerissenen Mund dringt der schreckliche Todesschrei.*

Die Maya 315

Blut und Herzen

Alle mittelamerikanischen Völker maßen dem Blut und dem Herzen als Opfergabe an die Götter besondere Bedeutung bei. Das Blut galt als Symbol für die Schuld, die der Mensch zum Dank für seine Erschaffung an die Götter abzutragen hatte, und das Herz als Sitz des Lebens war die kostbarste Speise für die Schöpfergötter. Zwar wurden viele Menschenopfer auch durch Enthauptung vollzogen, aber bei wichtigen Zeremonien musste das Herz entnommen werden.

Der Popol Vuh *verweist auf tödliche Vampire in der Unterwelt – ein Motiv, das häufig die Gebäude in jenen Mayastädten schmückt, in denen blutige Menschenopferrituale vollzogen wurden.*

Herzopfer (gegenüber) und rituelle Tötungen waren die Mittel, mit denen die Mayas ihre Götter besänftigten und den Fortbestand der Weltordnung sicherten. Eine einschlägige Szene (oben) zeigt, wie das Opfer von vier Helfern gehalten wird, während ihm der Priester mit einem Feuersteinmesser das Herz aus der Brust schneidet. Eine Schlange, vermutlich der Adressat des Opfers, schwebt darüber und beobachtet die Szene.

Auf dieser Zielmarkierung aus Copán in Honduras scharen sich Spieler um einen großen Gummiball.

Das Ballspiel

Der rituelle Sinngehalt des Ballspiels hat die Spanier so nachhaltig beeindruckt, dass sie 1582 eine Spielergruppe mit nach Spanien nahmen. Austragende waren zwei Mannschaften aus je zwei bis drei Spielern. Um den Gummiball zu den Steinringen oder anderen Markierungen an den vier Seitenwänden des Hofes zu befördern, durften nur Oberschenkel und Oberarme benutzt werden. Der Spielverlauf symbolisierte vermutlich die Bewegungen von Sonne, Mond und Venus, wobei der Ball die Funktion der Sonne übernahm, die in die Unterwelt eintaucht und wieder emporsteigt.

Der für das Ballspiel erbaute Hof in Copán ist der besterhaltene aus der klassischen Mayazeit. Er besteht aus stukkiertem Mauerwerk und hat an den Seitenwänden je drei Zielmarkierungen aus Stein sowie drei weitere im Fußboden.

SEITE 320–321 *Darstellung eines Ballspiels auf einem Tongefäß. Die glyphischen Zeichenketten in den Zwischenräumen repräsentieren die Kommentare der Mitwirkenden während des Spiels.*

Die Unterwelt

Die aufschlussreichste Schilderung des Ballspiels und seiner Assoziationen zum Leben nach dem Tod und zur Unterwelt liefert das *Popol Vuh*, wo die Helden-Zwillinge, die besten Ballspieler der Welt, die Götter von Xibalba, des Ortes der Furcht, hinters Licht führen. Der Triumph über die alten Todesgötter war Aufgabe eines jeden Maya, um wiedergeboren zu werden und in den Himmel aufzusteigen. Vorher jedoch musste er die abscheuliche Unterwelt durchqueren. Diese Reise war mit so großen Heimsuchungen verbunden, dass man den Toten allerlei magische Abwehrmittel mit ins Grab legte.

GEGENÜBER *Die Princeton-Vase aus Guatemala, um 672–830, zeigt den Sieg der Helden-Zwillinge über die Götter der Unterwelt.*

RELIGIONEN

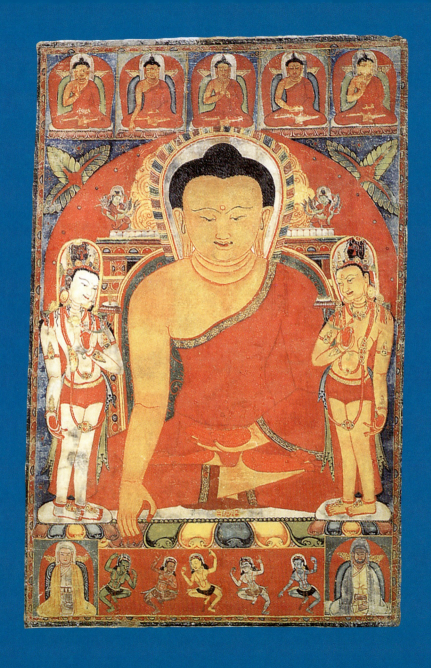

BUDDHISMUS

DIE DREI JUWELEN

In seiner 2500-jährigen Geschichte breitete sich der Buddhismus von seiner Heimat Indien nach Tibet, Nepal, Südostasien und Japan aus. In dieser Religion gibt es keinen allmächtigen, strafenden oder gnadenreichen Gott; vielmehr ist jeder Mensch selbst

SEITE 326 *Buddha in der Diamanthaltung (Rollbild, Khara Khoto, Zentralasien, vor 1227)*

RECHTS *Versammlungsbaum der Götter (Rollbild, Tibet, Anfang 19. Jahrhundert)*

für sein »Seelenheil« verantwortlich, ob er nun im Kloster lebt oder nicht. Das Kloster steht im Mittelpunkt der buddhistischen Welt; Bräuche, Kunst und Architektur der buddhistischen Klöster sind von einem komplexen Symbolismus durchdrungen. Die Offenheit und Toleranz dieser Religion spiegelt sich in ihrer feinsinnigen und vielfältigen Symbolik. Von zentraler Bedeutung sind dabei Buddha selbst, sein Leben und seine Darstellungen, seine Lehre (Dharma) und die Gemeinschaft der Buddhisten (Sangha). Dies sind die »drei Juwelen«, zu denen sich der Buddhist bekennt und Zuflucht nimmt. Auf ihnen beruht auch die Einteilung dieses Kapitels.

RECHTS *Buddha steigt nach der Predigt von einem Berg herab (Tuschzeichnung, China, 14. Jahrhundert).*

Die Darstellungen des Buddha können,
je nach Körperhaltung, vieles symbolisieren:
Meditation, Lehre, Erleuchtung oder Tod;
sogar den Füßen Buddhas wird eine
bestimmte Bedeutung beigelegt.
Die Lehre Buddhas, die auf seiner For-
mulierung der »vier edlen Wahrheiten«
beruht, wird durch das Rad symbolisiert,
während andere Sinnbilder – zum Beispiel
der Weg – dem Eingeweihten die praktische
Anwendung der Lehre verdeutlichen. Jene,
die der Lehre folgen, bilden den Sangha,
die Gemeinschaft der Buddhisten im

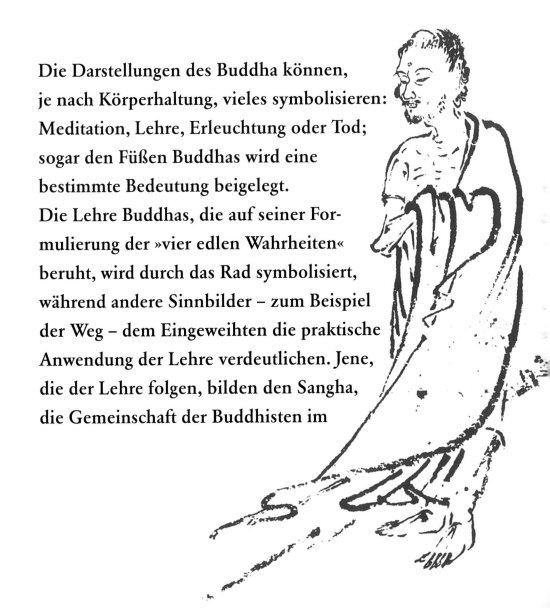

umfassenden Sinne, wenn auch die Bezeichnung Sangha meist nur für die Ordensgemeinschaft gilt, die gemäß den von Buddha gelehrten Werten lebt. Diese Werte manifestieren sich im weltlichen wie im klösterlichen Leben in einem diffizilen System von Symbolen.

LINKS *Die drei Juwelen: Buddha mit einer Almosenschale; neben ihm Mönche, Sangha, durch die die Menschheit am Dharma teilhat (Ausschnitt eines Rollbilds, Tibet, 19. Jahrhundert)*

Buddha

Die symbolhaltigen Darstellungen Buddhas orientieren sich an den verschiedenen Stationen seines Lebens und seinen Lehren, die so seinen Anhängern nahe gebracht werden. Buddha wurde um 566 vor unserer Zeitrechnung im heutigen indisch-nepalesischen Grenzgebiet geboren. Seine wohlhabenden Eltern gehörten dem Geschlecht der Shakyas an, daher heißt er auch Shakyamuni, »Weiser aus dem Shakyageschlecht« oder Gotama, der Name seiner Familie. Er nannte sich selbst Tathagata, »der dem Weg seiner Vorgänger folgt«; sein Vorname ist Siddhartha, »der sein Ziel erreicht hat«.

RECHTS *Dieses tibetische Gemälde zeigt Buddhas Mutter Maya, die – so die Legende – ihren Sohn aus der rechten Hüfte austreten lässt.*

Die drei Zeichen

Das entscheidende Ereignis in Gotamas Leben war die Begegnung mit den drei Zeichen der Vergänglichkeit: Alter, Krankheit und Tod. Nach einer unbeschwerten Jugend heiratete er und lebte sorglos im Haus seines Vaters. Als er eines Tages einen Park außerhalb der Stadt aufsuchte, sah er einen alten, gebeugten Mann; das nächste Mal begegnete ihm ein Schwerkranker, und schließlich beobachtete er, wie ein Leichnam zur Feuerbestattung gebracht wurde. Das Leiden berührte den jungen Mann so tief, dass er beschloss, die wahre Erlösung zu suchen.

Die Frauen im Haus sollen Buddha von der Schönheit des Waldes hinter dem Haus erzählt haben, sodass in ihm der Wunsch entstand, das Leben außerhalb des vertrauten Terrains zu sehen.

LINKS *Das Leben des jungen Buddha: die Begegnungen mit dem alten und dem kranken Mann (Seidengemälde, China, 8. oder Anfang 9. Jahrhundert)*

Die Erleuchtung

Die Erleuchtung, das Ziel aller Buddhisten, wird durch die Haltung der rechten Hand symbolisiert, die nach unten weist und die Erde berührt.

Nachdem Buddha weder durch strenge Askese noch durch die Lehren anderer sein Ziel erreichen konnte, setzte er seine Wanderung fort. Schließlich gelangte er nach Bodh-Gaya, wo er nach tiefer Versenkung unter den Zweigen eines alten Feigenbaumes die Erleuchtung fand.

RECHTS *Buddha berührt in der Haltung der Erleuchtung mit der rechten Hand die Erde (Ausschnitt eines Seidengemäldes, China, um 900).*

Buddha setzt das Rad der Lehre in Bewegung (Relief, Afghanistan, 5. Jahrhundert).

340 Religionen

Im Wildpark

Vor seiner Erleuchtung unter dem Feigenbaum wurde Buddha von fünf Asketen begleitet; sie beobachteten seine Bemühungen, durch Selbstkasteiung zu spiritueller Erkenntnis zu gelangen. Als er sich jedoch vom Pfad der Askese abwandte, verließen ihn die fünf und zogen in den Wildpark bei Benares. Nachdem Buddha die Erleuchtung erlangt hatte, suchte er sie – seine ersten fünf Schüler – dort auf und setzte »das Rad der Lehre« in Bewegung, indem er ihnen die vier edlen Wahrheiten darlegte.

SEITE 342–343
Buddha predigt vor seinen Schülern (Buchmalerei, Birma, 19. Jahrhundert).

Buddha kritisierte sowohl jene, die die Welt der Sinne über alles schätzen, als auch jene, die sich bewusst kasteien, um Erlösung zu erlangen.

Buddhas Tod

Das Ende des Shakyamuni war kein gewöhnlicher Tod. Er verließ vielmehr den Kreislauf der Wiedergeburt und des Leidens. Im Alter von achtzig Jahren erlag Buddha, der in Begleitung seines Lieblings Ananda und anderer Schüler unterwegs war, einer Krankheit. Er legte sich zwischen zwei Bäumen nieder und forderte seine Getreuen auf, selbst den Weg zur Erleuchtung zu beschreiten. Er weigerte sich aber zu erklären, was einem Erleuchteten nach dem Tod widerfährt, da dies von Menschen weder gedacht noch in Worte gefasst werden könne.

Als Buddha nach Kusinara gelangte, befahl er Ananda, ein Lager für ihn zu bereiten, und verkündete, in dieser Nacht werde er, Tathagata, ins Nirwana eingehen.

LINKS *Der sterbende Buddha legt sich auf der rechten Seite nieder (Rollbild, Tibet, Ende 19. oder Anfang 20. Jahrhundert).*

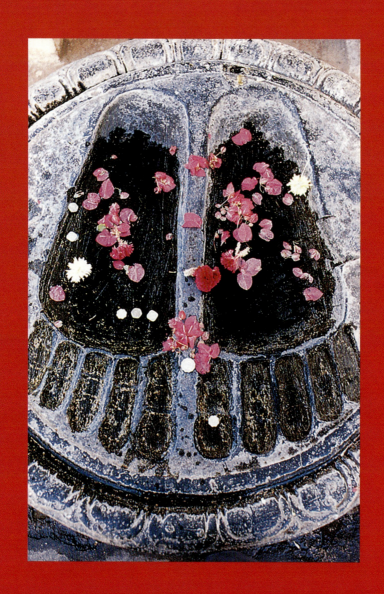

Bildnisse des Buddha

Etwa vierhundert Jahre nach dem Tod Buddhas entstand die Schule des Mahayana-Buddhismus, die sich stärker auf das absolute, überirdische Wesen des Meisters konzentrierte. Der Theravada, »der Weg der Älteren«, hatte hingegen vor allem in den Episoden von Buddhas irdischem Leben Inspiration gesucht. Daher wird Buddha in der Mahayana-Kunst, die in Nordasien vorherrscht, eher als transzendentes Wesen dargestellt. Buddhas Fußsohlen und seine Fußabdrücke wurden ebenfalls verehrt, da sie die Verbindung des Transzendenten zur Erde und zur Gegenwart symbolisieren.

Nach seinem Tod wurden die sterblichen Überreste Buddhas Gegenstand der Verehrung und Anbetung. Abgesandte von sieben benachbarten Königreichen kamen, um Reliquien zu erbitten.

LINKS *Blüten und Münzen als Opfergaben auf einer Darstellung von Buddhas Fußabdrücken neben dem Mahabodhi-Tempel, dem Ort der Erleuchtung: Bodh-Gaya*

Buddhismus 347

Der gekrönte Buddha

Die Bildnisse Buddhas wurden mit symbolträchtigen Merkmalen versehen: ein vergrößerter Schädel als Zeichen überlegener geistiger und spiritueller Kräfte oder auch gelockte, zu einem Knoten zusammengefasste Haare. In der Mahayana-Kunst, die den königlichen, himmlischen Status Buddhas betont, findet man bemerkenswerte Darstellungen, zum Beispiel den gekrönten Buddha und den Buddha mit erhobenen Armen als Weltenherrscher: Gekrönte Figuren erschienen erstmals nach 700 in Indien; das Motiv wurde dann in Zentralasien aufgegriffen, wo die Mahayana-Schule großen Einfluss besaß.

RECHTS *Der gekrönte Buddha – das Bildnis für jene Schüler, die ihren Geist geläutert haben (Kupferlegierung, vergoldet, China, Anfang 15. Jahrhundert)*

Der gehende Buddha

Diese höchst stilisierten Darstellungen Buddhas standen in enger Beziehung zur alten thailändischen Hauptstadt Sukhotai. Sie zeichnen sich durch große Anmut in den Proportionen und der angedeuteten Bewegung aus – ein Symbol für die in Buddhas Leben erreichte Harmonie. Stehende Buddhafiguren aus anderen Teilen Asiens verweisen meist nur durch die Kopfhaltung auf den Akt des Gehens. Die Bildnisse aus Sukhotai zeigen Buddha jedoch vorwärts schreitend; sie strahlen große Ausgewogenheit aus und mögen an die Verbreitung des buddhistischen Glaubens durch wandernde Bettelmönche erinnern.

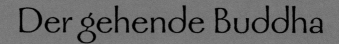

Eine der seltenen Darstellungen des gehenden Buddha (Bronze, Sukhotai, Thailand, 14. Jahrhundert)

Nach Ashvaghosha, einem Dichter des 1. oder 2. Jahrhunderts, sollte jedem Aspekt körperlicher Bewegung – Sitzen, Stehen, Gehen – große Aufmerksamkeit entgegengebracht werden.

Buddha in anmutiger Bewegung vor dem Hintergrund seines Throns (Bronze, Indien, 6.–7. Jahrhundert)

Der sitzende Buddha

Das Bild des sitzenden Buddha vermittelt Frieden in einer stürmischen Welt. Es ist Gegenstand der Andacht und des Gebetes, muss aber zuerst durch besondere Weiherituale vorbereitet werden. Sobald das Bild auf diese Weise Bedeutung und Kraft erlangt hat, kann es wie ein Mandala der Meditation dienen und den Rahmen für spirituelle Reflexionen vorgeben. Der sitzende Buddha in der Meditations- oder Erleuchtungshaltung wird manchmal unter einem Schirm dargestellt, einem Symbol des Feigenbaums, der Shakyamuni Schutz bot, als er die Erleuchtung erlangte.

Der buddhistischen Tradition zufolge wird der große Weise beim Gelöbnis, die Erleuchtung zu suchen, unter einem Baum sitzend dargestellt.

RECHTS *Die Lotosblume, auf der Buddha sitzt, und die Haltung der Hände verweisen darauf, dass er seine Lehre erörtert (Tusche auf Papier, China, 10. Jahrhundert).*

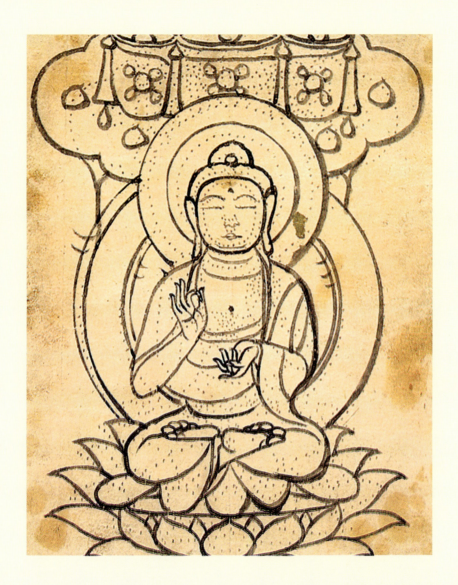

Der meditierende Buddha

In den Schriften Ashvaghoshas wird empfohlen, mit gekreuzten Beinen an einem einsamen Ort zu sitzen und sich auf die Nasenspitze oder die Stelle zwischen den Augenbrauen zu konzentrieren.

In jener Nacht unter dem Feigenbaum erlangte Buddha durch Meditation die Erleuchtung: über seine früheren Leben, über Geburt und Tod der Lebewesen, über die Unwissenheit, die ihn an diese Welt gefesselt hatte, und über den ewigen Kreislauf der Wiedergeburt. Bei den Darstellungen des Buddha, vor allem in Südostasien, ist die Meditationshaltung weit verbreitet. In der Regel sitzt Buddha im Lotossitz, die Hände im Schoß gefaltet, im Antlitz einen Ausdruck erhabener Ruhe. Auch hier sieht man häufig den Schirm als Symbol des Feigenbaums.

LINKS *Buddha in Meditationshaltung (vergoldete Statue, Bangkok, Thailand, 14. Jahrhundert)*

Der kosmische Buddha

Im Mahayana-Buddhismus ist Buddha der universale Retter und Heilsbringer, der Herr über Raum und Zeit. Dabei gibt es nicht nur einen Buddha, sondern viele, die im System der drei Leiber zusammengefasst werden: Der absolute, kosmische »Ur«-Buddha manifestiert sich in den transzendenten Buddhas und den irdischen Buddhas.

Diese Schriftrolle mit Buddhas und ihren verschiedenen Namen wurde bei den Feierlichkeiten am letzten Tag des Mondjahres verwendet (Tusche und Farbe auf Papier, China, 10. Jahrhundert).

Letztere wirkten in Menschengestalt auf der Erde. Zu ihnen gehört auch Siddhartha Gotama. Unter anderem gibt es Einteilungen der Buddhas in Vierer- und Fünfergruppen. Diese beiden symbolischen Zahlen finden sich wiederum in den großen Kosmosdiagrammen der Mandalas, in denen häufig der ganze Buddha-Pantheon abgebildet wird.

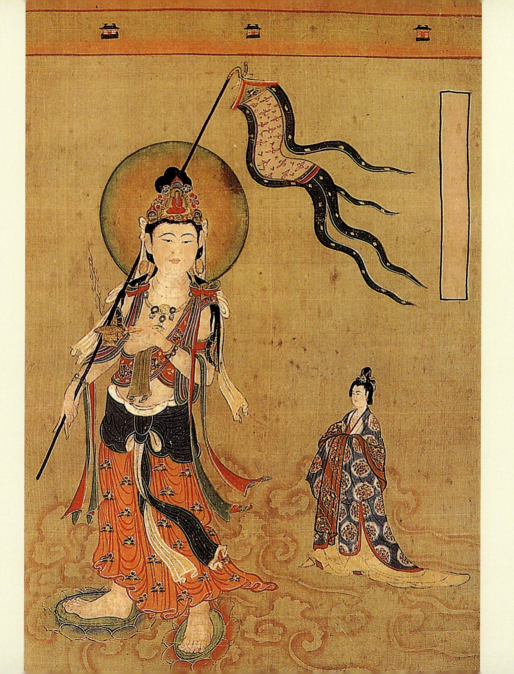

Bodhisattvas

Bodhisattva heißt wörtlich »erleuchtetes Wesen« von sattva, »Wesen«, und bodhi, »die Weisheit, die aus der Erkenntnis der höchsten Wahrheit entspringt«. Die Idealgestalt des Bodhisattvas erlangte vor allem im Mahayana-Buddhismus große Bedeutung. Bodhisattvas verzichten auf das Nirwana, um anderen Wesen zur Erlösung zu verhelfen. In der Kunst werden sie häufig prächtig gekleidet dargestellt, um ihre Weltlichkeit im Gegensatz zur Schlichtheit der Buddhaschaft hervorzuheben.

Nagarjuna, ein einflussreicher buddhistischer Denker des 3. Jahrhunderts, beschreibt den Bodhisattva als Menschen, dem es bestimmt ist, Buddha zu werden.

LINKS *Der Bodhisattva Avalokiteshvara als Führer (Tusche und Farbe auf Seide, China, 10. Jahrhundert)*

Göttinnen

Im alten Indien spielten Fruchtbarkeitsgöttinnen eine wichtige Rolle. Im Buddhismus werden sie als Yakshas bezeichnet. Mit der Ausbreitung des tantrischen und esoterischen Buddhismus gewann eine wachsende Zahl weiblicher Gestalten an Bedeutung. Manche waren böse, vielgliedrige Ungeheuer, andere symbolisierten Weisheit und wurden mit glückseligem Ausdruck dargestellt.

Die Bedeutung der Göttin Tara im Pantheon des tibetischen Buddhismus ist schwer zu ergründen. Sie hat sowohl dämonische als auch gute, dem Menschen hilfreiche Eigenschaften.

RECHS *Tara ist das weibliche Gegenstück zum Bodhisattva Avalokiteshvara. Die beiden Würfel unter ihren Füßen symbolisieren die egozentrische Existenz (Bronze, teilweise vergoldet, tibeto-chinesisch, 18. Jahrhundert).*

Dharma

Nach der Erleuchtung unter dem Bodhi-Baum beschloss Buddha, seine Erkenntnisse auch anderen Menschen zugänglich zu machen. Im Mittelpunkt der Lehre (*Dharma*) stehen die vier edlen Wahrheiten. Sie handeln vom Leiden: seinen Wesen, seiner Ursache, seiner Aufhebung und dem Weg dorthin. Der Buddhismus ist nie in einer Doktrin erstarrt, sondern hat sich immer den Gegebenheiten angepasst. Bestimmte Symbole und Sinnbilder, sowie das Rad und der Weg, spielten jedoch immer eine wichtige Rolle und haben nie an Bedeutung verloren.

GEGENÜBER *Unter den wachsamen Augen Buddhas und der Bodhisattvas gibt der tibetische Übersetzer der buddhistischen Schriften den Schreibern Vorlage zum Kopieren (Rollbild, Tibet, 18. Jahrhundert).*

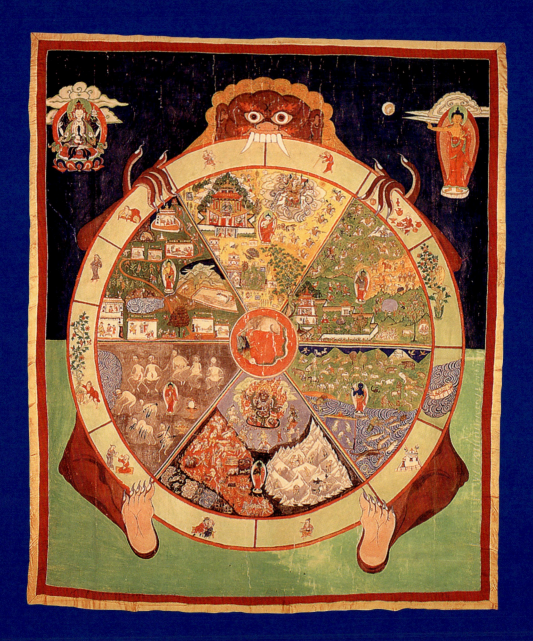

Die vier edlen Wahrheiten

Alles Dasein ist Leiden.
Der Ursprung des Leidens ist Verlangen.
Die Befreiung vom Verlangen beendet das Leiden.
Der von Buddha dargelegte achtfache Weg führt zur Leidensaufhebung.

GEGENÜBER *Das Lebensrad verdeutlicht die unaufhörliche Fortsetzung des Daseins durch Wiedergeburt (Gouache auf Stoff, Tibet, 18. Jahrhundert).*

Die fünf Daseinsfaktoren sind: Körper, Empfindung, Wahrnehmung, Geistesregungen und Bewusstsein. Sie machen die Persönlichkeit eines Menschen aus und erlöschen mit seinem Tod. Das Verlangen nach Lust, nach Werden und Vernichtung hält den Menschen im Zustand des Leidens gefangen. Der edle, achtfache Pfad weist einen Ausweg, er führt zum Nirwana, dem Ende dieser unheilvollen Situation und dem Stillstand des Wiedergeburtenkreislaufs.

Das Rad

Von frühester Zeit an zeichnete sich die buddhistische Kunst durch einen reichen Symbolismus aus: Bilder von Bäumen, Thronen und Rädern verweisen auf Buddhas Leben und Lehre. Das Rad ist Sinnbild für *Dharma*, die Lehre oder das Gesetz, und für Buddha selbst, da er das Rad der Lehre in Bewegung gesetzt hat. Auch der Ring, der durch die Berührung von Daumen und Zeigefinger entsteht, ist ein Zeichen der Lehre und der Vollkommenheit, die weder Anfang noch Ende hat.

GEGENÜBER *Als Symbol des* Dharma *wurde das Rad in der buddhistischen Ikonographie häufig mit großer Kunstfertigkeit dargestellt (Flachreliefskulptur aus vergoldetem Silber, Kupfer und Halbedelsteinen, Tibet, 19. Jahrhundert).*

Der Weg

Die vierte edle Wahrheit betrifft den Weg zur Erleuchtung, zum Nirwana. Er ist der »mittlere Weg« zwischen einem luxuriösen, den sinnlichen Reizen zugewandten Leben und einem übertrieben asketischen Leben. Nur wenige Menschen werden bereits in diesem Leben das Nirwana, die Erlösung vom Leiden, finden. Die meisten werden erst nach vielen Wiedergeburten und einer rechtschaffenen Lebensführung eine geistige Reife erlangen, die es ihnen ermöglicht, dem Kreislauf der Wiedergeburt zu entrinnen.

Es ist dieser edle achtteilige Pfad, der da heißt: rechte Anschauung, rechte Gesinnung, rechtes Reden, rechtes Handeln, rechtes Leben, rechtes Streben, rechtes Gedenken, rechtes Sich-Versenken.

LINKS *Der Weg zur Erleuchtung wird auf diesem Wandgemälde aus dem Likir-Kloster in Ladakh anhand des Fortschreitens eines Elefanten dargestellt.*

Der Bodhi-Baum

Der Feigenbaum, unter dem Buddha in der Nacht seiner Erleuchtung saß, nimmt in der buddhistischen Ikonographie eine zentrale Stellung ein. In der frühbuddhistischen Kunst wurde der Erleuchtete häufig mit Setzlingen des Bodhi-Baums dargestellt, die später zu einem königlichen Schirm stilisiert wurden: ein Symbol für den Schutz, den Buddha in der Nacht seiner Erleuchtung genoss. Setzlinge des Feigenbaums wurden zum Segnen von Heiligtümern verwendet. Später wurde der Baum durch die krönende Kreuzblume des Stupa symbolisiert.

RECHTS *Die Malerei auf diesem Blatt zeigt einen Affen, der einem Heilsuchenden unter einem Bodhi-Baum einen Pfirsich, das Symbol der sexuellen Lust, anbietet (China, 19. Jahrhundert).*

Körperhaltung

Die verschiedenen Haltungen Buddhas symbolisieren bestimmte Zustände wie Meditation, Erleuchtung, Führung und Tod. Diese Körperhaltungen sind dem Meditierenden eine Hilfe auf dem Weg zur Erleuchtung. Buddhistische Statuen strahlen meist eine Anmut und Unbeschwertheit aus, die ihre spirituelle Aussage unterstreichen. Im Zen-Buddhismus sitzen die Meditierenden in der Lotoshaltung und führen durch langsame, rhythmische Atmung einen Zustand des geistigen Friedens und der Stille herbei.

Buddhistische Plastiken zeichnen sich häufig durch eine höchst anmutige Körperhaltung aus, so wie diese Figur eines lauschenden Schülers (Burma, 19. Jahrhundert).

GEGENÜBER *Diese buntbemalte Holzplastik eines Bodhisattva strahlt königliche Würde aus (China, 12.–13. Jahrhundert).*

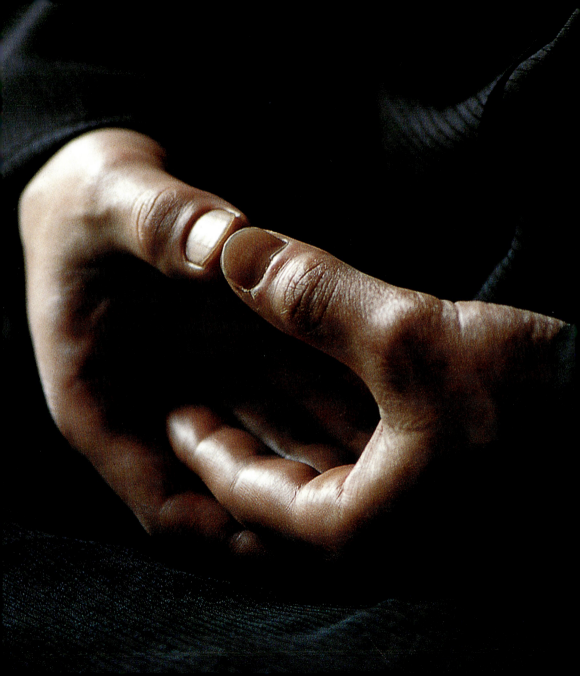

Hände

Im Buddhismus wie im Hinduismus symbolisiert die Bewegung der Hände eine Regung des Geistes und ist daher ein wichtiges Ausdrucksmittel. Die verschiedenen Handgebärden (*Mudra*) der Buddha-Darstellungen sind für Eingeweihte leicht zu deuten: Ein Kreis aus Daumen und Zeigefinger symbolisiert das Rad der Lehre; die erhobenen, offenen Hände bedeuten die Verkündung der Lehre; die offene, nach unten gerichtete Hand ist eine Geste der Großzügigkeit und des Gebens; die auf dem Schoß gefalteten Hände sind Zeichen der Meditation.

GEGENÜBER *Die Hände eines Mönchs in der Radhaltung, Eiheiji, Japan.*

Lotos

Spirituelle Reinheit, »Bodbi«, wird durch den achtblättrigen weißen Lotos, die Blume Buddhas, symbolisiert.

GEGENÜBER *Dieser Lotos, Symbol des* Dharma, *wächst zum Himmel empor und trägt einen Mönch, Symbol des* Sangha *(Ausschnitt aus einem Rollbild, Tibet, 19. Jahrhundert).*

Der Lotos ist das ideale Symbol der Erleuchtung: Die im Schlamm steckenden Wurzeln sind ein Sinnbild menschlichen Verlangens, während sich die Blätter und Blüten zur Sonne, zur Erleuchtung hin öffnen. Die Legende berichtet, dass unter Buddhas Füßen bei jedem Schritt eine Lotosblume erblühte, während er als kleines Kind laufen lernte. Die geöffnete Blüte ist auch ein Symbol für die Öffnung der *Chakras*, der Energiezentren im menschlichen Körper.

Mandala

Mandalas gibt es in allen Größen: Das größte der Welt ist der Tempelkomplex von Borobudur auf Java, ein kolossales Bauwerk aus konzentrischen Terrassen und Stupas.

Als Hilfsmittel auf dem Weg zur Erleuchtung hat das Mandala im Buddhismus große Bedeutung. Die Kreisgestalt, ohne Anfang und Ende, und der konzentrische Aufbau reflektieren die Form des äußeren Universums und das Erlebnis innerer Vollkommenheit. Das buddhistische Mandala liefert für Meditation und Gebet eine anschauliche Darstellung des Kosmos. Im Mittelpunkt des Universums steht der Berg Meru, umgeben von sieben kreisförmigen Bergketten mit sieben Ozeanen dazwischen sowie den vier Inselkontinenten, deren südlichster, Jambudvipa, die Heimat der Menschen ist. Auf den Höhen des Berges Meru wohnen die vier Buddhas der Himmelsrichtungen, und auf dem Gipfel thront der himmlische Buddha Vairochana.

GEGENÜBER
Mandala mit Buddha und Bodhisattvas (Tusche auf Seide, Japan, um 859–880)

Meditation

Buddha lehrt, dass Meditation und das Streben nach einem ruhigen klaren Bewusstsein zur Erleuchtung führen, wie er selbst es unter dem Bodhi-Baum erlebte. In der Meditation kann sich der Schüler über Unwissenheit, Verlangen und Hass erheben – Seelenzustände, die durch das Schwein, den Hahn und die Schlange symbolisiert werden.

GEGENÜBER *Ein japanischer Mönch sitzt meditierend unter einem Baum (Japan, 12.–13. Jahrhundert).*

Licht

Das Licht der Welt, das durch die *Chakras* emporsteigt, führt zur höchsten Erleuchtung. Licht erfüllt in verschiedenen Schattierungen und Intensitäten das ganze Universum; als Symbol der höchsten Wirklichkeit ist es daher auch eine wichtige Opfergabe in buddhistischen Heiligtümern. In Thailand wird häufig eine orangefarbene Kerze mit Blumen und drei Sandelholzstäbchen dargebracht. Die Kerze symbolisiert das individuelle Bewusstsein, die Blumen stehen für die Sinne und die drei Stäbchen für die »drei Juwelen«: *Buddha*, *Dharma* und *Sangha*.

Für die Kerzen verwendet man oft wertvolle Materialien wie Butter, um die Bedeutung der Opfergabe hervorzuheben.

Im Buddhismus wird das Licht vor allem mit den positiven Aspekten des Lebens nach dem Tod in Verbindung gebracht, denn es geleitet die Verstorbenen in die jenseitigen Welten der Wonne.

GEGENÜBER *Butterlampen in Dharamsala, Indien*

Wasser

Ein stiller See ist im Zen eine Metapher für den durch Meditation gereinigten und beruhigten Geist.

Neben dem Kerzenlicht wird in buddhistischen Schreinen und Tempeln auch häufig Wasser dargebracht. Als Symbol der weiblichen, erneuernden Kraft des Universums steht es in enger Beziehung zum Mond. Bei besonderen Anlässen oder als Opfergabe für bestimmte Gottheiten wird das Wasser mit Kräutern gereinigt. Die Versenkung in den Anblick von Wasser, sei es still oder bewegt, ist auch eine Meditationstechnik; vor allem im Zen-Buddhismus durchläuft der Initiierte mehrere Bewusstseinsebenen, bis er ein wahres Verständnis vom Wesen des Wassers erlangt.

GEGENÜBER *Wasser gilt seit langem als Meditationshilfe; in diesem chinesischen Tempel bietet die Stille des Wassers den richtigen Rahmen für den symbolischen* Stupa.

Die Schlange

Ashvaghosha beschreibt die Meditationshaltung Buddhas, bei der er die Beine kreuzt, sodass sie wuchtig sind »wie die Windungen einer schlafenden Schlange«.

GEGENÜBER *Buddha wird hier von dem Schlangenwesen* Muchalinda *beschirmt, das ihm bei einem Sturm im Garten von Bodh-Gaya Schutz gewährte (Kambodscha, 12. Jahrhundert).*

Die Kundalini-Schlange symbolisiert im Tantrismus die Energie, die durch die Wirbelsäule emporsteigt und die *Chakras* öffnet, bis sie das siebte Chakra, den tausendblättrigen Lotos, unmittelbar über dem Kopf erreicht. In den animistischen Kulturen Südostasiens wurde die Schlange von jeher verehrt; im buddhistischen Glauben fand sie als Schutzwesen der Lehren und der Tempel Eingang. Die Schlange ist ein Wassersymbol und gilt daher als Vermittlerin zwischen Himmel und Erde. In der Architektur symbolisieren Schlangenskulpturen häufig den Übergang von einem Zustand in einen anderen – etwa auf Brücken oder am Eingang zu einem Tempelkomplex.

SANGHA

Das dritte Juwel des buddhistischen Glaubens ist der Sangha – die Gemeinschaft jener, die die buddhistische Lehre angenommen haben. Im weitesten Sinne umfasst der Sangha vier Gruppen: die Mönche, die Nonnen, die Laienbrüder und die Laienschwestern; die Ersteren unterscheiden sich von Letzteren durch Kleidung, Lebensweise und Intensität der spirituellen Übungen.

LINKS *Marmorstatue eines Mönchs mit Almosenschale (Birma, 19. Jahrhundert); von den Dorfbewohnern, und seien sie noch so arm, wird erwartet, dass sie die buddhistischen Mönche* (RECHTS) *durch milde Gaben unterstützen (Buchmalerei, Thailand, 19. Jahrhundert).*

Säulen

Visuelle Symbole tauchen an den heiligen Stätten des Buddhismus erst dreihundert Jahre nach Buddhas Tod auf. In Nordindien griff der zum Buddhismus bekehrte Kaiser Ashoka (Regierungszeit etwa 272–231 v. Chr.) die Säulenanbetung früherer indischer Kulte auf, um die Religion zu verbreiten. Säulen aus Stein und Holz mit den Aussprüchen Buddhas wurden, gekrönt von einem Symboltier, im ganzen Reich, von Bengalen bis Afghanistan, errichtet.

Die berühmteste Säule Ashokas ziert ein Löwe aus poliertem Sandstein (Sarnath, Indien).

Stupa

Nachdem die Reliquien Buddhas über verschiedene Königreiche verstreut worden waren, errichteten die Herrscher in ihren großen Städten *Stupas*, um sie zu beherbergen.

Das bekannteste architektonische Sinnbild des Buddhismus, der *Stupa*, besteht aus einer von einer Säule gekrönten Halbkugel. Der Stupa ist ein schlichtes Sinnbild für Buddhas Abkehr von der Welt der Illusionen und sein Eingehen ins Nirwana. Die Säule steht für die *Axis mundi*, den Angelpunkt der Welt, den mystischen Berg Meru, und wird häufig von drei Schirmen umringt, einem Symbol für die drei Juwelen. Das Umschreiten des *Stupa* ist oft Bestandteil der Meditation.

SEITE 392–393 Stupa *im Zentrum eines nepalesischen Klosters (Buchmalerei, Nepal, 1015)*

सामन्तेन नगराणां मध्वमशा
बाधनायामाज्ञापयति
ग्रामकुटिनो श्रीखण्डवर्ग

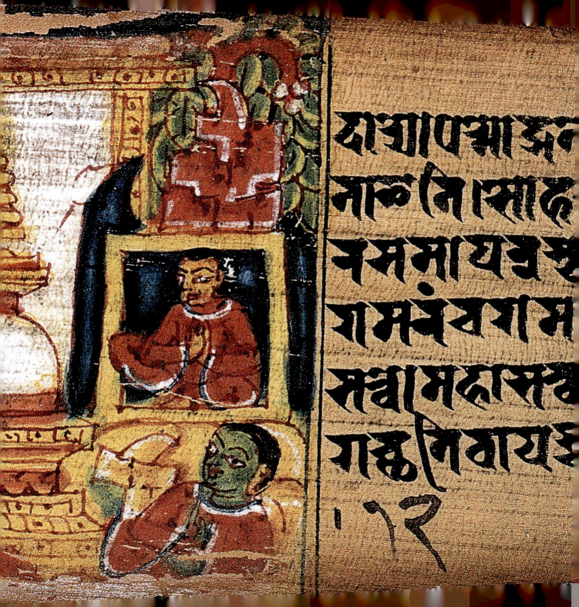

Tempel des Universums

Der Grundriss buddhistischer Tempel stellt eine dreidimensionale Weltkarte gemäß der buddhistischen Kosmologie dar. Bei thailändischen Tempeln steht ein Turm im Mittelpunkt, der auf den heiligen Berg Meru verweist, den Dreh- und Angelpunkt des Kosmos. Ausgehend von diesem Turm erstrecken sich die übrigen Elemente des Tempelkomplexes in die vier Himmelsrichtungen. Die Halbkugel des Stupa ist ein Symbol des Welteis, aus dem das Universum hervorging. Auch die einzelnen Ebenen des Stupa haben symbolische Bedeutung: Basis, Halbkugel, Turm, Kapitell und Kreuzblume werden den fünf Elementen – Erde, Wasser, Feuer, Luft und Äther – zugeordnet.

GEGENÜBER *Samye, das älteste buddhistische Lehrkloster in Tibet, ist einem Mandala-Diagramm entsprechend ein Modell des Kosmos (Gouache auf einem Baumwoll-Rollbild, Tibet, 18.–19. Jahrhundert).*

Schreine und Heiligtümer

Als Ausdruck der klösterlichen, meditativen Aspekte des Buddhismus erlangten heilige Stätten und Pilgerschreine schon früh große Bedeutung. Betrachtung und Versenkung erfordern Orte der Ruhe und des Friedens, sowohl praktisch als auch im übertragenen Sinne. Besonders bemerkenswert sind die oft mit hölzernem Schmuckwerk versehenen Felsheiligtümer in Westindien, die an die Anfangszeit erinnern, als Buddha mit seinen Anhängern im Wald lebte.

Ashvaghosha prophezeit im *Saundaranandakavya*, dass man durch einsame Meditation ein langes Leben, Stärke und die Fähigkeit, Fehler aus dem Weg zu räumen, erlangt.

GEGENÜBER *Heilige Stätten wurden gelegentlich von anderen Religionen übernommen; ein Shinto-Mandala aus dem 14. Jahrhundert aus Kumano zeigt die Götter als Buddhas und Bodhisattvas.*

LINKS *Mönchszellen gelten ebenfalls als Orte großer geistiger Intensität.*

Eingänge

Heiligtümer, vor allem wenn sie Bildnisse des Buddha enthalten, sind Symbole höchster geistiger Errungenschaften. Die Eingänge zu Stupas und Tempeln stellen bildhaft den Übergang zu einer höheren Daseinsebene dar; häufig sind sie mit eindrucksvollen Verzierungen versehen, die demjenigen, der an der Schwelle steht, die Bedeutung des Übertritts in den heiligen Raum bewusst machen. Die reichen Schnitzereien der Türen spiegeln für die Außenwelt die Heiligkeit des Tempelinneren.

In den Höhlentempeln von Ellora im nördlichen Deccan, Indien, schützen Bodhisattvas den predigenden Buddha, der hinter einem in den massiven Fels geschlagenen Türrahmen sitzt (5.–10. Jahrhundert).

Lehrer und Schüler

Eingänge und Brücken symbolisieren den spirituellen Übergang von einem Zustand in einen anderen, also eine Bewusstseinsveränderung, die auch in der Beziehung zwischen Lehrer und Schüler im *Sangha* von höchster Bedeutung ist. Obwohl das Klosterleben auch durch gemeinschaftliche Betätigung Struktur erhält, sichert doch nur die Weitergabe spirituellen Wissens – Meditationstechniken und die Wertschätzung höherer Weisheit – das lebendige Fortbestehen der Religion. Jede Einzelheit im Tagesablauf der Mönche hat einen symbolischen Sinn und jede Abweichung davon wird bestraft.

Der buddhistische Mönch sollte sich Tag und Nacht anstrengen, bis er keine Müdigkeit mehr empfindet; dann ist er bereit für das Nirwana.

LINKS *Ein älterer Mönch unterweist seine Schüler unter den wohlwollenden Blicken eines himmlischen Wesens (Wandgemälde, China, 9.–10. Jahrhundert).*

Die Darbringung von Musik, in der die tiefsten Rhythmen des Universums widerhallen – eine anmutige Göttin auf einem Fresko (Drepung-Tempel, Lhasa).

Nirwana

Die spirituellen Übungen sind einem einzigen Ziel geweiht – der Erlangung des Zustands heiterer Gelassenheit jenseits des Selbst und der physischen Sinne. Das Musizieren und die Intonation von Mantras dienen häufig als Medium zur Kommunikation mit den Göttern, die teilweise selbst als Zentren feiner Musik dargestellt werden; auch die Erweckung der *Chakras*, der Energiezentren des Körpers, wird dadurch beschleunigt. Andere Betätigungen, wie Gartenarbeit, Schreiben mit dem Pinsel, Blumenstecken, fördern ebenfalls die Konzentration des Geistes und führen zu jener Stille der Erleuchtung, die den Kreislauf der Wiedergeburt zum erhofften Stillstand bringt.

TAOISMUS

Das Land der drei Religionen

Im vorkommunistischen China gab es drei Religionen, genauer gesagt zwei Religionen und eine Weltanschauung. Die erste war der Konfuzianismus, eine strenge und elitäre Glaubensrichtung, der vor allem die Mandarinklasse angehörte. Die zweite, der Buddhismus, wurde in verschiedenen Auslegungen von einer großen Zahl von Sekten praktiziert. In einigen Fällen hatte der Buddhismus die Form einer volkstümlichen Art von Magie angenommen, was zu Überschneidungen mit einigen der schlichteren Formen des Taoismus führte, der dritten religiösen Richtung und Philosophie. Der Taoismus ist indessen keine Religion, die einen allmächtigen Gott verehrt, sondern eher ein Wegweiser für Frauen und Männer.

SEITE 404 *Seidener Baldachin mit Drachen und Symbolen für das Wirken des Yang (China, 16./17. Jahrhundert)*

RECHTS *Laotse und Konfuzius kümmern sich um Buddha Shakyamuni als Kind (Seidenmalerei, China, 14. Jahrhundert).*

Ein Bild sagt mehr als tausend Worte

Die Wurzeln des Taoismus liegen in der Symbolik. Auch die Schriftzeichen der chinesischen Sprache sind mächtige Symbole, mit denen sich der Seelenzustand des jeweils Schreibenden auszudrücken vermag. Kalligraphie – die Bewegungen des von Menschanhand geführten Pinsels auf dem Papier – symbolisiert die lebendigen Strömungen im Universum, die Fäden linearer Kontinuität, welche die Taoisten als Energie spendende Elemente des Kosmos wahrnehmen. Sie haben geheime Zeichen von großer Schönheit entwickelt, um die im Himmel und auf Erden wirkenden Kräfte zu beschreiben, begreiflich zu machen und ihnen in Gestalt von Schriftzeichen sichtbaren Ausdruck zu geben.

OBEN *Dem Zeichen* Shou *(Langlebigkeit) fällt im Taoismus große Bedeutung zu, denn es hebt den Gegensatz zwischen dem gegenwärtigem und dem späterem Leben hervor (China, 19. Jahrhundert).*

GEGENÜBER *Hundert Amulette mit dem Zeichen* Shou

TAO

Der Begriff »Tao« entzieht sich der Übersetzung. Die in unserem Kulturkreis gebräuchliche Bezeichnung »der Weg« ist unzulänglich. Einer alten Inschrift zufolge ist Tao der »Ahnherr aller Lehren, das Geheimnis hinter den Geheimnissen«. Tao wirkt in alle Vorgänge hinein, kann aber nur symbolisch wahrgenommen werden, etwa im Geschlechtsakt, im Erwachen der psychischen Zentren des Körpers, im Fließen des Wassers, in Tälern und Bergen, wo die Idealvorstellung von Tao im Einklang mit dem Himmel steht.

Ein Meister des Tao öffnet eine mit Yin-Yang-*Symbolen reich verzierte Schriftrolle (Seidenmalerei, China, Ming-Dynastie, 14.–17. Jahrhundert).*

Die drei profunden Studien

Tiefgreifende Prinzipien des Taoismus sind Aufgeschlossenheit und Anpassungsfähigkeit, was im undogmatischen Stil der grundlegenden Schriften, der drei großen Bücher zum Ausdruck kommt: dem Tao Te Ching, dem Chuang Tzu und dem I Ching. Ersteres führt mit den Mitteln der Anspielung und Beeinflussung in das Tao, den Weg zur Harmonie, ein. Das Chuang Tzu geht einen Schritt weiter und erklärt die Stellung des Menschen im Verhältnis zur natürlichen Welt. Das I Ching (Buch des Wandels) ist ein Handbuch der Weissagungen, eine Aufzählung von Möglichkeiten, aber keinesfalls ein Lehrbuch.

GEGENÜBER *Die großen Schriftwerke des Taoismus raten, nach Wissen und Harmonie zu suchen, um die Lebensenergie des Universums zu erkennen, die auf der Bronzeschale (Westliche Han-Dynastie, 209–206 v. Chr.) als dreidimensionale Landschaft und auf dem grünen Porzellanteller links als unendlicher fließender Strom dargestellt ist (Ming-Dynastie, 14. Jahrhundert).*

Das Tao, das man beschreiben kann, kann nicht das wahre Tao sein, denn dieses ist namenlos.

LAOTSE

Laotse und das Tao Te Ching

Das grundlegende Dokument taoistischer Gedankenwelt, das *Tao Te Ching*, ist erstaunlich knapp gehalten. Verglichen mit den umfangreichen Texten der meisten Weltreligionen ist es ein Werk von immenser Dichte. Die kurzgefassten Textfragmente, aus denen es zusammengesetzt ist, sind überaus subtil und komplex, beschränken sich eher auf Anregungen, anstatt Beschreibungen zu liefern, und stellen mehr Fragen, als sie Antworten geben. Als Autor des »Buches der fünftausend Zeichen«, wie das Werk auch genannt wird, gilt Laotse, ein chinesischer Weiser und vermutlicher Zeitgenosse von Konfuzius, der im 6. Jahrhundert v. Chr. lebte. Etwa im 4. Jahrhundert v. Chr. erschien das Werk in Buchform.

GEGENÜBER *Felsenskulptur des Laotse (Fujian, China, 10. Jahrhundert)*

UNTEN *Die häufig vorkommende Darstellung Laotses als Wasserbüffel symbolisiert seine Flucht vor der Korruption (Bronzestatue, China, Ming-Dynastie, 17. Jahrhundert).*

Die Hsien

Die Unsterblichen des Taoismus waren gewöhnliche Menschen mit besonderen Eigenschaften. Ihre Kraft leitete sich nicht von der ihnen innewohnenden Gabe der Weissagung ab, sondern mehr von der Befolgung des richtigen Wegs auf allen Gebieten, was ihnen übernatürliche Einsichten gewährte und – häufig – auch Unsterblichkeit. Obwohl man glaubte, dass manche von ihnen auf Kranichen und Drachen durch die Lüfte ritten, um zum kaiserlichen Hof im Himmel zu gelangen, lebten die meisten jener, von denen die Sage berichtet, auf Erden und ernährten sich von symbolträchtigen Substanzen wie Zinnober und Pilzen, um auf diese Weise an den universellen Energien des *Yang* und *Yin* teilzuhaben.

OBEN *Geflügelte Drachen und Hsien als Ausdruck der Nähe zum Himmel (Basrelief, China, Han-Dynastie, 3. Jh. v. Chr. – 3. Jh. n. Chr.)*

GEGENÜBER *Rote Robe (Figur aus Pappmaché, eine von sechs bis zwölf, die den Pfad zum Himmel säumen, beim Überreichen einer Bittschrift an den Jadekaiser, Südliches Taiwan)*

Shou Lao

Viele der *Hsien* werden mit der mächtigsten Symbolik des Taoismus in Verbindung gebracht. Fast jede dieser Assoziationen hat große Bedeutung für das empfindliche Gleichgewicht der inneren und äußeren Kräfte und Wirkungen. Shou Lao, Gott des langen Lebens, war die Personifikation der Männlichkeit und der *Yang*-Essenzen. Folglich wurde er häufig mit Drache und Kranich in Beziehung gesetzt, den Symbolen für durch sexuelle Enthaltsamkeit und Meditation erworbene Langlebigkeit. Auf manchen Darstellungen hält der Unsterbliche einen Pfirsich, ein Symbol für *Yin*, dessen Einbuchtung die weibliche Vulva symbolisieren könnte.

Im *Tao Te Ching* steht langes Leben in Beziehung zu Nachgiebigkeit, Müßiggang, Biegsamkeit und Zerbrechlichkeit als Gegenpole zu Härte und Kühnheit, die in den Tod führen.

Shou Lao, der glatzköpfige Gott des langen Lebens und einer der bedeutendsten unter den männlichen Hsien, hält eine Schriftrolle und einen Pfirsich, das Symbol langen Lebens, in den Händen (Malerei auf Papier, China, Ch'ing-Dynastie, 17.–20. Jahrhundert).

Hsien *Hsi Wang Mu, legendäre Königin des Westens und Symbolfigur der* Yin-*Energien, in Begleitung eines Phoenix (chinesisches Seidengemälde aus dem 16. Jahrhundert)*

Hsi Wang Mu

Obwohl die Figur des *Shou Lao* wegen des Pfirsichs, den er in der Hand hält, eine Nähe zu den *Yin*-Energien erkennen lässt, erscheint es angemessen, dass seiner zweifellos vorhandenen *Yang*-Potenz in Gestalt von Hsi Wang Mu, der »Königinmutter des Westens«, Personifikation des weiblichen *Yin* und Regentin der Unsterblichen, ein Gegengewicht gegenübersteht. Sie lebt in einem üppigen Garten voller Blumen und Vögel, wo sie über den Pfirsichbaum wacht, an dem die seltene Frucht der Unsterblichkeit wächst. Auf Darstellungen trägt Hsi Wang Mu bisweilen eine Schale, das Symbol für weibliche Sexualität. Für Meister des Tao war sie über viele Jahrhunderte hinweg das Vorbild für Weiblichkeit.

Im Taoismus haben Göttinnen immer eine bedeutende Rolle gespielt und wurden von Männern und Frauen gleichermaßen verehrt.

Geheime Harmonien

Die Ziele des Taoismus, im Leben wie in der Kunst, sind die Harmonie, wie sie in den Erzählungen der Unsterblichen beschrieben wird, ein frommes Leben in der Abgeschiedenheit der Berge oder im himmlischen Tierreich sowie rücksichtsvolles Verhalten im Alltag. Emblematik und Ikonographie der traditionellen chinesischen Kunst sind Symbole des Ausgleichs der entgegengesetzten Kräfte, des *Yang* und *Yin*, dessen Beachtung ein Gefühl der tiefsten Zufriedenheit hervorruft. Im weitesten Sinne geht es darum, zwischen den fundamentalen Gezeiten des Universums, dem männlichen und weiblichen Prinzip, und den Formen der Dauerhaftigkeit und des Wandels einen Ausgleich zu suchen.

GEGENÜBER *Die Einheit aller Dinge – Himmel, Erde und Mensch – wird mit dieser mit Penisformen (Yang) bemalten Schale symbolisiert (China, Ming-Dynastie, 16. Jh.).*
OBEN *Eine vergleichbare Einheit findet in den Trigrammen der Pi-Scheibe ihren Ausdruck: Himmel, Welle und Felsen an einem senkrechten Pfeiler, dem Symbol für die Erde (China, Ming-Dynastie, 15.–16. Jh.).*

YIN YANG

Das Prinzip des Gegensätzlichen ist die Grundlage der taoistischen Philosophie. Man darf jedoch diese Polarität nicht als Ausdruck einer Konfliktsituation missverstehen, denn alle Dinge haben ein Gegenüber und erhalten dadurch ihre Bedeutung. Aus diesem Grund existieren Leben und Tod, Licht und Finsternis, Gut und Böse, Positives und Negatives, Ebbe und Flut, männlich und weiblich als Teil ein und desselben Systems. Die Entfernung einer dieser Hälften würde auch die Auslöschung der anderen bedeuten.

> Etwas und Nichts bringen einander hervor.
>
> LAOTSE

Bemalte Scheibe mit dem Yin-Yang-Symbol, umgeben von Trigrammen aus unterbrochenen Linien für Yin und durchgehenden für Yang

天皇至道太清玉冊 卷第五二十八

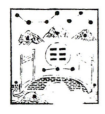
血湖地獄燈圖

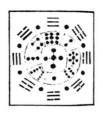
九宮八卦土燈圖

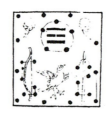
火德燈圖

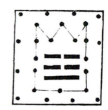
九天玉樞燈圖

I Ching

Das I Ching ist eine von drei bedeutenden Schriften des Taoismus und kann am ehesten als Handbuch für Taoisten bezeichnet werden. Sein Ursprung liegt im Dunkeln, und obwohl man es für sehr alt hält, wird es weder von Laotse noch von Chuang Tsu erwähnt und entstand vermutlich als Niederschrift mündlicher Überlieferungen. Es unterscheidet sich von allen anderen Orakeln, indem es Vergangenheit, Gegenwart und Zukunft als dynamische Einheit begreift, die sich in ständigem Fluss und Wandel befindet. Die Permutationen der Kräfte des *Yin* und *Yang* sind in 64 Hexagrammen dargestellt, von denen jedes aus zwei Trigrammen aus unterbrochenen *(Yin)* und durchgehenden *(Yang)* Linien besteht.

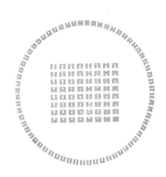

GEGENÜBER UNTEN UND OBEN *Das Himmelstor, das nach dem Beginn der Zeit kommt, in einem taoistischen Tempel (gegenüber oben). Die Trigramme auf der Einfassung repräsentieren die frische Energie, die in die Welt strömt. Das kontinuierliche Zusammenwirken von Yin und Yang wird in Form von Trigrammen dargestellt.*

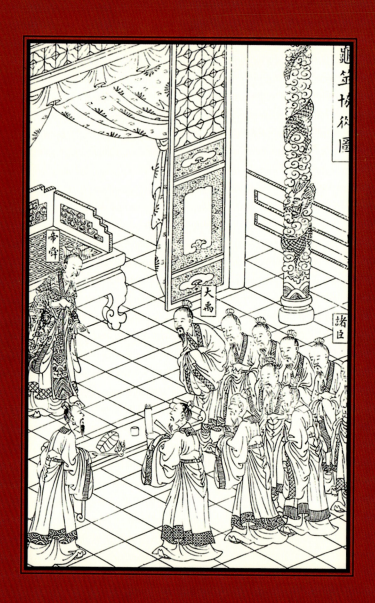

Befragung des Orakels

Der Gebrauch magischer Diagramme zur Erlangung von Vorhersagen ist im Taoismus geläufige Praxis. Auf unserer Abbildung bereitet sich der Kaiser auf die Verkündigung eines Orakels anhand von Schafgarbenstängeln vor. Andere Diagramme können aus zufällig zusammengestellten Gegenständen oder systematisch angeordneten Trigrammen bestehen.

Das I Ching kann auf dreierlei Weise zurate gezogen werden. Die am höchsten eingeschätzte ist die Methode der fünfzig Stäbe. Man kann aber auch sechs Stäbe oder sechs Münzen benutzen. Das Buch liegt auf einem ansonsten leeren Tisch auf einem sauberen Tuch. Nach taoistischem Glauben liegt die Quelle der Weisheit im Norden. Deshalb soll man den Tisch in den nördlichsten Teil des Raums rücken und sich ihm von Süden her nähern. Zu den Stäben oder Münzen kann ein Räuchergefäß gestellt werden. Man muss sich die zu stellenden Fragen gut merken. Nach dem Werfen der Stäbe oder Münzen zeigt deren Lage an, welche Zeilen der beiden Trigramme zum relevanten Text führen.

Farbe und Design

Die Gegensätze *Yin* und *Yang* sind die gestalterischen Prinzipien der traditionellen chinesischen Kunst. Das ständige Aufeinandereinwirken der beiden bestimmt die Themen zahlloser Gemälde und Wandbehänge, die Mode und sogar das Kochgeschirr. In der aufeinander abgestimmten Anordnung bestimmter Farben drückt sich das Gleichgewicht der essentiellen Kräfte durch die *Yin-Yang*-Paarung aus. Solche Paarungen sind Rot-Blau, Rot-Grün, Weiß-Schwarz, Gold-Silber. Bestimmte Arten von Kunstwerken, die in besonderer Beziehung zu einem der beiden Geschlechter stehen, können eine dieser Kräfte stärker betonen. Porzellan und Seifenstein beispielsweise haben einen stärkeren Bezug zum weiblichen Bereich und werden entsprechend mit *Yin*-Symbolen wie Korb und Pilz dekoriert.

GEGENÜBER *Ein ungewöhnlicher Seidenbehang mit starken Farbkontrasten sowie Phoenix- und Kranichmotiven (China, Ming-Dynastie, 15. Jahrhundert)*

Kosmos

Dem Taoismus liegt der Gedanke vom ewigen Kreislauf zu Grunde, in dem alle Dinge in einer bestimmten Beziehung zueinander stehen. Es kann kein »Vorher« geben, wenn ihm kein »Nachher« gegenübersteht. Mit den Worten Laotses: »Aus dem Tao entsteht Eins; aus Eins entsteht Zwei; aus Zwei entsteht Drei und aus Drei entstehen zehntausend Dinge.«

Folglich setzen die symbolischen Darstellungen der Welt die *Yin-Yang*-Kräfte ins Gleichgewicht: Der Osten kann symbolisch durch einen grünen Drachen gekennzeichnet sein, der Süden durch einen Phoenix (*Yang* auf dem Höhepunkt), der Westen durch einen weißen Tiger (*Yin* aufsteigend) und der Norden durch eine Schildkröte, um die sich eine Schlange windet (*Yin* dominant).

GEGENÜBER *Die Tiergestalten auf diesem chinesischen Spiegel aus dem 17. Jahrhundert symbolisieren die Einheit des taoistischen Kosmos.*

UNTEN *Diese japanische Bronze aus dem 19. Jahrhundert mit Schlange und Schildkröte (*Yin*) ist zusätzlich mit den Attributen von Drache und Tiger (*Yang*) versehen.*

唐二十八宿鏡一

縮本

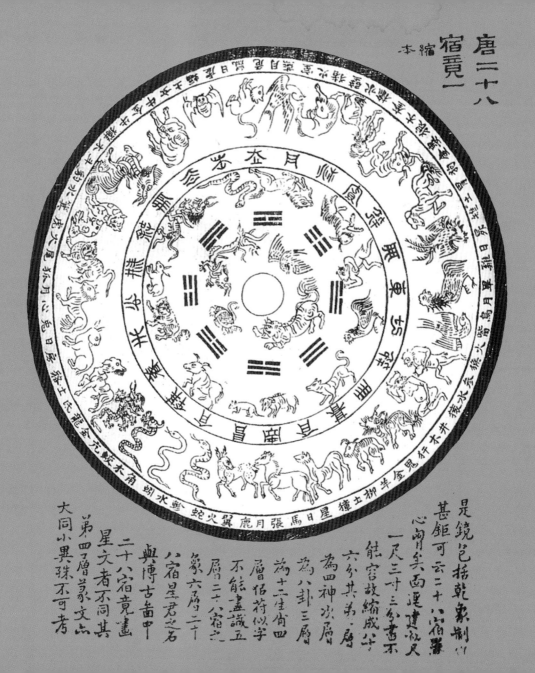

是鏡包括乾象制
甚鉅可云二十八宿鏡
心間矣面運徑秘尺
一尺三十三分畫不
能窗故縮成十
六分共弟一層
為四神次層
為八卦三層
為十二生肖四
層俗符似字
不能盡識五
層二十八宿也
象六層二十
八宿星君之名
與博古畫中
二十八宿竟畫
星文者不同其
第四層蒙文也
大同小異殊不可考

Das Symbol der kosmischen Energie ist die von einem blauen (Yin) Drachen verfolgte Perle vor einem roten (Yang) Hintergrund (Bemalte Seide, China, 16./17. Jahrhundert).

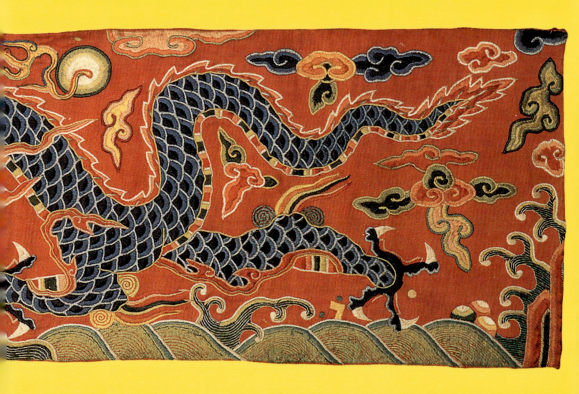

Der Himmel schrumpft, wo Überfluss herrscht,
und dehnt sich aus, wo Mangel herrscht.

Laotse

Der Jadehimmel

Himmel und Erde sind Zeichen des *Yin-Yang*-Gegensatzes. Passivität und Aufnahmefähigkeit werden als irdische *Yin*-Charakteristika verstanden, wohingegen der Himmel die Verdichtung der vitalen *Yang*-Energien bedeutet. Diese Symbolik erstreckt sich sogar auf das chinesische Münzwesen: rund (Himmel) mit einem quadratischen Loch (Erde) in der Mitte. Das Symbol des Kreises für Himmel wiederholt sich bei der Pi-Scheibe, die, wie viele andere Amulette, häufig aus Jade besteht. Andere kostbare Steine gelten als Essenz der Erde, nur Jade ist die Essenz des Himmels.

GEGENÜBER *Eine Pi-Scheibe aus Jade mit getriebenem Dekor aus kleinen Halbkugeln symbolisiert die Konstellationen (China, 3. Jahrhundert).*

Die Bewegung der Himmelskörper hat die frühen Taoisten immer wieder aufs Neue fasziniert. Auf diesem Relief aus der Han-Dynastie (unten) sitzt ein Beamter am Hof des Großen Bären in einem Wagen und symbolisiert, begleitet von Phoenix und Drache, dieses Sternbild.

Die fünf irdischen Elemente

Zwar werden die Gegensätze der Elemente des Universums durch *Yin* und *Yang* repräsentiert, aber in frühtaoistischer Zeit erklärte man den ewigen Kreislauf der Zeit auch aus dem Gleichgewicht der fünf Elemente – Holz, Feuer, Erde, Metall und Wasser. Nach den Lehren Tsou Yens (um 350–270 v. Chr.), eines Gelehrten aus Nordwestchina, nährt Holz das Feuer, aus dessen Asche Erde wird, aus deren Tiefe Metall gewonnen wird, auf dessen polierter Oberfläche sich Tau (Wasser) niederschlagen kann, der wiederum das Wachstum des Holzes ermöglich und somit den Kreis schließt.

GEGENÜBER *Diese pfirsichförmige und mit Glücksemblemen verzierte Dose symbolisiert die Harmonie des Universums (China, Ch'ing-Dynastie, 18. Jahrhundert).*

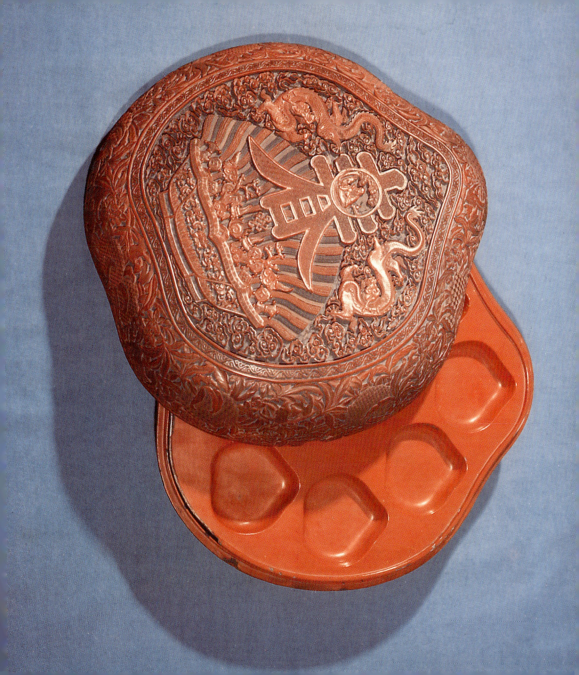

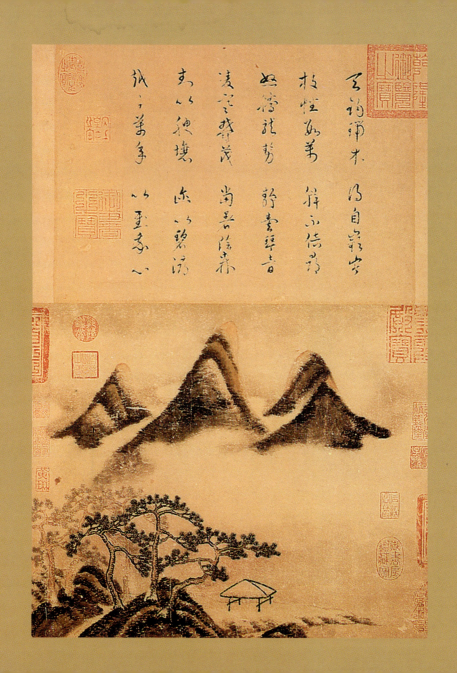

Die harmonische Landschaft

Das Tao ist der essenzielle Lauf der Natur; es ist der Zustand der Dinge, das universale Prinzip der Ordnung. Es findet seinen Ausdruck in der Zusammensetzung der Naturerscheinungen: der Relation von Bergen und Tälern, von Erde und Wasser, Höhe und Tiefe und in konvexen und konkaven Formen. Der taoistische Landschaftsmaler wird versuchen, die Harmonien seines Motivs sichtbar zu machen, indem er die subtilen Beziehungen zwischen den Landschaftsformen betont. Dabei können Berge von »Drachenadern« durchzogen sein, und Ströme von aktiver *Yang*-Energie fließen durch das ansonsten untätige *Yin* der Erde.

OBEN *Ein talismanisches Symbol repräsentiert die fünf großen Berggipfel, die Quelle der fünf Elemente.*

GEGENÜBER Frühlingsberge und Kiefern *ist ein überaus harmonisches Gemälde von Mi Fei (1051–1107).*

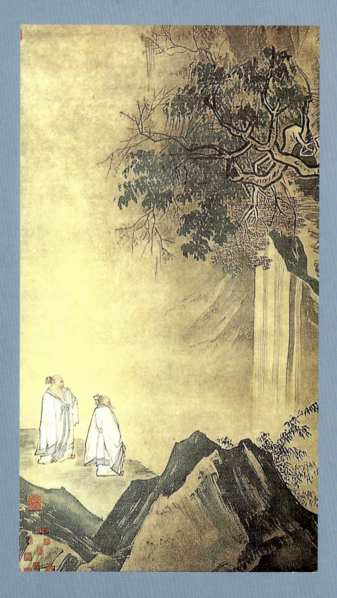

LINKS *Vor dem Wasserfall von Ma Lin zeigt weise Männer in Gedanken versunken, wobei der Baum die Beharrlichkeit der Gelehrten symbolisiert (Tusche auf Seide, um 1246).*

GEGENÜBER *Mit geschnitzten Wellen reich verzierter Holzschemel (China, Ch'ing-Dynastie, 1769)*

Das *Tao Te Ching* identifiziert das Wasser als das der höchsten Güte am nächsten stehende Element. Es wetteifert nicht mit den vielen Tieren und Pflanzen, die es nährt, und es fließt durch Orte, an die sich kein Lebewesen begeben würde. Diese Eigenschaften machen es zum nahezu vollkommenen Symbol für das Tao. Es ist nachgiebig und schwach, aber trotzdem imstande, Starkes und Hartes anzugreifen.

Die Kraft des Wassers

Tao ist die Ordnung des Universums, unterscheidet sich aber in dieser Funktion ganz erheblich von den starren Vorstellungen des Abendlandes. Diese organische Ordnung wird am vollkommensten durch Wasser symbolisiert, dem schwächsten Element und doch dem stärksten: »Es verhält sich so, dass Tao in der Welt einem Fluss gleicht, der durch ein Tal ins Meer fließt.« (Laotse) Wasser nimmt die Form von Wolken und Nebel an, durchdringt jeden Atemzug der *Yin*-Erde und kehrt als Regen zurück, mit dessen *Yang*-Energie es die Flüsse und Meere füllt und Bahnen durch die Landschaft findet. Die Art, wie sich Wasser bewegt, ist ein mächtiges Symbol für die vitalen Strukturen des Universums. Die Art, wie es stillsteht, drückt Frieden und Harmonie aus.

Die Adern in den Steinen

Die fließende, unberechenbare Energie, die am Beispiel des Wassers so deutlich in Erscheinung tritt, wird von Meistern des Tao auch in vielen anderen Dingen wahrgenommen, zum Beispiel im aufsteigenden Rauch von Räucherwerk. Diese Energieadern finden in der chinesischen Porzellan- und Metalldekoration ihren Niederschlag in Gestalt von Marmorierung und Streifen oder in der Anordnung von Farbflecken. Der Taoist findet seine Zufriedenheit beim Betrachten von Adern in Steinen und Felsen, besonders wenn das Wasser ihre ursprüngliche Form durch Erosion verändert hat. Vom Wasser ausgewaschene Steine enthalten das Tao am reinsten. Denn die Unregelmäßigkeiten der Oberfläche versinnbildlichen das Ineinanderfließen von *Yang* und *Yin*.

OBEN *Dieses Diagramm aus der Han-Dynastie, 2. Jahrhundert v. Chr., symbolisiert die Aushöhlungen (*Yin*) in einem Stein (*Yang*).*

GEGENÜBER *Ein in Holz geschnitztes Muster aus tiefen und flachen Linien hat die gleiche symbolische Bedeutung wie die Adern eines Steins (Holzschnitt aus dem 9. Jahrhundert).*

歘火會雷建大獒雷電大作折樹誅妖獌雨傾盆

Zinnober

Jade und Zinnober sind herausragende Materialien der taoistischen Symbolsprache. Jade steht in enger Verbindung zum himmlischen Drachen und folglich zu den *Yang*-Kräften. Noch mächtiger jedoch ist Zinnober, der nichts Geringeres als das Zusammentreffen von *Yin* und *Yang* symbolisiert. Zinnober besteht zum großen Teil aus Quecksilbersulfid und wird in der Malerei als Pigment für rote Farbe verwendet. In der taoistischen Magie galt er – mitunter zu wörtlich genommen – als Lebenselixier. In der taoistischen Alchimie steht er für die Erlangung des endgültigen spirituellen Zustands, das Erwachen aller subtilen Energien des Körpers, um den Gläubigen in absolute Harmonie mit dem Universum zu versetzen.

GEGENÜBER *Zinnober ist ein geschätztes und überaus symbolträchtiges Pigment, das auf dieser Abbildung aus einem taoistischen Almanach zusammen mit schwarzer Tusche die Verbindung zwischen Feuer und Wolke illustriert (China, 19. Jahrhundert).*

PFLANZEN UND TIERE

Der weichere Charakter der Pflanzen und deren Abhängigkeit von der Erde verleiht ihnen besonders starke *Yin*-Assoziationen. Oft fügen chinesische Künstler das weibliche Element mit vollendeter Harmonie in eine Komposition ein. So werden zum Beispiel Porzellanteller mit Blumen bemalt, damit die *Yin*-Kräfte mit den darauf servierten Speisen aufgenommen werden können. Oder es schwebt über einer intimen häuslichen Szene als Gegengewicht die düstere Gestalt des Feng-Vogels (*Yang*). Bäume wie Zeder und Kiefer werden mit *Yang*-Energie aufgeladen und mit männlicher Kraft assoziiert, während die Blüten des Pflaumenbaums einen Ausgleich in dessen knorriger Rinde finden.

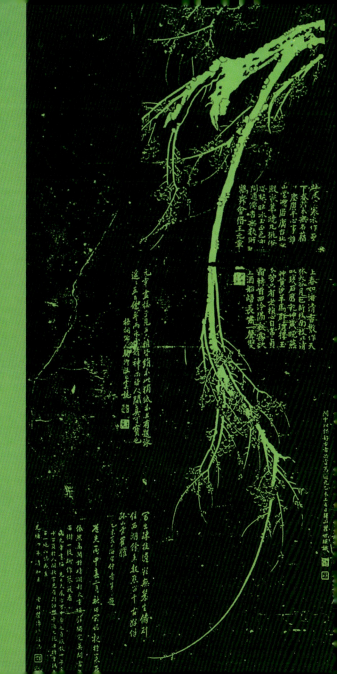

Die durch Blumen und Früchte ausgedrückte Symbolik der taoistischen Kunst ist komplex und vielschichtig. Vieles bezieht sich auf sexuelle Vitalität wie auf diesen beiden Abbildungen: GEGENÜBER *mit Pfirsichen bemalte Porzellanschüssel (China, 18. Jahrhundert) und* RECHTS *Pause einer Steinritzung von Pflaumenblüten im Winter (China, 14. Jahrhundert)*

LINKS *Die wolkenförmigen Pilze auf dieser Steinskulptur versinnbildlichen Unsterblichkeit (China, Ming-Dynastie, 17. Jahrhundert).*

GEGENÜBER *Pilze, hier als Symbol für Langlebigkeit und die Segnungen des Liebesakts, zieren diese bemalte Porzellanvase (China, 20. Jahrhundert).*

Pilze

Die optisch nicht erkennbare, nachgiebige Eigenschaft des Pilzes macht ihn zu einem mächtigen Symbol für das Prinzip des *Yin*. Seine Bedeutung für das taoistische Weltbild ist so groß, dass die traditionelle Kopfbedeckung der wahren Meister, die »duftende Mütze«, nach dem Vorbild des Pilzes gestaltet wurde. Als Schmuck dienen Gegenstände mit *Yang*-Symbolik. Eine Darstellung der von Wolken (*Yin*) umgebenen Göttin Lan Tsai-ho zeigt diese in Begleitung eines Hirschs (*Yang*), dessen Männlichkeit durch den *Yin*-Pilz im Maul unterstrichen wird. Alle Pilze mit trichterförmiger Kappe symbolisieren *Yin*, während kegelförmige wegen ihres phallusartigen Aussehens mit *Yang* in Beziehung stehen.

Taoismus 451

Drache und Phönix

Es liegt eine Zufriedenheit verbreitende Gelassenheit in der Polarität von *Yin* und *Yang*, hervorgerufen durch das Gleichgewicht in allen wahrnehmbaren Welten, den natürlichen wie auch den mythischen. *Yang* wird durch Tiere symbolisiert, die aggressiv und männlich wirken, vor allem Hengst, Schafbock, Hahn und insbesondere der Drachen, das Emblem des Kaisers. Auf Abbildungen des »springenden weißen Tigers« oder des »Angriffs von hinten« ist *Yang* darüber hinaus ein mächtiges Symbol für den Geschlechtsakt. Weitere Tiere mit Symbolbedeutung sind Rentier, Nashorn, *Feng*-Vogel und Phönix. Bei der Paarung mit dem Drachen versinnbildlicht der Phönix häufig die Kaiserin. Beide Tiere werden in taoistischen Tempeln nicht selten in Gemeinschaft abgebildet.

GEGENÜBER LINKS *Drache und Tiger als Symbole für Himmel und Erde (japanischer Holzschnitt, 18. Jahrhundert)*

GEGENÜBER RECHTS *Dachreiter von einem taoistischen Tempel aus glasierter Keramik in Gestalt eines Drachenfischs (China, Ch'ing-Dynastie, 19. Jahrhundert)*

GEGENÜBER *Der Flug des Phönix (bemalte Seide mit Vogel zwischen Blüten und Blättern, China, Sung-Dynastie, 10.–12. Jahrhundert)*

UNTEN *Stilisierte Vogelmotive auf einer Lackdose (China, Han-Dynastie, 1. Jahrhundert v. Chr.)*

INNERE REFLEXIONEN ÜBER EINE ÄUSSERE WELT

Auch mit westlichen Denkweisen und Sprachregelungen lässt sich der Taoismus erfassen und beschreiben. Denn neben dem spirituellen hat er viele vitale, praktische Aspekte. So gibt er Antwort auf folgende Fragen: Wie kann der Mensch den Ausgleich zwischen dem inneren Ich und der äußeren Welt am besten herbeiführen? Wie kann man die inneren und äußerlichen Symbole am besten verstehen und harmonisieren, um die Ideale spiritueller und sexueller Harmonie zu verwirklichen?

Ming-Porzellanteller mit spielenden Kindern als Symbol der Wiedergeburt des Meisters mit Hilfe von Praktiken der »inneren Alchimie« (China, Ming-Dynastie, 16.–17. Jahrhundert)

Der ideale Taoismus

Die Ideale des Taoismus werden durch die Lebensweise der Unsterblichen, der *Hsien*, verkörpert, die sich mühelos in Raum und Zeit bewegen, von der Erde in den Himmel übergehen und mit dem Rhythmus des Universums im Einklang stehen. Sie sind die Personifizierung der vornehmsten Ziele des Taoismus und liefern mit Hilfe der dominanten Symbole des Kosmos in vollkommener Harmonie den Stoff für Sagen und Mythen. Wichtigste Aufgabe der Anhänger des Tao ist die Vervollkommnung des Ichs und – so einfach das auch klingen mag – die Aneignung der Fähigkeit, die Symbolik der äußeren Welt zu begreifen, die sich im Gegensatz und gleichzeitig damit im harmonischen Ausgleich von *Yin* und *Yang* ausdrückt.

Ein taoistischer Priester verkündet den Göttern des Universums den Beginn der Zeremonie und lädt sie zur Teilnahme ein. Auf der Kappe trägt er die »Flamme«, das Symbol seiner inneren Energien, die im Zwiegespräch mit dem Himmel freigesetzt werden.

Wu wei

Das Prinzip des *Wu wei* oder »Nichtstuns« ist einer der Grundgedanken des Taoismus. Alle Versuche, sich in die Natur einzumischen, sind auf lange Sicht gesehen unweigerlich zum Scheitern verurteilt. Aber *Wu wei* bedeutet nicht, dass gar nichts geschieht. Es ist vielmehr eine Methode, im Einklang mit den Naturgesetzen zu leben, sich mit dem Rhythmus des Universums in Einklang zu bringen. Das Gleichnis von der Kiefer und der Weide illustriert dieses Prinzip am klarsten. Nach ergiebigen Schneefällen brechen die starren Äste der Kiefer unter der Last des Schnees, die biegsamen der Weide hingegen geben nach, sodass der Schnee auf die Erde fällt.

GEGENÜBER *Eine Welt voller Harmonie zeichnet dieses Siegel aus Seifenstein mit einer Szene aus dem Gedicht* Rote Klippe *von Su Tung-p'o (China, Ming-Dynastie, 16./17. Jahrhundert).*

UNTEN *Der schwimmende Kahn auf dem Bild* Fischender Einsiedler *erweckt den Eindruck von Frieden und gibt zu erkennen, dass der Weise den Weg der Ruhe und des Nichtstuns eingeschlagen hat (China, 13. Jahrhundert).*

Das *Tao Te Ching* empfiehlt:
»Übe das Nichtstun, und es wird Ordnung einkehren.«

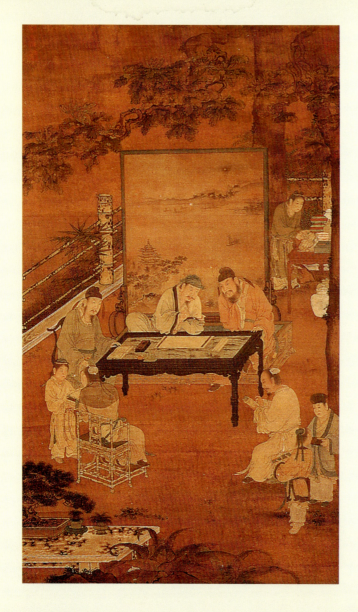

LINKS Stille Besinnüng *(Bemalte Seide der Achtzehn Scholaren, China, Song-Dynastie, 10.–13. Jahrhundert)*

GEGENÜBER *Weise Männer beim Wettstreit der Dichter im Orchideenpavillon (Ming-Dynastie). Auf der Wasseroberfläche schwimmen Weinbecher auf Blättern.*

Te

Laotse hat das *Tao Te Ching* in die Abschnitte Tao (»Weg«) und Te (»Tugend«) aufgeteilt. Aber Tugend bedeutet hier nicht das Gleiche wie in der westlichen Welt im Sinne von Moral und Ethos. Vielmehr handelt es sich hier um eine der Welt innewohnende Tugend, die alle ihre essenziellen Eigenschaften umfasst. Der Meister des Tao strebt danach, diese zu begreifen und sein gesamtes Leben und Sein daran auszurichten. Das wahre *Te* ist Natürlichkeit in reinster, unverfälschter Ausprägung, mit der der weise Mensch an alle praktischen Probleme herangeht und seine eigenen Wünsche und Sehnsüchte in Einklang bringt mit der natürlichen Strömung äußerer Einflüsse und Erscheinungen.

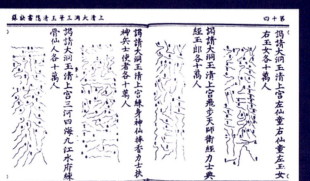

Ch'i

Die Verschmelzung des individuellen Seins mit dem großen kosmischen Geist *Ch'i* ist das Ziel der von den Meistern des Tao gelehrten meditativen Erweckungsübungen. Diese spirituelle Energie belehrt die Gesamtheit der Natur, der lebenden wie der toten, und ist Gegenstand eines reichhaltigen Systems von Symbolen, die den menschlichen Körper in Einklang bringen mit seinem größeren kosmischen Kontext. So entsprechen der Kopf dem Himmel und das Haar den Sternen, die Augen der Sonne und die Ohren dem Mond. Das durch die Adern fließende Blut ist ein eindeutiges Symbol für Regen, der die Bäche und Flüsse der Landschaft füllt, die wiederum durch das Skelett (Berge) und die Körperöffnungen (Täler) versinnbildlicht wird. Sorgfältiges Beobachten der Natur führt zum Verständnis der menschlichen Bestimmung.

GEGENÜBER *Mit größter Konzentration bemüht sich diese Anhängerin des Tai ch'i (das Foto stammt aus Shanghai) um die Angleichung an die Ch'i-Kräfte, die die Zeichen auf dem Diagramm symbolisieren (Sung-Dynastie, 10.–13. Jahrhundert).*

Die drei Schmelztiegel

Obwohl Taoisten kodifizierte Verhaltensweisen ablehnen und sich keinen religiösen Dogmen unterwerfen, werden bestimmte Disziplinen – die *Neidan* oder innere Alchimie – als Hilfe zum Verständnis des Ichs in Relation zu den kosmischen Kräften empfohlen. Die Transformation der Gedanken durch Meditation bringt den Adepten schließlich dazu, sich den essenziellen Strömungen des Universums anzugleichen. Dieses Erwachen erfolgt in den drei Schmelztiegeln im Körperinnern, den *Tan t'ien*, die die Schwerpunkte und Meditationszentren bilden. Der untere liegt im Bauch, der mittlere hinter dem Solarplexus und der dritte, in dem sich die gereinigte Essenz der Gedanken des Adepten mit den kosmischen Energien vermischt, im Kopf, dem Symbol des Kontakts mit dem Himmel.

Meditierender taoistischer Yogi (oben); seine Bemühungen, seine spirituellen Energien zu läutern, werden durch den Talisman (gegenüber) symbolisiert, der die Flaschenkürbisform des Schmelztiegels übernimmt.

Sexuelle Harmonie

Dem Liebesakt verdankt der Taoismus einen komplexen und reichen Schatz von Symbolen, weil er das vollkommene Beispiel für *Yin* und *Yang* ist. Bewegungen und Stellungen während des Akts werden in einer bildhaften Symbolsprache ausgedrückt: »Flügel über dem Klippenrand«, »Affe an der Kiefer hängend«, »rückwärts fliegende Enten«. Bilddarstellungen von *Yin* und *Yang* liefern einen anschaulichen Code für die Bezeichnung der Geschlechtsorgane. Das männliche, *Yang*, kann ein »roter Vogel«, ein »Drachenpfeiler« oder ein »Korallenstiel« sein. Das weibliche ruft Vorstellungen von Sanftheit und Öffnung hervor: »Pfirsich«, »Päonie«, »goldener Lotos« und »Steckvase«. Für Anhänger des Taoismus ist das Streben nach Harmonie im Sexualleben der vitale Schlüssel für ein langes, fruchtbares Leben.

GEGENÜBER *Die Zeichnung* Im Garten auf der Steinbank *symbolisiert die Verschmelzung von* Yin *und* Yang *(Tusche und Farben auf Seide, China, Ch'ing-Dynastie, 17./18. Jahrhundert).*

Taoismus 469

Das erfüllte Leben ...

Te bedeutet auch »Wohlleben« ohne Stress und in vollem Besitz der geistigen und körperlichen Fähigkeiten. Der Körper muss mit Geduld und Achtung behandelt werden, aber nicht unbedingt unter Beachtung von Regeln der Schulmedizin und einer Ernährungslehre. Der Taoist wird aus eigenen Erfahrungen und sensibler Beobachtung seiner Umgebung sorgfältige Lehren ziehen. Die taoistische Literatur enthält eine Fülle von Anspielungen auf Verhaltensweisen in der Natur – der Säugetiere, Insekten, Reptilien, Pflanzen – und die Eigenschaften von Wind und Wasser. Der überlegene Mensch braucht kein Asket zu sein: Er wird sich an allen Wahrnehmungen der physischen Welt erfreuen und seine Sinne befriedigen, aber dabei mit Klugheit handeln und Selbstüberschätzung vermeiden. Er wird sorgfältig über sich wachen, in Maßen essen und trinken, vor allem dann, wenn Herausforderungen auf ihn warten.

Das gute Leben symbolisiert diese Figurengruppe aus Weißporzellean mit Personifikationen der Heiterkeit und der Harmonie (China, Ming-Dynastie, 17. Jahrhundert).

Der Weise versorgt seinen Bauch, nicht die Sinne.

LAOTSE

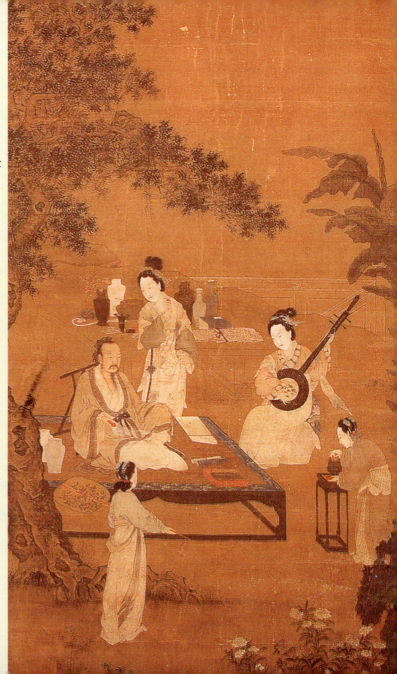

Ästhetische Vergnügungen und Harmonie in der Natur bilden für den Taoisten eine spirituelle Einheit (Tusche und Farben auf Seide, China, Song-Dynastie, 13. Jahrhundert).

... und das gesunde

Für Anhänger des Taoismus ist Gesundheit eine Angelegenheit von großer Wichtigkeit, und die Medizin stellt, genau wie Sex, ein reichhaltiges Vokabular an Symbolen zur Verfügung. Das wohl wichtigste Symbol für einen wahrhaft weisen Taoisten ist der Arzt mit seinem profunden Wissen über das An- und Abschwellen der Energieströme im Körperinnern und ihre Beziehungen zu den Kräften der äußeren Welt. Um es klarer auszudrücken: der Körper wird als Strömungsfeld angesehen, das auf einem zentralen Kreislaufsystem basiert. Das erklärt auch die große Bedeutung der Akupunktur in der traditionellen chinesischen Medizin, die sich bemüht, den Fluss des *Ch'i* durch den Körper zu regulieren. Auch die mentalen Energien werden auf gleiche Weise stimuliert und gepflegt.

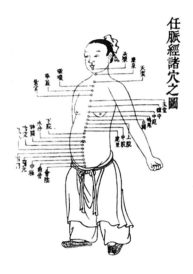

Die Versorgung der inneren Energiezentren des Menschen (unten) hat zur Folge, dass der Handel mit traditionellen Heilkräutern floriert, wie das Foto gegenüber zeigt, das auf einem heiligen Berg bei Emei in der Provinz Sichuan entstand.

**Das Entscheidende an einem Haus
ist die Lage.**

Laotse

Die Lage des Landes

Die lebenswichtigen Energieströme, die Körper und Geist beleben, finden ihre Entsprechung in den Adern und Strömen der natürlichen Welt. In chinesischen Landschaftsbildern werden die »Drachenadern«, die sich in alle Richungen erstrecken, besonders hervorgehoben. Der geübte Künstler wird sie so anordnen, dass sie die wahre Lage des Landes enthüllen. Bevor sie ein Haus bauen, ziehen viele Chinesen einen Spezialisten für Geomantik zurate, den *Feng-shui-* oder Wind-und-Wasser-Mann, der Ausrichtung und Lage des Hauses im Hinblick auf die Energieströme bestimmt, die das Gelände durchziehen. Diese subtilen Zusammenhänge findet man auch in den traditionellen Zen-Steingärten, in denen die Felsen als Sinnbild der Berge auf einem Meer aus sorgfältig gepflegtem Kies zu schwimmen scheinen.

Der Feng-shui-*Mann wird die Kräfte des Landes möglicherweise mit einem solchen Diagramm (gegenüber rechts) beschreiben, während der Künstler die Ausdrucksformen der »Drachenadern« wählt, das harmonische Fließen der Kräfte in der Landschaft, wie auf dem Bild (gegenüber links)* Blühende Hügel im Frühling *von Lan Ying (China, Ming-Dynastie, 17. Jahrhundert).*

Der stille Taoist

Im Buch des Philosophen Chuang Tzu beobachten einige Anhänger des Konfuzius einen alten Mann, der in einer starken Strömung schwimmt. Plötzlich ist er verschwunden. Die Konfuziusschüler laufen los, um ihn zu retten, aber der Alte erreicht das Ufer ohne ihre Hilfe. Auf die Frage, wie er das geschafft habe, entgegnet der Mann, er habe sich einfach von der an- und abschwellenden Strömung treiben lassen. Das bedeutet, dass der weise Taoist Sinne, Körper und Geist so lange formt, bis sie mit den Strömungen der äußeren Welt in Einklang stehen.

Shen Chou (1427–1509) hat zu seinem Gemälde Lesen im Herbst *ein Gedicht geschrieben, das mit den Worten endet:* »Mein Geist hat sich aufgemacht, um im Himmel zu wandern … Wer kann ihn ergründen?«

SEITEN 478–479 *Unter allen herrscht Harmonie im* Himmel des Tao *(Seidenstickerei, China, 18. Jahrhundert).*

CHRISTENTUM

SYMBOLE UND SAKRAMENTE

Über Jahrhunderte hinweg sahen die Christen in den Naturerscheinungen Symbole und Zeichen spiritueller Offenbarungen. Jesus selbst hatte dieses Weltbild entworfen: Am Beginn seines Leidenswegs wurde er im Jordan getauft, wobei das Wasser die Reinigung des Geistes symbolisierte. Als Jesus beim letzten Abendmahl vor seiner Kreuzigung das Brot brach, bezeichnete er es als seinen Leib; als er den Wein eingoss, verkündete er, das sei sein Blut. Ständig in Angst vor Verfolgung, benutzten die frühen Christen die Symbolik, um ihren Glauben an Jesus als Sohn Gottes vor einer feindlichen Obrigkeit zu

SEITE 480 *Diese Emailplakette in einem mit Schmucksteinen besetzten Rahmen zeigt Christus als Herrscher oder Richter (Markusbasilika, Venedig, 13. Jahrhundert).*

GEGENÜBER *Grabstein mit Darstellung eines Fisches auf einer Schüssel als Symbol für Jesus Christus (Spanien, 13. Jahrhundert).*

verbergen. Jesus wurde häufig als Fisch dargestellt, denn die Buchstaben des griechischen Wortes »Ichthus« für Fisch entsprechen den Anfangsbuchstaben von »Jesus Christus, Sohn Gottes, der Erlöser«. Auch christlichen Heiligen wurden Symbole zugewiesen. So werden im Evangelium des heiligen Johannes ein Löwe, ein Kalb, ein Tier mit Menschenantlitz und ein fliegender Adler erwähnt, die vor Gottes Thron beten. Für die Christen des 4. Jahrhunderts waren das die Bildymbole der vier Evangelisten in entsprechender Reihenfolge: Markus, der sein Evangelium in der Wildnis, der Höhle des Löwen, schreibt, Lukas,

OBEN *Frühchristliches Steinfragment mit Darstellungen geheimer Zeichen der Anbetung und dem griechischen Wort* ichthus *für Fisch; hinter dem Anker verbirgt sich das Kreuz.*

GEGENÜBER *Der thronende Christus, umgeben von den Bildsymbolen der vier Evangelisten (Illumination, Westminster-Psalter, um 1250).*

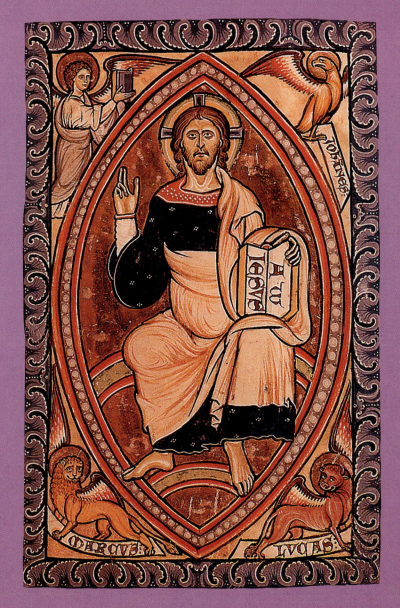

dessen Evangelium mit einem Opfer beginnt – daher das männliche Kalb –, Matthäus, der die Familiengeschichte Jesu aufzeichnet, und Johannes, dessen Visionen die Vorstellung von Himmelsweite und fliegendem Adler erweckten. Die christlichen Sakramente sind sichtbare äußere Zeichen der inneren, spirituellen Gnade Gottes. Zwei davon hat Jesus selbst eingesetzt, und zwar die Taufe und das heilige Abendmahl (Kommunion). Daneben kennt das Christentum – abhängig von den verschiedenen Konfessionen – bis zu fünf weitere: Firmung, Buße, Priesterweihe, Krankensalbung und Ehe.

Das Triptychon Die Sieben Sakramente *von Rogier van der Weyden illustriert die religiösen Geheimnisse des Christentums (um 1445–1450).*

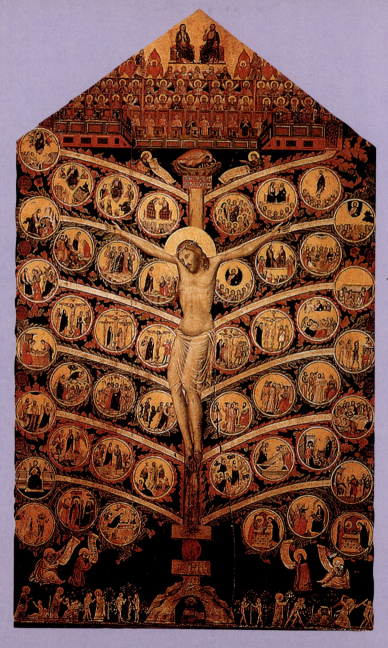

Christus am Baum des Lebens *von Pacino da Bonaguido, Anfang 14. Jahrhundert. Die Lebensgeschichte Jesu wird hier symbolisch in zwölf Abschnitte gegliedert.*

DAS CHRISTLICHE JAHR

Die Bibel hat sich hinsichtlich des christlichen Jahreskalenders auf keine genauen Zeitangaben festgelegt. Nur der Tag, an dem Jesus gekreuzigt wurde, gilt als gesichert, weil er mit dem jüdischen Passahfest zusammenfiel. Dennoch erschien es sinnvoll, das Jahr in eine Reihe christlicher Festtage zu unterteilen, um den Gläubigen Gelegenheit zu geben, sich an ihrem Glauben zu erfreuen und Gott zu verehren. Nachdem das Datum von Christi Geburt festgelegt war, ließ sich auch der Tag der Empfängnis leicht berechnen. Nach und nach kamen weitere Festtage hinzu, darunter Allerheiligen und Allerseelen sowie der Fastenmonat, die 40 Tage, die Jesus in der Einöde verbrachte. Am 15. August begehen die katholischen Christen Mariä Himmelfahrt, die Aufnahme der Mutter Jesu Christi in den Himmel.

Verkündigung

Im Evangelium des heiligen Lukas erscheint auf Geheiß Gottes der Erzengel Gabriel einer Jungfrau namens Maria in Nazareth in Galiläa und verkündet ihr, dass Gott mit ihr sei und er sie auserwählt habe. »Siehe, du wirst schwanger werden und einen Sohn gebären, des Namen sollst du Jesus heißen« (Lukas 1.31). Darstellungen der Verkündigung haben Künstler häufig eine weiße Lilie als Symbol für die Unbeflecktheit Mariens hinzugefügt, und das lapislazuliblaue Gewand der Jungfrau versinnbildlicht ihre Rolle als Himmelskönigin. Die katholische Kirche feiert das Fest Mariä Verkündigung am 25. März.

GEGENÜBER *Titelblatt eines illuminierten Stundenbuchs mit Verkündigungsszene von Zebo da Firenze (1405–1410)*

UNTEN *Die Lilie als Attribut der Jungfrau Maria (Holzschnitt aus dem* Hortus Sanitatis, *1485)*

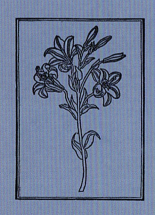

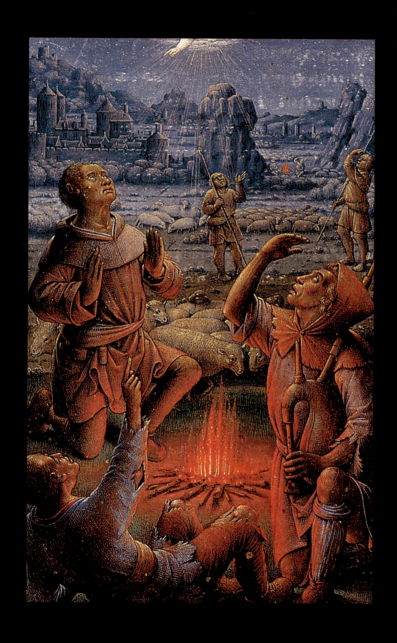

Weihnachten

Die Bibel verliert kein Wort über den Tag, an dem Jesus zur Welt kam. Etwa dreihundert Jahre nach seiner Geburt begannen die Christen, diesen Tag mit der Wintersonnenwende in Beziehung zu setzen, dem Tag der Wiedergeburt der Sonne, und feierten fortan die Geburt des Heilands am 25. Dezember. In der Bibel heißt es, dass Maria und ihr Mann Josef kurz vor der Niederkunft nach Bethlehem kamen, wo sie, nach Lukas, keine Bleibe fanden und in einem Stall unterkamen, in dem Jesus geboren wurde. Weil sie »keinen Raum in der Herberge« hatten, steht Jesus mit den Ausgestoßenen der Welt in Beziehung, und dass er in Bethlehem, der Stadt Davids geboren wurde, korrespondiert mit seiner Herkunft aus dem Stamm David.

GEGENÜBER *Ein Engel verkündet den Hirten die Geburt des Heilands (Illuminierte Handschrift, um 1500–1508).*

LINKS *Der gute Hirte als Symbol Jesu (Ende 3., Anfang 4. Jahrhundert)*

> Einst stand in König Davids Stadt
> Ein ärmlicher kleiner Schuppen,
> In dem eine Mutter ihr Kind gebar
> Und es in die Krippe bettete.
> Maria war der Mutter Name,
> Und Jesus Christus der ihres kleinen Sohns.

Cecil Frances Alexander, »Es war einmal in König Davids Stadt«, 1848

Epiphanie

Nach der Überlieferung leitete am 6. Januar ein himmlisches Gestirn drei Weise zu einem Stall in Bethlehem. »Und sie gingen in das Haus und fanden das Kindlein mit Maria, seiner Mutter, und fielen nieder und beteten es an, und taten ihre Schätze auf und schenkten ihm Gold, Weihrauch und Myrrhe« (Matthäus 2.11). Diese drei Geschenke haben symbolische Bedeutung: Gold entspricht der Königswürde, Weihrauch der Göttlichkeit und Myrrhe, die zum Einbalsamieren benutzt wurde, versinnbildlicht den Tod Jesu.

OBEN *Das Christuszeichen zwischen zwei Engeln auf dem Elfenbeineinband des* Lorscher Codex *(Frühes 9. Jahrhundert)*

GEGENÜBER Die Anbetung der Könige *von Jan Gossaert (1510–1515)*

> Was soll ich Ihm geben, arm wie ich bin?
>
> Wäre ich Schäfer, würde ich Ihm ein Lamm bringen.
>
> Wäre ich ein weiser Mann, würde ich mein Teil beitragen.
>
> Aber was ich Ihm geben kann, das ist mein Herz.
>
> Christina Rossetti, »Im trostlosen Mittwinter«, 1872

In dem Gemälde Christi Versuchung *von Duccio weist Christus alle Verlockungen des Teufels von sich (1308–1311).*

Fastenzeit

Als Fastenzeit bezeichnet man die 40 Tage (Sonntage ausgenommen) vom Aschermittwoch bis Ostern, die Jesus in der Wüste verbrachte. Die Fastengebote werden von vielen christlichen Gläubigen eingehalten. Während seines Aufenthalts in der Einöde widerstand Jesus allen Versuchungen des Teufels, seine göttlichen Kräfte zu missbrauchen. Diese Versuchungen waren erstens die Verwandlung von Steinen in Brot, zweitens die Anbetung des Teufels, der ihm dafür die Macht über alle Königreiche der Erde zu geben versprach; drittens der Sprung vom Turm des Tempels im sicheren Vertrauen darauf, dass Gott ihn retten würde. Mit Hilfe des Heiligen Geistes war Jesus stark genug, allen Versuchungen zu widerstehen und zu seinen Jüngern zurückzukehren.

Der Teufel (Holzschnitt, 1626) im Compendium Maleficarum, einer Abhandlung über Hexerei erschienen

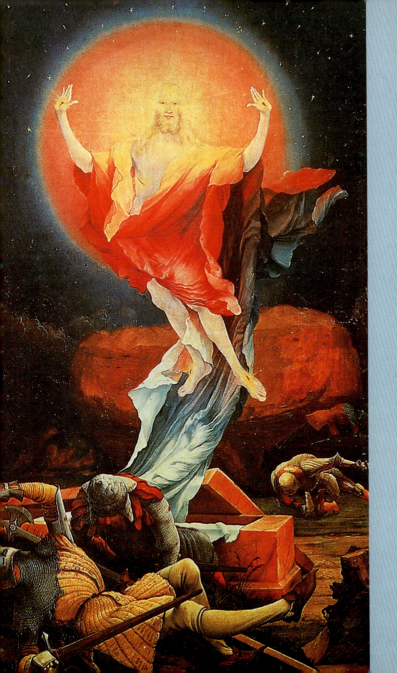

Detail der Auferstehungsszene am Isenheimer Altar von Matthias Grünewald (1512–1516)

Ostern

Am Karfreitag wurde Jesus vor den Mauern Jerusalems ans Kreuz geschlagen, weil er sich als König der Juden bezeichnet hatte. Drei Tage später kamen Frauen, um seinen Leichnam zu salben, und fanden das Grab leer. Da erschien Jesus und wandte sich an Maria Magdalena, die ihn zunächst nicht erkannte: »Spricht Jesus zu ihr: Weib, was weinest du? Wen suchest du? Sie meint, es sei der Gärtner, und spricht zu ihm: Herr, hast du ihn weggetragen, so sage mir, wo hast du ihn hingelegt, so will ich ihn holen« (Johannes 20.15). Der Zusammenhang mit dem Gärtner besteht darin, dass man glaubte, Jesus würde das Paradies, aus dem die Menschen vertrieben worden waren, neu erschaffen. Er verbietet Maria Magdalena, ihn zu berühren, und trägt ihr auf, die Nachricht von seiner Auferstehung »meinen Brüdern« zu überbringen.

Noli me tangere *(Die kleine Passion) von Albrecht Dürer. Maria Magdalena weint im leeren Grab und hält den auferstandenen Jesus für einen Gärtner (Holzschnitt, 1509–1511).*

Himmelfahrt

Nach der Auferstehung verbrachte Jesus 40 Tage bei seinen Jüngern, um sie zu lehren. Schauplatz der Himmelfahrt war der Ölberg außerhalb von Jerusalem. Über den Vorgang liegen unterschiedliche Berichte vor: Jesus hob die Hände, segnete die Jünger und wurde in den Himmel emporgetragen; er wurde emporgehoben und verschwand in einer Wolke; er wurde in den Himmel geholt und setzte sich zur Rechten Gottes. In der Kunst wird Jesus bei der Himmelfahrt oft mit ausgestreckten segnenden Händen dargestellt. Ein beliebtes Motiv frühchristlicher Kunst war auch die aus dem Himmel ragende Hand Gottes, die Jesus bei der Rückkehr ins Reich des Vaters helfen sollte.

Seht! Er hebt die Hände: Halleluja!
Seht! Er gibt das Zeichen der Liebe: Halleluja!
Hört! Seine gütigen Lippen verkünden: Halleluja!
Segnungen der Kirche hernieden: Halleluja!
Charles Wesley, Festgesänge und sakrale Gedichte, 1739

OBEN *Holzschnitt aus dem Passionsbuch von Christus und Antichrist von Lucas Cranach (1512)*

Mit Himmelfahrtszene ausgeschmücktes Initial einer karolingischen Handschrift (um 842)

Pfingsten

Am Pfingstfest, 50 Tage nach Ostern, feiert die Christenheit die Ankunft des Heiligen Geistes bei den Jüngern Jesu Christi. In der *Apostelgeschichte* beschreibt Lukas, was geschah, als die zwölf Jünger an einem Ort versammelt waren: »Und es geschah schnell ein Brausen vom Himmel wie eines gewaltigen Windes und erfüllte das ganze Haus, da sie saßen. Und es erschienen ihnen Zungen, zerteilt, wie von Feuer; und er setzte sich auf einen jeglichen unter ihnen; und sie wurden alle voll des heiligen Geistes und fingen an, zu predigen mit anderen Zungen, nach dem der Geist ihnen gab auszusprechen« (*Apostelgeschichte* 2.2–4). In der christlichen Kunst sitzt die Jungfrau Maria traditionell in der Mitte der Gruppe. Oft wird auch dem Symbolbild der Feuerzungen eine Taube – im Alten Testament das Symbol für den Frieden – hinzugefügt, zur Erinnerung an Gottes heiligen Geist, der zur Taufe Jesu herabgeschickt wurde.

In den Mysterien des Rosenkranzes *von Vincenzo Campi erscheint der Heilige Geist in Gestalt einer Taube über den Köpfen der Apostel (16. Jahrhundert).*

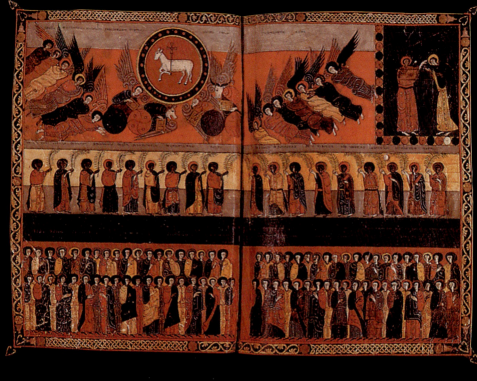

Für alle Heiligen, die sich von ihren Mühen ausruhen,
Die der Welt deinen Glauben verkünden,

Dein Name, o Jesus, sei für immer gesegnet. Halleluja!

Du warst ihr Fels, ihre Burg und ihre Macht;
Du, o Herr, ihr Anführer im tapferen Kampf,

Ihr einzig wahres Licht in der Trübsal der Finsernis. Halleluja!

Bischof W. W. How, 1823–1897

Allerheiligen

GEGENÜBER *Die Anbetung des Lamm Gottes (aus der illuminierten Handschrift* Commentary on the Apocalypse *des Beatus, um 1047)*

UNTEN *Palmwedel und Olivenzweig fungieren als Symbole für Triumph und Frieden (Wandmalerei aus einer frühchristlichen Katakombe).*

Die katholische Kirche feiert Allerheiligen am 1. November, die orthodoxe am ersten Sonntag nach Pfingsten zum Gedenken an alle Heiligen und Märtyrer der Christenheit. Im Altenglischen hieß der 835 offiziell eingeführte Feiertag All Hallows, wovon die Bezeichnung Halloween für den darauf folgenden Tag abgeleitet ist, der häufig mit Volksbelustigungen und Freudenfeuern begangen wurde. Die bildende Kunst zeigt die Heiligen und Märtyrer gewöhnlich bei der Verehrung Jesu als Lamm Gottes.

Allerseelen

Am 2. November 998 wies Odilo, Abt des Klosters Cluny in Frankreich, seine Mönchsbrüder an, ein Gebet für die Toten zu sprechen. Dieser Brauch fand in der ganzen abendländischen Christenheit Verbreitung, und der 2. November wurde zum Gedenktag für alle Verstorbenen. In der christlichen Kunst werden die Seelen der Seligen von Engeln in den Himmel getragen. Eine Skulptur aus dem späten 12. oder frühen 13. Jahrhundert in der Abtei Saint Denis in Paris zeigt die Seelen der Gerechten in Abrahams Schoß: »Aber der Gerechten Seelen sind in Gottes Hand, und keine Qual rühret sie an« (Weisheit 3.1).

OBEN *Der heilige Michael schickt die Seelen in den Himmel (Detail des Shaftesbury Psalters, England, Mitte 12. Jahrhundert).*

Hier leben sie im ewigen Leben;
Das Vergängliche ist von dannen gezogen;
Hier blühen, gedeihen und wachsen sie,
Und aller Verfall ist zu Staub zerfallen.

Petrus Damiani, 1007–1072

RECHTE SEITE *Lobpreisung der Seelen (aus einem Stundenbuch aus Flandern, 1475–1483)*

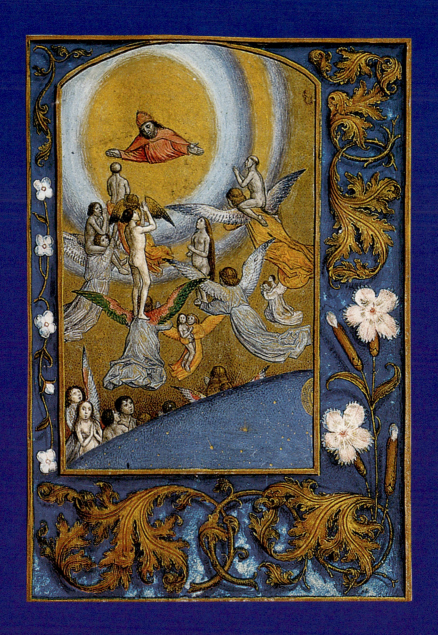

Eines von zwei monumentalen Steinreliefs aus Jelling in Dänemark. Der von König Harald Blaatand (Blauzahn) um 980 gestiftete Stein erinnert an die Einführung des Christentums in Dänemark.

KREUZ UND KRUZIFIX

Bei den Römern war die Kreuzigung die schimpflichste Art der Hinrichtung. Zum Tod verurteilte Bürger Roms, wie der heilige Paulus, konnten ihr Recht geltend machen, durch das Schwert zu sterben statt am Kreuz. Trotzdem wurde das Kreuz zum mächtigsten Symbol der Christenheit. Nach christlicher Lehre ließ sich Jesus freiwillig ans Kreuz schlagen, um die Sünde der Welt auf sich zu nehmen. Seinen Peinigern verzieh er mit den Worten: »Vater, vergib ihnen, denn sie wissen nicht, was sie tun« (Lukas 23.34).

Grabstein mit keltischer Rose (9./10. Jahrhundert)

Lieber Jesus, der du dich für mich hast kreuzigen lassen, verbinde mich mit dir mit den Nägeln deiner Liebe.

Der Baum des Lebens

Im Neuen Testament heißt es an einer Stelle, dass Jesus nicht am Kreuz, sondern an einem Baum gehangen habe. Das bezieht sich auf die Geschichte von Adam und Eva im ersten Buch Mose, die Sünde und Tod in die Welt brachten, nachdem sie verbotenerweise die Frucht eines Baums im Garten Eden gegessen hatten. Zur Strafe für diesen Frevel wurden sie aus dem Paradies vertrieben. Indem sich Jesus kreuzigen ließ und seinen Peinigern vergab und indem er vom Tode auferstanden war und die Hoffnung auf Erlösung geweckt hatte, würde er die Verdammung Adams und Evas rückgängig machen. So wurde das Kreuz, an dem Christus starb, zum Baum des Lebens.

RECHTS *Hölzernes Pestkreuz (14. Jahrhundert)*

GEGENÜBER *Der Baum des Lebens und des Todes (aus einer illuminierten Handschrift von Berthold Furtmeyr, 1481)*

> **Der Baum, an den man Seine sterbenden Glieder geschlagen hatte, war dennoch der Lehrstuhl des Meisters.**
>
> **Hl. Augustinus, 354–430**

Das Lamm Gottes

Als Johannes der Täufer Jesus zum ersten Mal sah, rief er aus: »Siehe, das ist Gottes Lamm, welches der Welt Sünde trägt« (Johannes 1.29). Johannes bezog sich dabei auf das Lamm als Opfertier. Später haben bildende Künstler Jesus vielfach als Lamm dargestellt, das ein Kreuz trägt oder neben einem solchen steht, manchmal auch mit einer Standarte mit rotem Kreuz. In dem prophetischen Buch der Offenbarung wird das Thema erneut aufgegriffen: »Danach sah ich, und siehe, eine große Schar, welche niemand zählen konnte, aus allen Heiden und Völkern von Sprachen, vor dem Stuhl stehend und vor dem Lamm, angetan mit weißen Kleidern und Palmen in ihren Händen, schrien mit großer Stimme und sprachen, Heil sei dem, der auf dem Stuhl sitzt, unserm Gott, und dem Lamm« (7.9–10).

GEGENÜBER (DETAIL) *Lamm Gottes aus der illuminierten Handschrift des Beatus von Liébana (um 1047) zur Apokalypse*

Die Leiden Christi

UNTEN *Mittelalterliches Relief, das die Kreuzigung Christi zeigt, aus dem Mariendom zu Havelberg, Deutschland.*

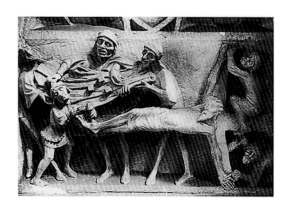

GEGENÜBER *Die Kreuzigungsgruppe des Isenheimer Altars von Matthias Grünewald (1512–1516)*

Eine der vielen Auslegungen der Kreuzigung Christi besagt, dass Jesus für alle Menschen gestorben ist, denen Leid oder ungerechtfertigte Qualen zugefügt wurden. Im frühen 16. Jahrhundert griff Matthias Grünewald dieses Thema in seinem berühmten Hochaltar im Antoniterkloster in Isenheim (Elsass) auf. Grünewalds gekreuzigter Jesus ist mit Pockengeschwüren übersät, sein grünes Fleisch ist von Fäulnis zerfressen und mit Blut besprit. Die Antoniter unterhielten ein Hospital und pflegten Kranke. Grünewalds sterbender Jesus symbolisiert ihre aufopfernde Tätigkeit.

Sein Sterben am Baum, rot wie ein Gewand, das seinen Körper bedeckt;
Dann bin ich tot für alle Welt, und alle Welt ist tot für mich.

Isaac Watts, Beim Anblick des »wundertätigen Kreuzes«, 1707

Die Herrlichkeit des Kreuzes

Der heilige Paulus schrieb, die Kreuzigung Jesu Christi sei den Verdammten gleichgültig, aber für alle Erlösten sei sie die Macht Gottes. Der Tod am Kreuz bedeutete für Jesus keine persönliche Tragödie, auch kein Versehen, er hat ihn vielmehr aus Gehorsam gegenüber seinem himmlischen Vater bewusst gewählt. Die christliche Kunst symbolisiert diesen göttlichen Willen mit Darstellungen, auf denen Gottvater Jesus beisteht, während die Taube des Heiligen Geists aufs Haupt des Kruzifixus herabschwebt. In diesem Zusammenhang sieht man Jesus bisweilen auch mit Krone und in prächtige Gewänder gehüllt.

> Er gab den spitzen Dornen Kraft, einzudringen und grausame Wunden zu schlagen in Seinem göttlichen, erzitternden Haupt; Er gab den harten Nägeln Kraft, Seine zarten Füße und Hände zu durchdringen.
>
> Angela von Foligno, »Buch der göttlichen Tröstung«, um 1248–1309

OBEN *Relief mit Christus zwischen zwei Engeln (Santa Maria de Quintanilla de las Viñas in Spanien, 7. Jahrhundert)*

GEGENÜBER *Die heilige Dreifaltigkeit (Österreich, 15. Jahrhundert)*

Marterwerkzeuge

Passion ist vom lateinischen Wort für »leiden« abgeleitet und umschreibt die letzte Woche im irdischen Leben Jesu, insbesondere seine Verurteilung, Folter und Kreuzigung. Nägel bohrten sich durch seine Hände und Füße, als er ans Kreuz genagelt wurde. Eine Dornenkrone wurde ihm aufs Haupt gedrückt. Man hat ihn ausgepeitscht. Als er rief, »mich dürstet«, hielt man ihm einen mit Essig getränkten Schwamm an die Lippen. Mit dem Hammer hat man die Nägel eingeschlagen, mit der Zange hat man sie bei der Kreuzabnahme herausgezogen. Manche Künstler haben neben diesen Werken auch die Leiter dargestellt, auf der sein Leichnam herabgelassen wurde.

OBEN *Steinkreuz mit dem Antlitz Christi, der Dornenkrone und den Marterwerkzeugen (Mexiko, 17. Jahrhundert)*

GEGENÜBER *Detail aus* Die Agonie im Garten *von Andrea Mantegna (um 1460)*

Christentum 519

Stigmata

Bei der Kreuzigung wurden Jesus fünf Wunden zugefügt. Nägel durchbohrten Hände und Füße, und um sicherzugehen, dass er tot war, stieß ein römischer Legionär eine Lanze in seine Seite. Diese Wundmale bezeichnete man mit dem griechischen Wort *Stigma*. In der Geschichte des Christentums gibt es viele Fälle, in denen sich diese Male am Körper von besonders gläubigen Männern und Frauen zeigten. Der erste Stigmatisierte war Franz von Assisi, dessen rote Wunden sich während einer Predigt in La Verna in Italien 1224 öffneten.

LINKS *Die Dornenkrone (Kupferstich aus einer altenglischen Bibel)*

GEGENÜBER *Die Stigmatisierung des heiligen Franziskus (Öl auf Holz, Sassetta, um 1437–1444)*

Die Schlüssel des Petrus

Jesus fragte seine Jünger: »Wer sagt denn ihr, dass ich sei?«, und Simon Petrus anwortete: »Du bist Christus, des lebendigen Gottes Sohn.« Darauf erwiderte Jesus: »Und ich will dir des Königreichs Schlüssel geben: alles, was du auf Erden binden wirst, soll auch im Himmel gebunden sein, und alles, was du auf Erden lösen wirst, soll auch im Himmel los sein« (Matthäus 16.15, 16.19). So entstand das Attribut des Petrus: zwei Schlüssel. Aber derselbe Petrus hat Jesus auch später verraten, indem er während dessen Passion behauptete, ihn nie gekannt zu haben. Als Petrus nach Rom ging, starb auch er den Märtyrertod, bestand aber darauf, so die Legende, mit dem Kopf nach unten gekreuzigt zu werden, als äußeres Zeichen seiner Demut. Das zweite Attribut des Petrus wurde das auf dem Kopf stehende Kreuz.

GEGENÜBER *Die Kreuzigung des heiligen Petrus, Detail aus dem Stefaneschi-Tryptichon Giotto di Bondone (um 1320)*

UNTEN *Steinstatue des heiligen Petrus mit den Schlüsseln des himmlischen Königigreichs (12. Jahrhundert)*

Das Andreaskreuz

UNTEN *Steinernes Andreaskreuz (7. Jahrhundert)*

GEGENÜBER *Der heilige Andreas am Kreuz aus dem Stundenbuch Herzog Johanns I. Ohnefurcht von Burgund (1406–1415)*

Der Fischer Andreas und sein Bruder Petrus waren die ersten Jünger Jesu. Die frühchristliche Überlieferung aus dem 4. Jahrhundert berichtet, dass Andreas nach seiner Kreuzigung noch zwei Tage gelebt und vom Kreuz herab gepredigt habe. Später sagte man, das Kreuz habe die Form eines X gehabt, des ersten Buchstabens der griechischen Schreibweise des Wortes Christus. Andreas ist der Schutzheilige Griechenlands, Rumäniens, Russlands und Schottlands, dessen Nationalflagge aus dem Andreaskreuz auf blauem Grund besteht.

Jesus sagte: »Folget mir nach; ich will euch zu Menschenfischern machen!«

MATTHÄUS 4.19

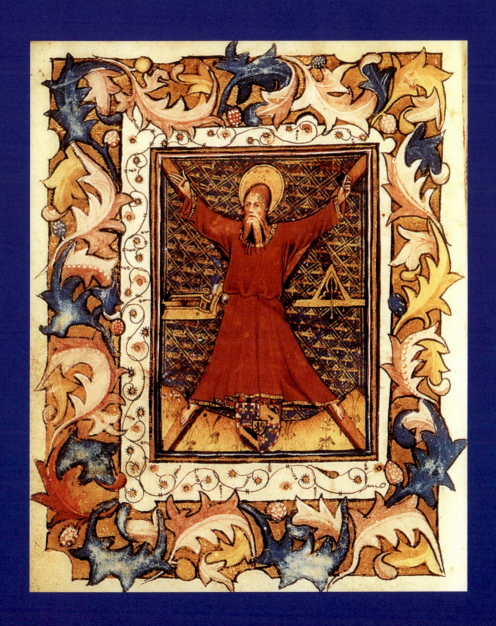

Die Himmelskönigin

Madonna ist die aus dem Italienischen übernommene Bezeichnung für die Mutter Jesu, die gebenedeite Jungfrau Maria. In der Kunst wird sie meist mit dem Jesusknaben im Arm oder auf dem Schoß abgebildet. Nach den Worten des Neuen Testaments hat sie das Kind empfangen, ohne ihre Jungfräulichkeit zu verlieren. Und weil sie die Mutter dessen war, der der Welt Gnade und Vergebung gebracht hat, galt und gilt sie vielen Christen als Schutzpatronin und Ranghöchste unter allen Heiligen. Trotz ihrer königlichen Erscheinung auf der Mondsichel und unter einem Kranz aus Sternen ist Maria auch ein Symbol für Demut und selbstlose Unterwerfung unter den Willen Gottes.

GEGENÜBER *In der* Unbefleckten Empfängnis *von Diego Velazques steht die Jungfrau Maria auf dem Mond und trägt die Sterngloriole (um 1618).*

Das Ave-Maria

Im Evangelium des Lukas wendet sich Elisabeth, die Mutter Johannes des Täufers, an ihre Base Maria, die Mutter Jesu: »Gebenedeit bist du unter den Weibern, und gebenedeit ist die Frucht deines Leibes!« (Lukas, 1.42). Daraus entstand im Mittelalter das »Ave-Maria«, eines der am häufigsten gesprochenen Gebete der katholischen und orthodoxen Christenheit: »Ave Maria, gratia plenam Dominus tecum. Benedicta tu in mulieribus, et benedictus fructus ventris tui, Jesu.« Häufig folgt der Nachsatz: »Heilige Maria, Mutter Gottes, bete für uns Sünder, jetzt und in der Stunde unseres Todes.« Katholiken beten das »Ave-Maria« zum Rosenkranz.

GEGENÜBER Die Rosenkranzmadonna *von Caravaggio (1606/07)*

Der Jesusknabe

Darstellungen des Jesusknaben dienen als vielfältige Bildsymbole. Gewöhnlich befindet er sich in der Obhut seiner Mutter in Gestalt der Himmelskönigin mit Krone und Zepter. Auf vielen Abbildungen sitzt das Kind aufrecht und segnet die Menschheit. Andere Künstler fügen der Gruppe Marias Mutter, die heilige Anna, hinzu. Leonardo da Vincis *Felsgrottenmadonna* beruft sich auf eine andere symbolische Überlieferung. Hier segnet Maria ihren Sohn mit der einen Hand, während sie mit der anderen den kleinen Johannes (den Täufer) liebkost, der als Attribut das Kreuz mit langem Längsbalken trägt. Seine Mutter Elisabeth war Marias Base. Auf Leonardos Gemälde segnet Jesus den auf den Knien betenden Johannes. Ein Engel rechts hinter dem göttlichen Knaben hält ihn aufrecht.

GEGENÜBER Die Felsgrottenmadonna *von Leonardo da Vinci (ca. 1491–1508)*

Die Pietà

GEGENÜBER Beweinung des toten Christus *von Rembrandt (um 1635)*

UNTEN Pietà. *Marmorgruppe von Michelangelo (Petersdom in Rom, um 1500)*

Pietà ist das italienische Wort für Mitleid. In der Kunst bezeichnet es die Darstellung der Jungfrau Maria mit dem Leichnam ihres gekreuzigten Sohnes auf dem Schoß. Zu den herausragendsten Kunstwerken zu diesem Thema gehört Michelangelos Marmorskulptur im Petersdom in Rom. Eine der bedrückendsten Interpretationen stammt von Rembrandt. Michelangelo musste sich den Vorwurf gefallen lassen, er habe die Mutter Jesu jünger dargestellt als ihren Sohn. Seine Antwort war: wegen ihrer Reinheit besitze sie die Gnade der ewigen Jugend. Die prächtige Gestaltung ihres Gewandes inspirierte den berühmten Kunstkritiker John Ruskin zu dem Ausspruch »Ruhe der Frömmigkeit und Trauer« und zum Vergleich der Gewandfalten mit dem Tanz der Engel.

Mariä Himmelfahrt

UNTEN *Assumtion der Jungfrau (Detail vom Westportal der Kathedrale von Senlis, Frankreich, um 1170)*

Die Lehre der katholischen Kirche von der leiblichen Aufnahme der Muttergottes in den Himmel wurde erst 1950 durch Papst Pius XII. zum Dogma erhoben, aber das Motiv der Assunta, der Aufgenommenen, beherrschte die christliche Kunst schon seit langem. Zu den Künstlern des 15. und 16. Jahrhunderts, die sich dieses Themas annahmen und es in ihren Werken verherrlichten, gehörten insbesondere Gerolamo da Vicenza, Tizian und der Holzschnitzer Tilman Riemenschneider.

GEGENÜBER Tod und Himmelfahrt der Jungfrau *von Gerolamo da Vicenza (1488)*

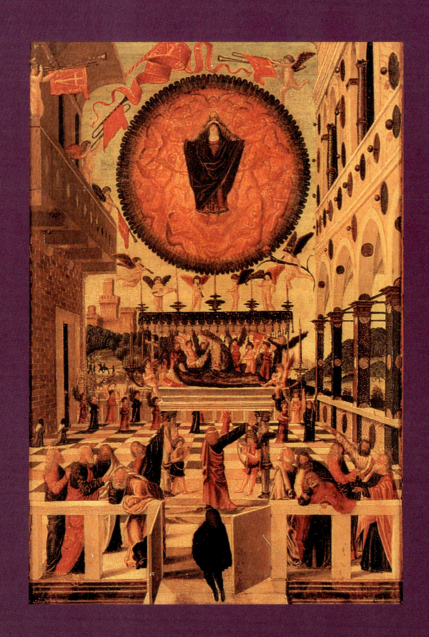

Die Schutzmantelmadonna

Eines der beliebtesten Symbole der Madonna zeigt sie als Schutzherrin der Menschheit. Gewöhnlich trägt sie einen weit geöffneten Umhang, unter dem die schutzbedürftigen Menschen, die ihrem Ideal nacheifern und ihre Fürsorge erflehen, Zuflucht finden. Unter ihnen befinden sich häufig auch die Mächtigen der Welt: Herrscher, Päpste, Bischöfe, Adelige und vornehme Damen, vor allem aber Leute aus dem einfachen Volk, deren Demut ein Spiegelbild der Demut Mariens ist.

GEGENÜBER *Die Jungfrau Maria auf dem Mittelbild des Polyptichon der* Misericordia *von Piero della Francesca (1445–1462)*

UNTEN *Maria mit Gottvater und seinem gekreuzigten Sohn (bemalte Holzskulptur, 15. Jahrhundert)*

> **Sondern was töricht ist vor der Welt, das hat Gott erwählt, dass er die Weisen zu Schanden machte; und was schwach ist vor der Welt, das hat Gott erwählt, dass er zu Schanden mache, was stark ist.**
>
> I. KORINTHER 1.27

Schwarze Madonna
(bemalte Holzskulptur in der Kirche Santa Maria Liberatrice in Ancona, 16. Jahrhundert)

Die Schwarze Madonna

Der Ruß brennender Kerzen hat im Lauf der Jahrhunderte Madonnenstandbilder in schwarze Jungfrauen verwandelt. Einige von ihnen haben dadurch Berühmtheit erlangt: in den Wallfahrtsorten Rocamadour in Frankreich, Tschenstochau in Polen und im bayerischen Altötting. Warum hat man die Statuen nicht gereinigt? Weil nach christlicher Vorstellung bereits das Alte Testament Verweise auf den christlichen Glauben enthält. Im Hohenlied Salomos trägte eine Frau ein Liebesgedicht vor und singt: »Ich bin schwarz, aber gar lieblich, ihr Töchter Jerusalems …« (Hoheslied 1.5). Christen sahen darin eine Weissagung auf die Jungfrau Maria, und es verbreitete sich die Deutung, bei jeder schwarzen Holzfigur der Jungfrau könne es sich um das vollkommene Abbild der wahren Madonna handeln.

Legenden

Legenden können in der menschlichen Psyche starke Gefühle auslösen, auch wenn sie der historischen Überprüfung oft nicht standhalten. Die christliche Überlieferung verfügt über einen reichen Schatz, teils mit aussagekräftiger Symbolik. So genießt der Kelch, aus dem Jesus und seine Jünger beim letzten Abendmahl tranken, als Heiliger Gral mystische Verehrung, und die Suche nach dem Gral ist ein vielfach wiederkehrendes Motiv in Kunst und Literatur. Von Legenden umwoben ist auch das Grabtuch Christi. Kein christliches Motiv aber hat die Menschheit so sehr zur Legendenbildung angeregt wie die Geburt Jesu. Die anrührende Geschichte vom Stall zu Bethlehem ist unzählige Male erzählt und literarisch ausgeschmückt worden, und sie findet in Gestalt der Weihnachtskrippe bis heute ihren Weg in Kirchen und Privathäuser. Solchen Symbolen stehen bemerkenswerte Werke der Kunst gegenüber, die ihre Themen aus der Vorstellungskraft der Kirchenväter schöpfen.

GEGENÜBER *Seelen überqueren die enge Brücke (Fresko in der Kirche Santa Maria in Piano, Loreto Aprutino, Italien, 13. Jahrhundert).*

Ein reiner und unbefleckter Gottesdienst vor Gott dem Vater ist der: die Waisen und Witwen in ihrer Trübsal besuchen und sich von der Welt unbefleckt erhalten.

Jakobus 1.2

Der Pilger

Der heilige Jakobus ist der Schutzpatron der Pilger. Obwohl er im heiligen Land den Märtyrertod starb und dort begraben wurde, soll sich sein Leichnam in Santiago de Compostela in Spanien befinden, das – nach Jerusalem und Rom – der wichtigste Wallfahrtsort der Christenheit ist. Die christliche Kunst zeigt ihn zusammen mit verschiedenen Attributen: einer Muschelschale von der Küste Galiziens, einem Pilgerstab, einem Hut zum Schutz vor den sengenden Strahlen der Sonne und einer Wasserflasche. Und wenngleich die meisten Heiligen barfuß laufen, trägt der heilige Jakob Schuhe, denn er hatte einen weiten Weg zurückzulegen.

GEGENÜBER LINKS *Steinplastik des heiligen Jakobus von Compostela mit Pilgerstab und einer mit der Muschel verzierten Pilgertasche*

GEGENÜBER RECHTS *Ein Kreuz vom Bischofsstuhl in der Kathedrale von Torcello (Italien, frühes Mittelalter)*

Heiliges Blut, Heiliger Gral

Die Legende vom Heiligen Gral berichtet, dass der Kelch, aus dem Jesus und die Jünger beim letzten Abendmahl tranken, von einem gläubigen Juden namens Joseph von Arimathia, der auch das Grab für Jesus zur Verfügung stellte, aufbewahrt worden sei. Als Jesus am Kreuz hing, soll Joseph etwas von seinem Blut darin aufgefangen haben. Aber die Sache wird noch interessanter. Als Nächstes, so wird behauptet, habe Joseph England besucht. Als er in Glastonbury ankam, ließ er den Gral dort zurück, wo er vergraben und lange Zeit vergessen wurde. Im heutigen Glastonbury findet sich kein Hinweis auf ein solches Symbol, aber viele andere Orte behaupten, einen Tropfen des heiligen Blutes Jesu zu besitzen.

OBEN *Die Nachfolge Christi (Holzschnitt aus dem Buch über christliche Gottesverehrung von Thomas a Kempis, 15. Jahrhundert)*

Von Engeln gestützter Heiliger Gral aus einem illuminierten Stundenbuch (Rouen, Frankreich, spätes 15. Jahrhundert)

Das Grabtuch von Turin

Im Matthäus-Evangelium steht, Joseph von Arimathia habe den Leichnam Jesu genommen »und wickelte ihn in eine reine Leinwand« (Matthäus 27.59). 1578 war in der Kapelle der Herzöge von Savoyen, nahe dem Turiner Dom, ein Stück elfenbeinfarbigen Gewebes ausgestellt, das deutlich sichtbar die Abdrücke eines Mannes mit bärtigem Gesicht zeigte, und es hieß, das sei das Grabtuch Christi. Die Wundmale, die Jesus bei der Kreuzigung zugefügt worden waren, befanden sich an den richtigen Stellen. Wie dieser Abdruck mit fast fotografischer Präzision auf das Gewebe gelangen konnte, ist trotz wissenschaftlicher Untersuchungen bis heute ungeklärt. Fasziniert schrieb der französische Dichter Paul Claudel, das Abbild auf dem Tuch sei »so furchteinflößend und doch so herrlich, dass man sich ihm nur durch Anbetung entziehen kann«.

> So viel wissen wir, und das ist alles,
>
> Sie sind über alle Maßen gesegnet,
>
> Haben Sünde, Sorgen und Leid hinter sich gebracht
>
> Und ruhen bei ihrem Erlöser.
>
> John Newton, *Zum Tod eines Gläubigen*, 1779

GEGENÜBER *Der Kopf Christi auf dem Turiner Grabtuch*

Der Dornbusch von Glastonbury

UNTEN *Der Dornbusch von Glastonbury von Honor Howard-Mercer (Holzschnitt in St. Joseph von Arimathia, 1929)*

GEGENÜBER *Joseph von Arimathia beim Pflanzen seines Stabs in Glastonbury (Illumination, Brüderschaft des heiligen Seraphim von Sarow, 1978)*

Als Joseph von Arimathia nach England kam, schenkte er Glastonbury nicht nur den Heiligen Gral, sondern auch seinen Stab. Er steckte ihn in den Boden, wo er Wurzeln schlug und zu einem Weißdornstrauch wurde. Das Besondere am Dornbusch von Glastonbury ist seine Blüte im Mai und zu Weihnachten. Ob er aber wirklich auf Joephs Stab zurückgeht, ist eine ganz andere Frage. Die Mönche der dortigen Abtei taten alles, damit die Geschichte in Umlauf kam, denn das erregte Aufsehen und lockte Pilger an. Mitte des 17. Jahrhunderts vernichteten die Puritaner den ursprünglichen Strauch, von dem sich aber, wie behauptet wird, Stecklinge erhalten haben sollen.

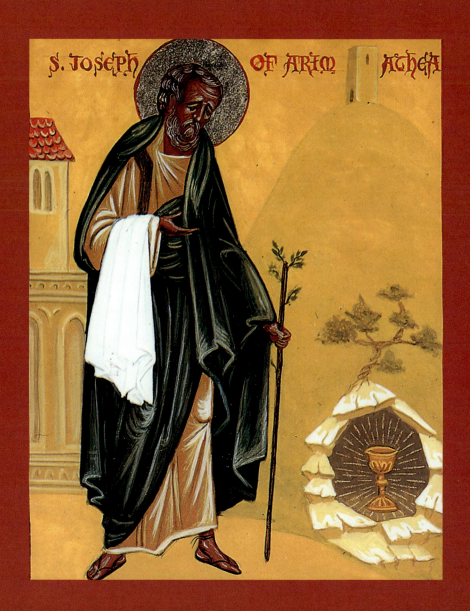

Chi-rho

Das Christusmonogramm *Chi-rho* besteht aus den beiden Anfangsbuchstaben des griechischen Wortes für Christus, X und P. Auf einem Bronzekreuz aus dem 5. Jahrhundert kommen zwei weitere griechische Schriftzeichen vor, Alpha und Omega, erster und letzter Buchstabe des griechischen Alphabets und zugleich ein weiteres Symbol für Jesus. »Ich bin das A und das O, der Anfang und das Ende, spricht Gott der Herr, der da ist und der da war und der da kommt, der Allmächtige« (Offenbarung 1.8).

**Ich verstehe Griechisch und Latein.
Ich muss noch lernen, wie man Heiliger wird.**

St. Arsenius, 354–450

OBEN *Bronzekreuz mit dem Monogramm* Chi-rho *und den Symbolen* Alpha *und* Omega *(5. Jahrhundert)*

GEGENÜBER *Schmuckstücke mit dem Christusmonogramm (4. Jahrhundert)*

550 Religionen

Die heilige Veronika

Die vier Evangelien berichten, was alles geschah, als Jesus sein eigenes Kreuz zur Richtstätte trug. Ein Mann namens Simon aus Kyrene wurde gezwungen, das Kreuz Jesu zu tragen. Die Frauen begannen zu weinen, und Jesus hielt an, um zu ihnen zu sprechen. In den Evangelien steht nichts über eine Frau, die Jesus den Schweiß vom Gesicht wischte und später den Namen Veronika erhalten haben soll. Nachdem Jesus seinen Weg fortgesetzt hatte, habe sie das Abbild seines Gesichts auf dem Tuch entdeckt, das sie dazu benutzt hatte. Das Schweißtuch der Veronika wird heute im Petersdom zu Rom aufbewahrt, aber auch andere Orte im christlichen Abendland rühmen sich dieses Besitzes.

OBEN *Veronika mit dem Schweißtuch Christi vom Meister der heiligen Veronika (um 1420)*
GEGENÜBER *Christus mit dem Kreuz auf dem Weg nach Golgatha (Steinplastik auf einem Altar, um 1500)*

Der heilige Michael

Und es erhob sich ein Streit im Himmel: Michael und seine Engel stritten mit dem Drachen; und der Drache stritt und seine Engel und siegten nicht, auch ward ihre Stätte nicht mehr gefunden im Himmel. Und es ward ausgeworfen der große Drache, die alte Schlange, die da heißt der Teufel und Satanas, der die ganze Welt verführt, und ward geworfen auf die Erde, und seine Engel wurden auch dahin geworfen« (Offenbarung 12.7–9). Auf dieser Grundlage wird der heilige Michael häufig mit Flügeln dargestellt. An anderer Stelle reitet er auf einem Pferd und stößt die Lanze oder das Schwert in die Schlange. Als Erzengel hält er eine Waage mit den Seelen der Verstorbenen.

Seid nüchtern und wachet; denn euer Widersacher, der Teufel, geht einher wie ein brüllender Löwe und sucht, welchen er verschlinge.
I. PETRUS 5.8

OBEN *Erzengel Michael und seine Engel besiegen die Kräfte des Bösen (Illumination, 11. Jahrhundert).*

GEGENÜBER *Erzengel Michael vernichtet den Teufel (Illumination, 1490).*

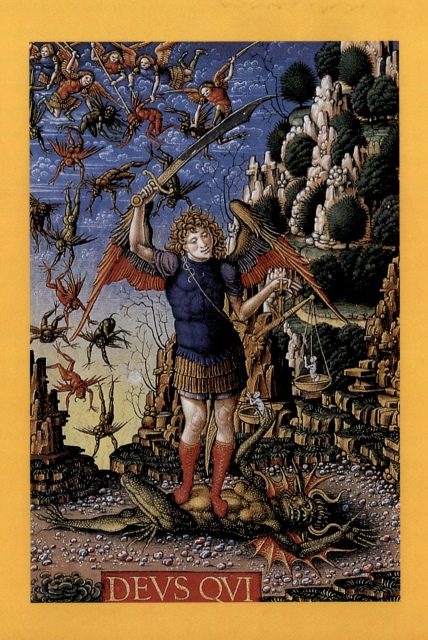

Die Offenbarung

Das Neue Testament schließt mit der Offenbarung des Johannes. Dort heißt es von der Verherrlichung Jesu: »Und ich wandte mich um, zu sehen nach der Stimme, die mit mir redete. Und als ich mich wandte, sah ich sieben goldene Leuchter und mitten unter den sieben Leuchtern einen, der war eines Menschen Sohne gleich, der war angetan mit einem langen Gewand und begürtet um die Brust mit einem goldenen Gürtel. Sein Haupt aber und sein Haar war weiß wie weiße Wolle, wie der Schnee, und seine Augen wie eine Feuerflamme … und er hatte sieben Sterne in seiner rechten Hand, und aus seinem Mund ging ein scharfes zweischneidiges Schwert, und sein Angesicht leuchtete wie die helle Sonne« (Offenbarung 1.12–16).

Die vier apokalyptischen Reiter (Illumination aus der Apokalypse von Sankt Severin, Frankreich, 11. Jahrhundert)

Christentum 557

MYSTERIEN

MANDALA

DER KREIS UND DAS ZENTRUM

Meist wird es mit den Religionen Indiens und Tibets in Verbindung gebracht, doch tatsächlich ist das Mandala, wörtlich übersetzt »Kreis«, ein universales Symbol der Menschheit. Die kreisförmige Gestalt mit der konzentrischen Struktur reflektiert die Form des äußeren Universums ebenso wie die innere Vollkommenheit. Die Konzentration auf das Mandala ist hilfreich bei Gebet und Meditation und führt schließlich zum Einssein mit der Welt.

Das Fresko des kosmischen Mandala im Tempelhof der Festung Paro Dzong in Westbhutan zeigt die mystische Spirale, das Symbol für die erste Bewegung des Universums.

SEITE 560 *Dieser tibetische Wandbehang aus dem 18. Jahrhundert zeigt den Höchsten Buddha Vajrasattva in Form eines Mandalas.*

Das kosmische Mandala

Das Bild des Universums in Gestalt konzentrischer Kreise ist in vielen Kulturen fester Bestandteil der Kunst und des Rituals. Das Mandala erscheint so als Darstellung der Welt, die sich um einen Mittelpunkt, die *Axis mundi*, bewegt. Gleichzeitig ist es ein Gleichnis für die Reise der Seele von den Randbereichen ins Zentrum der absoluten Wirklichkeit. Diese Reise treten zum Beispiel die Eingeweihten tantrischer Kulte an, aber auch für Menschen unseres Kulturkreises ist das Mandala ein wertvoller Helfer auf der Suche nach innerer Sammlung und Ganzheit in einer zersplitterten Welt.

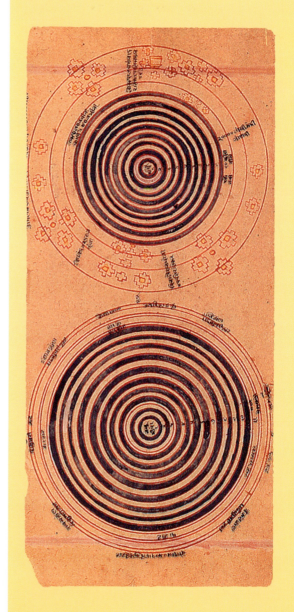

Darstellungen des Universums in Kreisform dienen als Meditationshilfe (einfaches Mandala-Yantra aus dem 17. Jahrhundert, Gujarat).

Der Berg Meru

Die Kosmogramme des Tantrismus dienten vornehmlich dazu, äußere Phänomene und das damalige Wissen um das Universum systematisch darzustellen. Doch in Gestalt eines Mandalas erfüllten sie weit mehr Funktionen. Im Mittelpunkt des Bildes steht der sagenhafte Berg Meru mit dem ihn umgebenden Kontinent Jambudvipa. Die konzentrischen Kreise stehen für die um den Mittelpunkt gelagerten Erden- und Himmelswelten. Im Tantrismus wird der Berg Meru auch mit der zentralen Achse des menschlichen Körpers gleichgesetzt – so wird der Mensch eins mit dem Universum, das als flacher Kreis von seiner Wirbelsäule, der *Merudanda* oder *Sushumna*, ausstrahlt.

LINKS *Die Meditation über eine schematische Darstellung des Universums soll zur Identifikation mit den fundamentalen kosmischen Kräften führen. Kosmologische Diagramme wie dieses Textilbild des 18. Jahrhunderts aus Rajasthan zeigen Jambudvipa, den zentralen Kontinent und die ihn umgebende Welt.*

Bewegung und Ruhe

Um einen ruhenden Punkt, das Zentrum des Kosmos, bewegen sich verschiedene Abstufungen der Schöpfung. Aus dem Zentrum heraus entfaltet sich die Welt, das Eine löst sich im Vielen auf und ist somit dem Wandel in Raum und Zeit unterworfen. Vielfach stehen eine religiöse Gestalt wie der Buddha oder ein Tempel im Mittelpunkt, und in den vier Himmelsrichtungen befinden sich Heilige und Sinnbilder. Daneben gibt es betont schlichte Mandalas ohne figürliche Darstellungen.

RECHTS *Dieses Gouache-Mandala ist ein schlichtes, aber sinnkräftiges Symbol des Kosmos in gleichzeitiger Entstehung und Auflösung, Spannung und Ruhe (Rajasthan, 17. Jahrhundert). Im Yoga gilt dieses Symbol als mächtiges Zeichen, dessen genaue Bedeutung noch ein Geheimnis darstellt; bekannt ist jedoch, dass es gleichzeitig ewige Bewegung und ewige Ruhe erzeugt.*

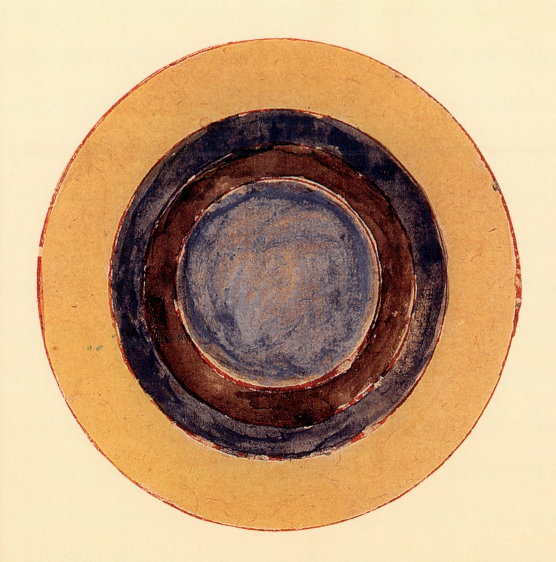

Mandala 569

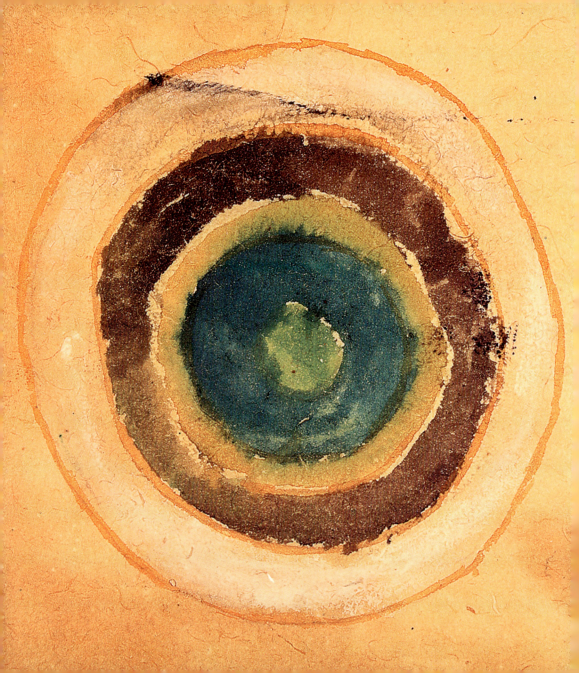

Eine Karte des Kosmos

Das Mandala ist nicht mehr nur Kosmogramm, sondern Psychokosmogramm, die Aufspaltung vom Einen ins Viele und die Vereinigung des Vielen zum Einen, zu dem Absoluten Bewusstsein, ganz und strahlend ...
GUISEPPE TUCCI

LINKS *Dieses Gouache-Mandala aus Uttar Pradesh, 17. Jahrhundert, stellt den endlosen Raum des Kosmos dar und symbolisiert zugleich alle wesentlichen Strukturen – die Gesellschaft rund um den Thron des Königs, die Welt rund um den zentralen Berg, unseren eigenen Körper rund um die zentralen Punkte der Wirbelsäule.*

Das Mandala ist universales Symbol und Symbol des Universums zugleich. Es wird nicht nur in den Ritualen verschiedener Religionen und sogar in der modernen Psychoanalyse eingesetzt; es stellt auch das gesamte Universum dar, in dem sich zentrifugale und zentripetale Kräfte ausgleichen und Anfang und Ende enthalten sind. Es ist das Symbol der Ganzheit. Indem man die Bedeutung dieses Symbols voll und ganz erfasst, erfährt man eine innere Befreiung, die auf der Erkenntnis der Einheit aller Phänomene und Erfahrungen beruht.

Ein Tor zum Göttlichen

Das Bild konzentrischer Kreise als Inbegriff des Göttlichen ist in allen Kulturen und Religionen anzutreffen. Bei den Huichol-Indianern in Kalifornien und Mexiko wird eine solche Vision von Kreisen *Nierika* genannt. Es handelt sich dabei um ein Gebetsopfer, eine Widerspiegelung des göttlichen Gesichts und einen Zugang zur intensivsten Erfahrung des Heiligen, das im Mittelpunkt symbolisiert wird.

Das zeitgenössische Gemälde Rising Eagle *von Michael Brown zeigt einen Zelebranten und einen symbolisch erlegten Hirschen von einer großen* Nierika.

Mandala 573

Ein chinesischer Spiegel

Einige frühe chinesische Spiegel sind nichts anderes als Mandalas (siehe rechts), das heißt klassische Darstellungen des Universums, der kreisförmigen Himmelssphären, des Quadrats der Erde und des Mittelpunkts der Vereinigung. Über das Tao, das Grundprinzip der Welt, heißt es in der Inschrift: »Mögen deine acht Söhne und neun Enkel das Zentrum beherrschen.« Neun ist die vollkommene Zahl, die aus vier weiblichen (*Yin*) und fünf männlichen Elementen (*Yang*) besteht. Diese werden durch Mond und Sonne symbolisiert.

Wenn du den Berg T'ai-shan besteigst, wirst du die heiligen Männer sehen; sie essen die Essenz der Jade und trinken die klare Quelle; sie haben den Weg des Himmels erreicht; alle Dinge sind in ihrem Naturzustand; sie spannen den Hornlosen Drachen vor ihren Wagen; sie besteigen die fliegenden Wolken; mögest du ein hohes Amt und Rang erlangen, mögest du deine Söhne und Enkel behüten. (I-Ging)

GEGENÜBER *Die reich dekorierte Rückseite dieses alten chinesischen Spiegels erweist sich als Mandala.*

Ein »christliches Mandala«

Der Kreis als Bild der Konzentration spiritueller Gedanken und Gefühle ist im Christentum vor allem in mystischen Darstellungen allgegenwärtig. Er zeigt sich als Rosettenfenster, als Labyrinth oder in der Verbindung der Endpunkte des Kreuzes. Das Kreuz selbst steht in Bezug zum Kreuzweg, an dem sich Energien konzentrieren. Als Baum des Lebens symbolisiert es Verfall, Tod und Wiedergeburt. Auf dieser französischen Miniatur des 14. Jahrhunderts (links) ist der Kreis durch ein Kreuz geteilt. Das äußere Rad des Universums wird von Engeln, das heißt von der schöpferischen Kraft Gottes, gedreht.

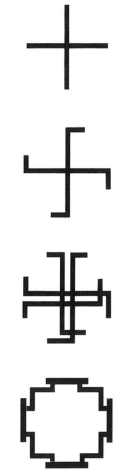

Das hermetische Universum

Die Mystiker aller Weltreligionen berichten von der Auslöschung der Unterschiede und der erfahrbaren inneren Einheit des Kosmos. Solches Erleben spielt in der christlichen Liturgie jedoch eine geringere Rolle, da sich die Kirche stets als Vermittlerin zwischen den Einzelnen und die unmittelbare Erfahrung der höchsten Erleuchtung gestellt hat. Dennoch gab es auch in der westlichen Tradition Menschen, die sich mit hermetischen und kabbalistischen Praktiken befassten und ihre Sehnsucht nach der höchsten Erfahrung in Diagrammen, die man durchaus als Mandalas bezeichnen kann, mit archetypischen Symbolen ausdrückten.

RECHTS *Der endlose Kreis ist ein Symbol für das sich ausdehnende Universum, den Zyklus der Wiederholung und Erneuerung. Auf Robert Fludds Kupferstich von 1617 bestehen die äußeren Kreise aus dem Übernatürlichen Feuer, wobei Cherubim und Seraphim die göttliche Kraft symbolisieren. Die Natur erscheint als nackte Frau, die am rechten Arm an Gott gekettet ist, am linken Arm an einen Affen, ein Symbol der niederen Natur (Utriusque Cosmi).*

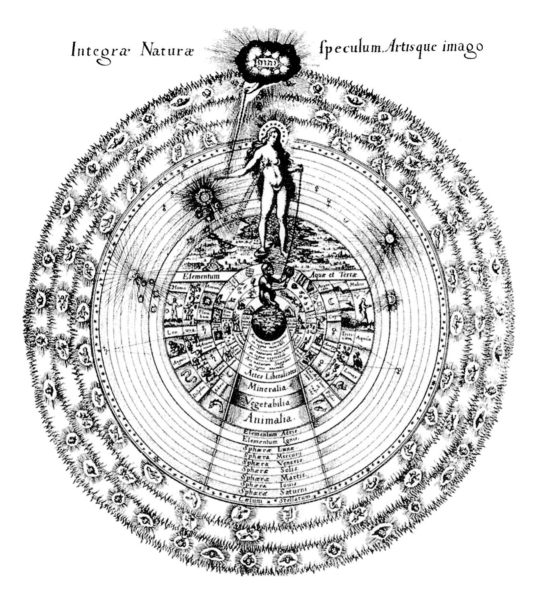

REISE ZU DEN GÖTTERN

Im Mandala konzentriert sich spirituelle Energie. Es ist ein Sinnbild religiöser Erfahrung und gleichzeitig eine sichtbare Manifestation des Göttlichen. Es ist die Wohnstatt der höchsten Gottheit und anderer untergeordneter göttlicher Wesen. In buddhistischen Mandalas trägt der höchste Buddha oft einen Mantel und einen königlichen Stirnreif – die Insignien des Weltherrschers. Im Tantrismus wird die Gottheit nicht selten durch ein lineares Mandala, das *Yantra*, dargestellt.

Das ist die Wahrheit: Wie aus einem brennenden Feuer Tausende von Funken hervorgehen, so verleiht der Schöpfer einer Unzahl von Wesen das Leben, und sie kehren zu ihm zurück. Aber der Geist des Lichts über der Form, niedergeboren, in allem, außerhalb von allem, erstrahlt über Leben und Verstand und ist jenseits des Schöpfers dieser Schöpfung. Von ihm kommen Leben und Verstand. Von ihm kommen Raum und Licht, Luft und Feuer und Wasser, und diese Erde, die uns alle trägt.

(MUNDAKA UPANISCHAD)

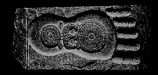

Im Mittelpunkt dieses Kosmos-Diagramms (Rajasthan, 18. Jahrhundert) steht ein labyrinthartiges Kreuz als Sinnbild für die Reise, die der Eingeweihte antreten muss, um zur Einheit mit dem Höchsten Wesen zu gelangen.

Die äußeren Dreiecke dieses kunstvollen Shri Yantra sind mit Gottheiten bevölkert, die die Kräfte der Großen Göttin darstellen (Nepal, um 1700).

Shiva-Shakti

Das wichtigste tantrische Yantra ist das Shri Yantra, ein kompliziertes Muster aus Dreiecken und Lotosblüten. Es verkörpert die gesamte bewegende Energie des Universums und das empfindliche Gleichgewicht zwischen männlichem und weiblichem Prinzip. Die fünf nach unten weisenden Dreiecke symbolisieren *Shakti*, das weibliche Prinzip, das für alles Aktive und Kreative im Kosmos steht, die vier nach oben weisenden Dreiecke *Shiva*, das männliche Prinzip und das höchste Bewusstsein. Die Art und Weise, in der sich die Dreiecke überschneiden, lässt verschiedene Deutungen zu. Doch der Dualismus ist nur scheinbar, denn das Yantra drückt die Einheit des kosmischen Bewusstseins aus, mit dem sich das Individuum identifizieren kann.

Bis zum äußersten Einssein mit Shiva. Es gibt keine Morgendämmerung, keinen Neumond, keinen Mittag, keine Tagundnachtgleiche, keine Sonnenuntergänge, keine Vollmonde …

Devara Dasimayya

Der Gott des Wassers

Bei bestimmten hinduistischen Zeremonien und Meditationsriten wird ein göttliches Wesen angerufen, indem man ein Gefäß ins Zentrum des Mandalas oder Yantras stellt und es mit verschiedenen Substanzen füllt. Das Gefäß beherbergt die Gottheit, bevor sie in den Bittsteller übergeht. Dieses Mandala ist *Varuna* geweiht, dem Gott der kosmischen und moralischen Ordnung und dem *Herrn des Wassers*.

Nun spreche ich vom Yantra der Planeten, das in jeder Hinsicht den Frieden fördert ... Wenn man die Planeten angebetet hat, ... sollten auch die acht Herrscher der Himmelsrichtungen angebetet werden ... (auch) Varuna, Gott des Wassers im Westen; er ist weiß, sitzt auf einem Makara-Ungeheuer und hält eine Schlinge.

SHIVA IM MAHĀNURVANA TANTRA

*Ein zeitgenössisches Mandala-Yantra des Varuna aus Benares;
die äußerste Linie wird von den Symbolen der Gottheiten
und der Herrscher des Raums geschützt.*

OBEN UND GEGENÜBER *Die Bodhisattvas sind Verkörperungen grenzenlosen Mitgefühls; auch ihre Mandala-Yantras sind Bildnisse des kosmischen »Ganzen«, die sich zur Meditation eignen. Die hier gezeigten Yantras sind der Göttin Tara geweiht, einer weiblichen Bodhisattva. Ihr Name bedeutet »Sie, die einen dazu bringt, überzusetzen«. Damit ist die Überquerung des turbulenten Flusses der Existenz hinüber zum Frieden am anderen Ufer gemeint (Rajasthan, 18. Jahrhundert, Gouache auf Papier).*

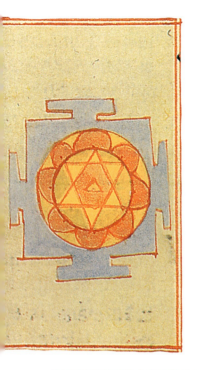

Wenige überqueren den Fluss der Zeit und erreichen das Nirwana. Die meisten laufen nur auf dem diesseitigen Flussufer hin und her.

Aber jene, die, wenn sie das Gesetz kennen, dem Pfad des Gesetzes folgen, sie werden das andere Ufer erreichen und das Reich des Todes hinter sich lassen.

Wenn der Weise den Pfad der Dunkelheit verlässt und dem Pfad des Lichts folgt, lässt er sein gewohntes Leben hinter sich und führt ein Leben der Freiheit. In der Einsamkeit, die wenige genießen, findet er seine höchste Freude: frei von Besitz, frei von Wünschen und frei von allem, was seinen Geist verdüstert.

Dhammapada

Yantra der kosmischen Gestalt des Madhusudan, *ein anderer Name für* Vishnu *(Rajasthan, 18. Jahrhundert, Tinte und Farbe auf Papier)*

Vishnu

Vishnu gehört zu den wichtigsten Göttern des Hinduismus. Er erscheint in verschiedenen Inkarnationen, zum Beispiel als Krishna, Rama und Buddha. In der Bhagavadgita, einem der bedeutendsten religiösen Dokumente Indiens, ist er der eine und höchste Gott, der von den Gläubigen in liebender Hingabe verehrt wird. Seine Anhänger werden Vaishnavas genannt.

Eine Göttin der Fülle

Im nepalesischen Buddhismus gilt ein wichtiges monatliches Ritual der Bodhisattva Amoghapāsha-Lokesvara, der Göttin Vasundharā (Erde). Wird sie versöhnlich gestimmt, gewährt sie Wohlstand und verhindert Armut. In dem ihr geweihten Mandala bewohnt die Gottheit das Zentrum, den sogenannten »Palast«. Vielleicht wurde diese Form durch den mesopotamischen Tempelturm (Zikkurat) inspiriert, der ebenfalls ein Kosmogramm des Universums darstellte.

Nepalesisches Mandala-Gemälde der Vasundharā, *der Göttin der Erde und der Fülle (16. Jahrhundert)*

Die Buddhas

Die Übereinstimmung zwischen Makro- und Mikrokosmos wird in den buddhistischen Mandalas in ausdrucksstarken Bildern dargestellt. Wie im Hinduismus spielt auch im Buddhismus die Zahl Fünf eine wichtige Rolle: fünf Elemente, fünf Farben, fünf Objekte der Sinne, die fünf Sinne selbst. Das höchste Bewusstsein ist in fünf Buddhas aufgespalten: *Vairocana* – »Der Leuchtende«; *Absobhya* – »Der Unerschütterliche«; *Ratnasambhava* – »Die Prägeform des Juwels«; *Amitabha* – »Das unendliche Licht« und *Amoghasiddhi* – »Die unfehlbare Vollkommenheit«. Jeder wird einer bestimmten Farbe, einem Persönlichkeitstyp und einer Leidenschaft oder menschlichen Schwäche zugeordnet.

GEGENÜBER *Dieses tibetische Tanka zeigt das Mandala der friedlichen Buddhas, der wissenden und der zornigen Buddhas, der Buddhas, die über das Reich der Reinkarnation herrschen, und des Hüters der vier Himmelsrichtungen (Hängerolle, 18. Jahrhundert).*

Das Mandala des Todes

Die Mandalas auf der rechten und auf Seite 603 handeln vom Jenseits; sie sollen den Adepten über den Tod belehren und ihm helfen, sich auf das eigene Ableben vorzubereiten. Dem *Tibetischen Totenbuch* zufolge durchläuft der Verstorbene eine Zeit der Erwägung, während der er den »Lichtern der sechs Orte der Wiedergeburt« gegenübertreten muss, die letztlich über sein Schicksal entscheiden. In dieser Zeit begegnet der Tote zunächst sieben Tage lang den gütigen Buddhas und anschließend den zornigen.

Welcher irdische Pfad könnte den Buddha verlocken, der, alles genießend, auf den pfadlosen Wegen der Unendlichkeit wandert? – Der Buddha, der erwacht ist, dessen Siege nicht zur Niederlage werden, den niemand besiegen kann?

Dhammapada

Tibetisches Mandala der 42 gütigen Buddhas und Bodhisatttvas (19. Jahrhundert)

Das Urteil

LINKS *Ein tibetisches Mandala der zornigen Buddhas: »Sie sind nichts anderes als die gütigen Buddhas und Bodhisattvas in einer anderen äußeren Gestalt. In dir allein sind die fünf Weisheiten, die Quelle der gütigen Geister! In dir allein sind die fünf Gifte, die Quelle der zornigen Geister! Aus deinem eigenen Geist ist das alles entsprungen.«*

Der Initiierte wird aufgefordert, über die zornigen Buddhas und das Urteil des 14. Tages nachzusinnen. »Du stehst nun vor Yama, dem König der Toten. Vergebens versuchst du zu lügen und die bösen Taten, die du vollbracht hast, zu leugnen oder zu verbergen. Der Richter hält dir den glänzenden Spiegel des Karma entgegen, in dem sich alle deine Taten spiegeln. Aber wieder hast du es mit Traumbildern zu tun, die du selbst geschaffen hast und nach außen wirfst, ohne sie als dein Werk zu erkennen. Der Spiegel, in dem Yama deine Vergangenheit zu lesen scheint, ist dein eigenes Gedächtnis, und sein Urteil ist das deine. Du selbst sprichst dein Urteil, das deine nächste Wiedergeburt bestimmt.«

DAS TIBETISCHE TOTENBUCH

Das Lotos-Mandala

Das Mandala des Shamvara oder Paramasukha Chakrasamvara zeigt als Fünfergruppe den Gott mit seiner Gattin Vajravarahi, umgeben von vier weiblichen Buddhas: Dakini, Lama, Khandarohi und Rupini. Zwischen den einzelnen Figuren steht wie ein Kelch ein blutgefüllter Schädel, der das Ende der Auflösung der Natur und der menschlichen Psyche sowie die Wiederherstellung der Ureinheit symbolisiert. Der kugelförmige Lotos öffnet sich in acht Blütenblätter, der erste von drei Ringen aus acht Elementen.

Selbst die Götter sehnen sich danach, wie Buddhas zu werden, die wach und aufmerksam sind, die in der Betrachtung Frieden finden und die, ruhig und besonnen, in der Entsagung Freude finden.

Dhammapada

Dreidimensionales tibetisch-chinesisches Mandala zur Anrufung von Shamvara, *dem* Buddha der Höchsten Glückseligkeit *(vergoldete Bronze, 17. Jahrhundert)*

Opfer-Mandala (vergoldetes Messing, Nordchina, 18. Jahrhundert)

Das Opfer-Mandala

Die Innenfläche des tantrischen Mandalas wird durch zwei Hauptlinien, die *Brahmasutra*, von Norden nach Süden und von Osten nach Westen unterteilt. An der Kreuzung der beiden Linien liegt der Berg Meru, die *Axis mundi* im Zentrum der horizontalen Ebene des Mandalas. Sie entspricht der Mittellinie des Körpers. Für das Opferritual an den Berg Meru wurden zuweilen dreidimensionale Mandalas aus Teig hergestellt. Sie dienten nicht der Meditation, sondern der direkten Kommunikation mit dem Mittelpunkt der Welt – umgeben von den vier Kontinenten der indischen Kosmologie: der Halbmond Purra Videha im Osten, das Dreieck Jambudvipa im Süden, der Kreis Apara Godaniya im Westen und das Quadrat Uttara Kuru im Norden.

AUS DER DUNKELHEIT ZUM LICHT

Das Mandala ist ein Hilfsmittel für die Meditation. Es weckt tiefe spirituelle Gefühle und Visionen, durch die der Mensch mit sich selbst und dem äußeren Universum zu einer harmonischen Einheit gelangen kann. Der Wunsch, mit der gesamten Natur eins zu werden, wird durch die Anordnung von Strahlen, Blumen, Kreisen, Quadraten und die Darstellung von Göttern und Göttinnen gefördert. Das Mandala kann den Menschen auf einer fortgeschrittenen Stufe zu seiner geheimen Realität und zur wahren Erleuchtung führen.

Dieses Mandala setzt starke, symbolträchtige Farben und Formen ein, um das Individuum durch Meditation zu einem höheren Bewusstsein zu führen (19. Jahrhundert).

Durch Meditation soll sich der Adept mit dem Ruhepunkt des Bindu *vereinen. Dieses Holz-Mandala aus Andrha Pradesh veranschaulicht die Bewegung, die zum Zentrum und wieder von ihm wegführt.*

Bindu

Der tantrische Glaube sieht den Punkt der höchsten Konzentration im Universum und das absolute Ziel des Individuums im *Bindu*. Es ist der Mittelpunkt des Kreises, der unwandelbare Punkt, von dem alles ausgeht und auf den alles gerichtet ist; es ist einer der beiden Schlüssel zum Mandala – der andere sind die Polaritäten. Das *Bindu* hat weder Anfang noch Ende, es ist weder positiv noch negativ. Es ist die Verkörperung der seelischen und spirituellen Totalität. Es verweist auch auf die vom Zentrum ausgehenden Schwingungen; je mehr die Gestalt im Fluss ist, umso stärker zeigt sich ihre Ganzheit.

Die Transzendenz der Elemente ist das *Bindu*. Als Mittelpunkt kontrolliert es alles, was von ihm ausstrahlt; ein solcher Mittelpunkt heißt *Mahabindu* oder Großer Punkt; er bezeichnet den Anfangspunkt für die Entfaltung des inneren Raums und zugleich den letzten Punkt seiner höchsten Integration.

GIUSEPPE TUCCI

Im Licht seiner Vision hat er seine Freiheit gefunden: Seine Gedanken sind Frieden, seine Worte sind Frieden und sein Werk ist Frieden.

DHAMMAPADA

Mandala 605

Das Mandala des Aksobhya

Der Mikrokosmos des Mandalas spiegelt die fünf Komponenten der menschlichen Persönlichkeit: Materie, Wahrnehmung, Eingebung, Karma und Erkenntnis. Jeder Komponente wird eine Farbe zugeordnet – Weiß, Gelb, Rot, Grün und Türkis –, welche die Deutung des Mandalas stark beeinflusst. Die Zahl Fünf liegt allen Mandalas zugrunde. In unserem Beispiel (links) sitzt Aksobhya (der Unerschütterliche), einer der fünf kosmischen Buddhas, im Mittelpunkt, umgeben von den vier anderen Göttern. Außerhalb des Kreises sitzen die Bodhisattvas.

> Die fünf Buddhas bleiben nicht entrückte göttliche Gestalten in fernen Himmeln, sondern kommen zu uns herab. Ich bin der Kosmos, und die Buddhas sind in mir. In mir ist das kosmische Licht geheimnisvoll anwesend, selbst wenn es durch Irrtum verdunkelt wird. Aber diese fünf Buddhas sind dennoch in mir, sie sind die fünf Teile der menschlichen Persönlichkeit.
>
> (Giuseppe Tucci)

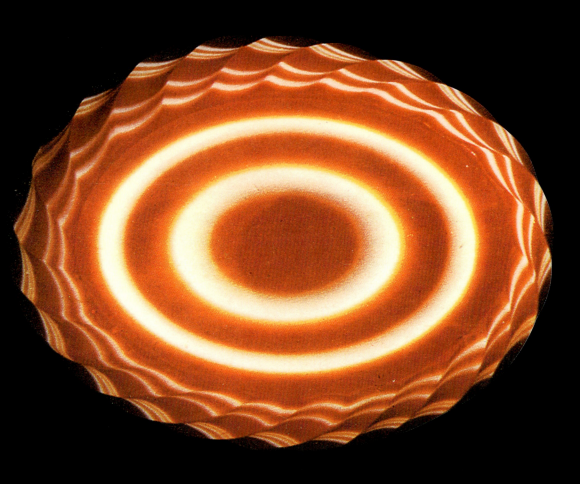

*Ein Stein aus Rajasthan; die Musterung erinnert
an die Kreisbahnen, mit denen auf bestimmten
Mandalas der Kosmos dargestellt wird.*

Das natürliche Mandala

Der Adept, der in einer Naturerscheinung die konzentrischen Kreise des klassischen Mandalas entdeckt, kann sie als Meditationshilfe benutzen. Doch die Fähigkeit, in der Außenwelt ein Mandala und seine symbolische Bedeutung zu sehen, gewinnt man erst durch langes und geduldiges Lernen. Das Ziel ist die Überwindung der Unwissenheit, die uns hindert, uns selbst und den Kosmos wahrhaft zu erkennen.

Erwache! Beobachte. Geh auf dem rechten Pfad. Wer dem rechten Pfad folgt, hat Freude in dieser Welt und im Jenseits.

(Dhammapada)

Die fortgesetzte Meditation

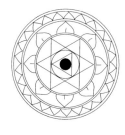

Nepalesisches Tanka mit neun Mandala-Yantras, über die man nacheinander meditieren soll (Hängerolle, Tinte und Darbe auf Papier, ca. 19. Jahrhundert)

Die Deutung eines Mandalas ist ein schrittweiser Prozess, durch den jene Bereiche des Bewusstseins erhellt werden, die den Teilen des Weltdiagramms entsprechen. Allmählich dringt der nach Erleuchtung Strebende vom äußeren Kreis in die inneren Bereiche vor, unterstützt von der Bewegung vom Rand zur Mitte des Mandalas hin. Mit jedem Mandala, jedem Yantra kann man andere Erfahrungen machen, doch das Ziel ist immer dasselbe: Wenn der Adept über einer Reihe von Mandalas meditiert und die Wahrheit eines jeden Musters erkennt, bewegt er sich stets zum Zentrum, zur spirituellen Erfüllung hin.

Dieses Diagramm aus Kangru diente astronomischen Berechnungen, aber auch als Meditationshilfe (Tinte und Farbe auf Papier, 18. Jahrhundert).

Das provisorische Mandala

Auf dem Weg zur Ganzheit ist buchstäblich jedes Phänomen oder Diagramm dienlich, das sich aufgrund seiner Form zur Meditation eignet. Im Tantra richtet sich der schöpferische Prozess der Anbetung gelegentlich auf Darstellungen, die eigentlich anderen Zwecken dienen. Manche sind beständig, andere vergänglich: In Sand oder Lehm gezeichnet, werden sie, nachdem sie als Meditationsbild benutzt wurden, wieder zerstört. Man nimmt jedoch an, dass ein Kraftdiagramm, über das lange Zeit meditiert wurde, eine besondere Bedeutung und Wirksamkeit gewinnt.

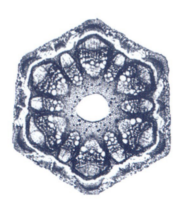

Der Yogi und seine Symbole

Diese Darstellung aus Rajasthan (18. Jahrhundert) zeigt verschiedene Systeme und Formen, durch die der Adept lernt, die Welt und ihre Strukturen zu verstehen. Sein ganzer Körper muss mit den Elementen des Kosmos in Einklang gebracht werden: Erde, Feuer, Luft, Wasser und Äther. Der Neophyt auf diesem Bild steht, wie seine gefesselten Hände zeigen, noch am Anfang seiner Reise der Selbstbefreiung.

Dem Meditierenden steht eine große Auswahl an Sinnbildern zur Verfügung, die ihm den Kosmos erschließen – angefangen mit den verschiedensten Mandala-Yantras über Pentakel, Swastikas (hakenförmige Kreuze) bis hin zu kalligraphischen Diagrammen. Wenn der Neophyt die innere Läuterung und die Einheit mit dem Symbol des Kosmos erreicht hat, besitzt er Zugang zum totalen Wissen, und sei es nur für einen Augenblick. Jenseits der irdischen Ebene liegt *Vajradhara*, das Absolute, und dort kann das Mandala in den Körper des Mystikers übergehen.

Nepalesisches Yantra, das den Meditierenden zur Einheit von Mensch und Kosmos führen soll (18. Jahrhundert)

Die Einheit von Mensch und Kosmos

Buddhismus wie auch Hinduismus betonen jenen Punkt der Selbsterkenntnis, an dem das Mandala oder Yantra der äußeren Welt zum Mandala des Individuums führt. Die Symbole des ursprünglichen Mandalas werden nun in ähnlicher Weise innerhalb des Körpers angeordnet. Im Zentrum des Mandalas steht im Idealfall das *Brahmarandhra*, die »Höhle des Brahma«, der höchste Punkt der Schädeldecke und Endpunkt der inneren Achse. Der säulenartige Aufbau verweist auf den zentralen Berg des Universums, um den herum die verschiedenen himmlischen Ebenen angeordnet sind. Diese entsprechen wiederum den zentralen Energiezentren (*Chakren*) des menschlichen Körpers.

> **Lass die Vergangenheit zurück; lass die Zukunft zurück; lass die Gegenwart zurück. Dann bist du bereit, ans andere Ufer zu fahren. Nie mehr sollst du zu einem Leben zurückkehren, das im Tod endet.**
>
> Dhammapada

Die Chakren

Den buddhistischen Lehren zufolge sind wir *Bodhi* und *Dharmakâya*, Buddha-Essenz. Für den Hindu ist der Mensch auf Shiva, das »Höchste Bewusstsein« gerichtet. Die Kraft, die uns durchströmt – das Prinzip des Erwachens –, wird als Lichtpunkt gesehen, der über fünf Stufen vom *Perineum* zum *Brahmarandhra* aufsteigt. Dieses Licht entspricht dem Licht der Welt, dem ewigen Ursprung aller Dinge. Es lebt im Zentrum des menschlichen Individuums, ebenso wie es im Zentrum des Mandalas das Grundprinzip des Kosmos symbolisiert.

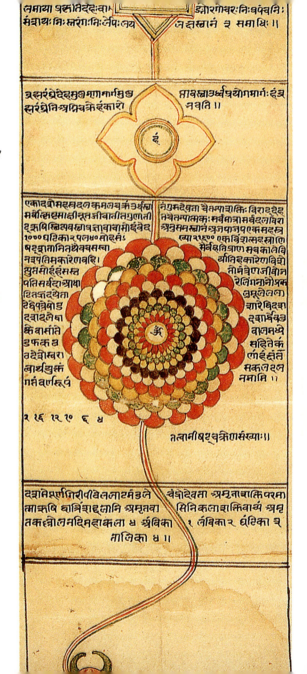

LINKS UND RECHTS *Rollbild in Gouache und Tinte, das die meditativen* Chakren *zeigt (Rajasthan, 17. Jahrhundert)*

Darstellung der Chakren mit der voll erblühten Kundalini über dem Kopf (Rajasthan, Ende des 19. Jahrhunderts)

Der feinstoffliche Körper

Die Verschmelzung des Individuums mit dem Allumfassenden, die Erweckung des ganzen Körpers als Spiegelbild der Welt von Zeit und Raum ist das Ziel des *Kundalini-Yoga*. Diese Meditationsrichtung konzentriert sich auf die Erweckung der aufgerollten *Kundalini*, der weiblichen Energie, die sich schließlich mit Shiva, dem reinen Bewusstsein des ganzen Kosmos, vereinen soll. Die erweckte *Kundalini* steigt wie eine Schlange durch die Bewusstseinszentren im Körper, die *Chakren*, die als innere Mandala-Yantras dienen können, hinauf, bis sie das siebte, das *Sahasràra-Chakra*, den Sitz des Absoluten (Shiva-Shakti) erreicht.

Ein Mensch soll seine Worte und Gedanken kontrollieren und mit seinem Körper keinen Schaden anrichten. Wenn dieses Handeln rein ist, macht er Fortschritte auf dem Pfad der Weisen.

DHAMMAPADA

Die transzendente Ebene

Während die *Kundalini*-Kraft durch die sieben *Chakren* des feinstofflichen Körpers aufsteigt, meditiert der Adept über jedes dieser Energiezentren, wobei er je ein Mandala-Yantra zu Hilfe nehmen kann. Das sechste Chakra sitzt zwischen den Augenbrauen und heißt *Ajña*. Als Symbol des Geistig-Seelischen wird es durch einen Kreis mit zwei Blütenblättern und einem umgekehrten Dreieck dargestellt. Besondere Bedeutung hat sein machtvolles Mantra: die Urschwingung OM.

Dort wo alle feinstofflichen Kanäle des Körpers zusammentreffen wie die Speichen in der Radnabe, regt er sich im Herzen und verwandelt seine eine Gestalt in viele. Auf OM, Atman, dein Selbst, richte deine Meditation. Ehre sei dir auf deiner weiten Reise jenseits der Dunkelheit!

(Mundaka Upanishad)

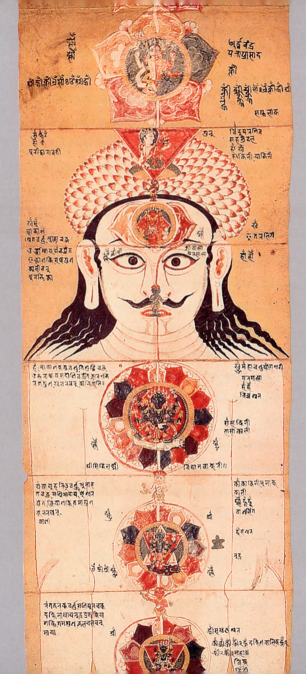

In der Ikonographie des tantrischen Buddhismus werden die Chakren *als sichtbare Mandalas dargestellt. Von den Energiekreisen des feinstofflichen Körpers geht ein Netz von Kanälen und Energiezentren aus, wie dieses nepalesische Bild eines Adepten im transzendenten Zustand zeigt (17. Jahrhundert).*

Das Mantra

Während der Meditation auf ein Mandala wird ein Mantra gesungen. Die Silben der Mantras beruhen auf Klangschwingungen, die den erweckten Chakren des feinstofflichen Körpers entsprechen. Das mächtigste aller Mantras ist die Silbe OM, das allumfassendes Wissen symbolisiert. Neben den Silben AH und HUM, die der Kehle beziehungsweise dem Herzen zugeordnet werden, ist sie eine der drei Diamantsamen, mittels derer die göttliche Essenz in den Körper gelangt. Dieser Transfer wird dem Meditierenden am besten bewusst, wenn er die Hand auf den betreffenden Körperteil legt, während er das Mantra intoniert.

OM. Dieses ewige Wort ist alles: Was war, was ist und was sein wird und was jenseits ist in Ewigkeit. Alles ist OM.

MANDUKA UPANISHAD

Das Yantra Herrscher aller Klangdinge *verdeutlicht die Macht der Silbe OM (Rajasthan, 18. Jahrhundert).*

MODERNE MANDALAS

Als Diagramm des Kosmos, als Darstellung unserer Ganzheit, unseres Einsseins mit dem Universum hat das Mandala eine Bedeutung, die weit über die heiligen Schriften des Hinduismus und Buddhismus hinausgeht. Menschen aus den verschiedensten Kulturen und Epochen fühlten und fühlen sich zum universellen Bild des Kreises und zur Einzigartigkeit des Mandalas hingezogen, das unsere Sehnsucht nach Vollkommenheit verkörpert.

> Wenn alle Wünsche, die im Herzen haften, verschwinden, dann wird ein Sterblicher unsterblich, und noch in diesem Leben erlangt er Befreiung.
>
> DIE UPANISCHADEN: DIE HÖCHSTE LEHRE

Die goldene Blume

Als Mittel zur inneren Heilung und seelischen Orientierung gelangte das Mandala vom Osten in den Westen. C. G. Jung erkannte in ihm ein archetypisches Symbol des kollektiven Unbewussten. Als Bild des menschlichen Verlangens nach Ganzheit und Vollkommenheit wird es therapeutisch eingesetzt. Individuelle Symbole und Visionen können in das Mandala aufgenommen werden, um den Bezug des Selbst zur Außenwelt bewusst zu machen.

GEGENÜBER *Mandala-Bild einer Patientin von C. G. Jung*

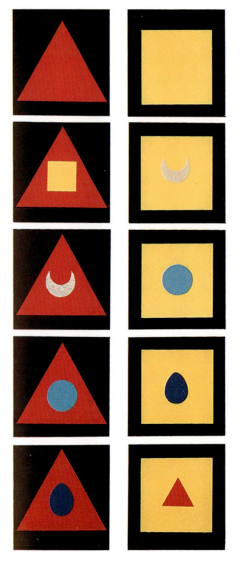

Tore zur Astralebene

Die Bildsprache der Mandalas und Yantras faszinierte nicht nur C. G. Jung und seine Schüler. Aus den tantrischen Hilfen zur Meditation und zur Erlangung höherer Bewusstseinszustände wurden Symbole abgeleitet, die sich bei westlichen Okkultisten großer Beliebtheit erfreuen. Die 25 farbigen Symbole der Tattva-Karten wurden von Mitgliedern des »Golden Dawn« benutzt, um visionäre Erfahrungen zu fördern.

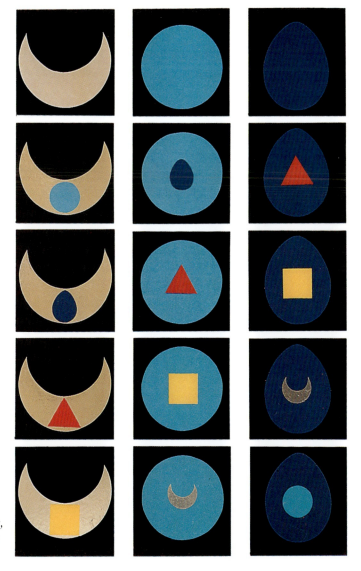

Moderne Tattva-Karten, entworfen von Miranda Payne

Mandala 631

Das globale Mandala

Die globale Natur der elektronischen Bilderwelt verleiht der Neuschöpfung des Shri Yantra durch den Computer eine ganz besondere Bedeutung: das Symbol des Selbst und des Kosmos, das nun in alle Welt übertragen werden kann. So wie der Adept in der Meditation zur Erkenntnis aller kosmischen Prinzipien gelangt, offenbart sich das elektronische Medium als weltweites Kommunikationssystem.

Daher kommt in diesen neun Dreiecken der Prozess göttlicher Ausdehnung zum Ausdruck, die sich vom Einen zum Vielen, zum Makrokosmos und Mikrokosmos vollzieht und die Verdunkelung des Nicht-Ichs bedeutet … Dieses Mandala gilt daher insofern als das äußere Opfer, als es Linien und Buchstaben in sichtbaren Mustern benötigt, doch in einer zweiten Phase wird es vom inneren Opfer überlagert – der Übertragung des Mandalas in den Körper des Eingeweihten; sie ist mystisch gleichbedeutend mit Shiva, dem Höchsten Bewusstsein, das auf geheimnisvolle Weise in ihm anwesend ist.

GIUSEPPE TUCCI

Shri Yantra, das auf einem Feld elektronischer Schwingungen geschaffen wurde (aus einem Film von Ronald Nameth)

HEILIGE SEXUALITÄT

EIN SEXUELLES UNIVERSUM

In den meisten Schöpfungsmythen besteht ein Zusammenhang zwischen dem Anfang der Welt und Paarung und Befruchtung, weil sich der Mensch seine Entstehung mit diesen Begriffen am einfachsten erklären kann. Das Alte Testament nennt Adam und Eva als die Ureltern der Menschheit. In der griechischen Mythologie paart sich der Wassergott Oceanus mit seiner Schwester, der Wassergöttin Thetys, und bringt mit ihr dreitausend Söhne hervor. In der orphischen Literatur wird die Nacht vom Wind geschwängert und legt eine silbernes Ei, das Orphische oder Kosmische Ei; der erste Gott, der aus einem Ei schlüpft, ist Eros, der Gott der Liebe. Die Vereinigung von Himmel und Erde hat häufig die Fruchtbarkeitsrituale der Religionen und Mythologien der Welt inspiriert. Die ägyptischen Gottheiten Nut und Geb sind Bruder und Schwester, aber aus ihrer Vereinigung entsprangen alle Lebewesen.

GEGENÜBER *Traditionelle tantrische Darstellung des Phallus, in dessen Rundungen auch die Vorstellung vom Ur-Ei der Schöpfung anklingt.*

Das Kosmische Ei

Das Ei als Ergebnis sexueller Vereinigung und Befruchtung ist ein naheliegendes Symbol für die Schöpfung und tritt am deutlichsten in der ägyptischen, polynesischen, japanischen, indischen und mittelamerikanischen Mythologie in Erscheinung. In bestimmten indischen Religionen teilte sich das Ur-Ei (Brahmanda) in zwei Hälften, die eine aus Gold für den Himmel, die andere aus Silber für die Erde. Gleichzeitig ging aus diesem Ei der androgyne Ur-Mensch *Prajapati* hervor. Im Mithraskult, der unter römischen Legionären weit verbreitet war, entsprang der Gott Mithras einem Ei und setzte die Kräfte frei, aus denen der Kosmos entstand.

OBEN *Eiförmiger Stein mit tantrischen Zeichen für die Fähigkeiten des Phallus, einzudringen und zu befruchten.*

GEGENÜBER *Die Ei-Geburt des Gottes Mithras, der ursprünglich ein Schöpfersgott der Weda war und dessen Kult auf Persien und schließlich auf das Römische Reich übergriff. Auf dem Rundbogen sind die Tierkreiszeichen dargestellt (Housesteads Fort im Hadrianswall, England, 2. Jahrhundert n. Chr.).*

Heilige Sexualität

Der Ur-Schoß

Zwar sehen viele Religionen im Kosmos das Ergebnis des Zusammenwirkens der Primärenergien und folglich ein Symbol des Geschlechtsaktes, aber die tatsächliche Erschaffung der Welt wird häufig mit dem Mutterleib und dem weiblichen Prinzip gleichgesetzt. Selbst Shiva, das allerhöchste männliche Bewusstsein des Hinduismus, wird durch Shakti, die weibliche Kraft und der Ur-Schoß – lateinisch *Matrix* – des Universums, aktiviert. In der arabischen und abendländischen Alchimie galt die *prima materia* als Manifestation der Ur-Schoßes, der *Mater* (Mutter) und *Matrix*. Im Taoismus steht das weibliche *Yin* für das alles durchdringende Wirken des Kosmos.

GEGENÜBER *Der Berg Meru, das Symbol des Ursprungs des Universums und des Ur-Schoßes (Gouache auf Papier, Rajasthan, Indien, 18. Jahrhundert).*

UNTEN *Das Kosmische Weib, aus dem alle Dinge und Wesen hervorgehen. In ihrer* Yoni *(Vulva) ruht Brahma, der Schöpfer, auf ihrem Kopf thront Shiva (Gouache, Rajasthan, Indien, 18. Jahrhundert).*

Heilige Sexualität

Sexuelles Gleichgewicht

Nach der Lehre vieler Religionen trat der Kosmos, nachdem er durch das Zusammenfließen der beiden Kräfte oder Prinzipien aus dem primordialen Chaos hervorgegangen war, in eine Phase der Ordnung ein. Das wurde nach verbreiteter Auffassung durch die Konjunktion von Gegensätzlichem erreicht, im Hinduismus beispielsweise in der Untrennbarkeit der *Purusha* (männlichen) und *Prakriti* (weiblichen) Energie. Allerhöchstes Symbol dieses Strebens nach Gleichgewicht im Universum ist der Geschlechtsakt.

GEGENÜBER Purusha *und* Prakriti *in menschlicher Gestalt. Ihre Konjunktion beim Geschlechtsakt symbolisiert das primordiale Gleichgewicht von männlich und weiblich (Gouache auf Papier, Orissa, Indien, 17. Jahrhundert).*

Heilige Sexualität

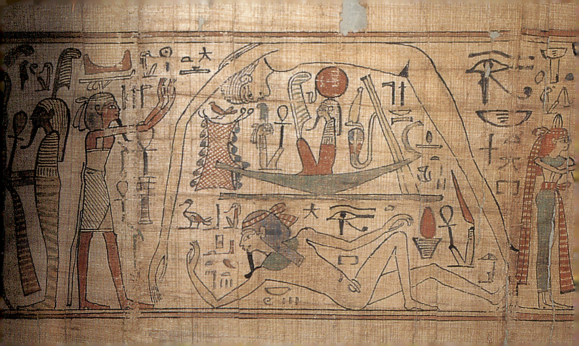

Erde und Himmel

Die Schöpfer des Kosmos durch Darstellungen begreifbar zu machen, ist eines der wichtigsten Anliegen der meisten alten Mythen. Die Navajo-Indianer im Südwesten der USA kennen nur Mutter Erde und Vater Himmel. Die Verbindung der Erde mit der weiblichen Gestalt wird unterstrichen, indem man sie mit den Früchten der Erde abbildet. Auch in den meisten anderen Überlieferungen werden der Erde weibliche Eigenschaften zugewiesen. Der Taoismus sieht die *Yin*-Eigenschaften der irdischen Ebene von den *Yang*-Einflüssen aus dem Himmel durchdrungen, zum Beispiel wenn es regnet. Die alten Ägypter wiederum symbolisierten die Erde durch ein männliches Wesen, Geb, den eine unnatürliche Zuneigung zu seiner Schwester, der Himmelskönigin Nut, hinzog.

GEGENÜBER *Geb und Nut, das Schöpfer-Geschwisterpaar des Universums der alten Ägypter, getrennt durch die Barke des Gottes Re (Malerei auf Papyrus, 1000 v. Chr.).*

Schlange

Seit urdenklichen Zeiten ziehen sich Darstellungen von Schlangen oder sagenhaften Reptilien wie Drachen durch die Mythen und Sagen der Welt. Nachdem die Voraussetzungen für die Schöpfung geschaffen waren, kommen in vielen Schöpfungsmythen Kräfte ins Spiel, die ausgeprägter sexueller Natur waren, und die Schlange symbolisiert eine davon. In der Bibel verkörpert sie den Teufel. Im Tantra ist die Schlange *Kundalini* die weibliche Komponente der materiellen und spirtuellen Energie des Mannes, die vom unteren Ende der Wirbelsäule emporsteigt, um die Energiezentren zu erwecken.

OBEN *Eine Yogini, aus deren* Yoni *Schlangenenergie herausragt (Holz, Südindien, um 1800).*

GEGENÜBER *Tantrische Malerei mit Schlangen, Symbolen der kosmischen Energie, die sich um ein unsichtbares* Lingam *winden.*

LINKS *Aztekische Terrakottafigur, um 1500. Die Sonnenscheibe symbolisiert Fruchtbarkeit.*

UNTEN *Männliche Figur mit Sonnenscheibe am Phallus (Bronzezeitliche Felsenmalerei aus dem Valcamonica, Italien)*

Sonne ...

Für die archaischen Kulturen muss die Sonne, die alles überstrahlende Himmelserscheinung, die Spenderin von Licht, Wärme und Lebensenergie, eines der mächtigsten Symbole gewesen sein. Die Völker Mittelamerikas sahen in ihr eine weitere Verkörperung des männlichen Prinzips. Die Inka betrachtete die Sonne als ihren göttlichen männlichen Urahn, und die Azteken glaubten, dass sie unter der Herrschaft der Fünften Sonne lebten. Auf europäischen Steinskulpturen aus der Bronzezeit erscheint die Sonne auf phallischen Figurinen. In der Alchemie gilt die Konjunktion von Sol, der männlichen Sonne, und Luna, dem weiblichen Mond, als die Vereinigung von Seele und Körper, Gold und Silber, König und Königin.

OBEN *Sonnendarstellung aus der italienischen Handschrift* De Shpaera *aus dem 15. Jahrhundert. In der Astrologie versinnbildlicht die Sonne das essenzielle Selbst des Mannes.*

... und Mond

Der im 16. Jahrhundert wirkende Geschichtsschreiber der Inkas, Garcilaso de la Vega, hat den Mond als »Gemahlin der Sonne« bezeichnet. Schon in den ältesten Kulturen hat man die weitaus heller strahlende Sonne überwiegend mit dem männlichen Geschlecht gleichgesetzt. Die alten Ägypter allerdings sahen die Sonne durch die Göttin Nut verkörpert und bezeichneten den Mond als die »bei Nacht scheinende Sonne«. In der chinesischen Überlieferung galt das Zusammenspiel von *Fuxi* (Sonne) und *Nuwa* (Mond) als Symbol der Fruchtbarkeit und Erneuerung. Die Römer assoziierten den Mond mit der Jagdgöttin Diana.

OBEN *Der astrologische Mond aus der Handschrift* De Sphaera (*Italien, 15. Jahrhundert*)

GEGENÜBER *Im taoistischen Schöpfungsmythos repräsentieren* Fuxi *und* Nuwa *Sonne und Mond.*

650 Mysterien

Sexuelle Landschaften

GEGENÜBER *Die Meoto-iwa-Felsen bei Futamigaura in Japan repräsentieren das göttliche Männliche und Weibliche.*

UNTEN *Indisches Relief eines Baumgeistes*

Als die alten Völker begannen, bewusst ihre Welt zu entdecken, fanden sie in der Landschaft Erscheinungen, die das Prinzip der Schöpfung als Zusammenspiel zweier Kräfte ausdrückten. Die Früchte der Erde, die das Wirken der Sonnen- und Regengötter hervorbrachte, ernährten sie. Und die Umrissformen von Berg und Baum, Tal und Teich, Phallus und Vulva waren Hinweise darauf, dass der erste Schöpfungsakt zu einem kontinuierlichen System von Symbolen gehörte, das die Beziehungen des Menschen zum Universum erklärte. Tausende von Gläubigen besuchen die zwei *Meoto-iwa* (vermählte Felsen) bei Futamigaura in Japan, die ein mythisches Ehepaar darstellen, aus dessen Verbindung die japanischen Inseln entstanden. Die Taue, die beide Felsen verbinden, symbolisieren die Einheit des Kosmos.

Der Garten Eden
*von Hugo van der Goes,
um 1467/68.*

Im Garten des Guten und des Bösen

Adam und Eva vor Gott, um 1015 (Detail am Bronzeportal des Hildesheimer Doms)

Mit der Einführung der Ordnung im neugeborenen Kosmos entstanden ganz eigene sexuelle Symbole von hoher Potenz. In den alten Kulturen Persiens und Ägyptens galt der um eine Wasserfläche herum angelegte Garten als Symbol für die Ordnung in der Natur. Für Juden und Christen ist der Garten Eden Schauplatz des ersten Sündenfalls, als die Schlange, das Symbol der gemeinen Sinnlichkeit, Adam und Eva dazu verführte, von der verbotenen Frucht am Baum der Erkenntnis zu essen.

Kosmische Zwillinge

Weil in alten Kulturen der Kosmos als Ergebnis einer Dualität angesehen wurde, hielten viele archaische Gesellschaften Zwillinge für widernatürlich. Bei einigen afrikanischen Kulturen wurde einer der Zwillinge gleich nach der Geburt getötet, weil man glaubte, die beiden hätten im Mutterleib Unzucht getrieben. Eine etwas positivere Haltung zu Zwillingen hatte das Volk der Dogon in Mali, das glaubte, die Menschheit sei aus multiplen Zwillingspaaren hervorgegangen, die je zur Hälfte Mensch und Schlange waren. Das Sternzeichen Zwillinge symbolisiert Dualität und Trennung, Gegensatz und Gleichheit, und die hellsten Sterne der Konstellation sind nach den mythischen Brüdern Castor und Pollux benannt.

OBEN *Steinfigur der kosmischen Dualität; von der einen Seite sieht sie aus wie eine stillende Mutter, von der anderen wie ein erigierter Phallus.*

GEGENÜBER *Männlich-weibliche Doppelmaske als Ausdruck des Dualismus in Natur und Gesellschaft (Elfenbeinküste)*

GÖTTIN

Das weibliche Prinzip des Universums drückt sich in vielen Formen aus: Erdmutter, Jungfrau, Verführerin, Überbringerin des Überflusses, aber auch Rächerin. Vom alten Mesopotamien bis zu den Völkern Mittelamerikas wurde die fruchtbare Göttin des Universums verehrt und angebetet. Das Thema der Muttergottheit zieht sich durch die hinduistische Literatur in Gestalt der Schakti, Göttin und universale Schöpferin, bis hinein ins Christentum, wo die Madonna Schutz und Fürbitte gewährt. In den Schöpfungsmythen ist die Göttin der weibliche Partner im großen kosmischen Liebesakt, der zur Geburt der Erde führte, und sie ist die Schutzpatronin der Ernte und der Fruchtbarkeit.

GEGENÜBER LINKS *Fruchtbarkeitsfigur der Maya in Gestalt einer Schwangeren*

GEGENÜBER RECHTS *Statue der Erdgöttin, der essenziellen Fruchtbarkeit (Mesoptamien, 4. Jahrhundert v. Chr.)*

Die Göttin ist potenziell auch eine Geliebte: die griechische Liebesgöttin Aphrodite (Venus bei den Römern) schlüpft in die Rolle der femme fatale hinter der Gartenmauer, während ihr die Männer begehrliche Blicke zuwerfen. Dieser Bildausschnitt stammt aus der illuminierten Handschrift Les Echecs amoureux *(Frankreich, 15. Jahrhundert).*

Vulva

Die Macht des weiblichen Elements der Schöpfung wurde von vielen alten Völkern durch die Form der Vulva dargestellt. Für die alten Taoisten waren natürliche Klüfte, Täler und konkave Geländestrukturen, die an weibliche Geschlechtsorgane erinnerten, Anzeichen des Wirkens der mächtigen *Yin*-Essenzen. Im Tantra wird *Yoni* als auf der Spitze stehendes Dreieck dargestellt, das die Form des Schamhaars symbolisiert. Das Dreieck tritt jedoch nie allein auf; das Symbol erscheint in der Regel zusammen mit dem tantrischen Phallussymbol, um die anhaltende Dualität der männlichen und weiblichen Energien zu versinnbildlichen. In den archaischen von Männern dominierten Gesellschaften Mittelamerikas galt die Vulva als Quelle magischer Kraft.

GEGENÜBER *Die vier Stadien im Leben der Frau. Die Göttin oben rechts ist wie ein Mann gekleidet, aber ihrer Vulva entspringt magische Kraft (Mexiko, Mixteken-Periode).*

UNTEN *Tantrisches Yoni-Symbol*

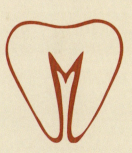

Jungfrau

Im Unterschied zur Erdmutter ist die Jungfrau die alles beschützende weibliche Figur, das Symbol für Reinheit und Göttlichkeit. Im Abendland ist die Vorstellung von Jungfräulichkeit als Voraussetzung für die Nähe zu Gott durch die in der Bibel erwähnte jungfräuliche Geburt Christi ausreichend belegt. Auch in anderen Kulturen wurden exponierte Gestalten mit jungfräulicher Geburt assoziiert, darunter der griechische Held Perseus, Alexander der Große, Dschingis Khan, Laotse und Quetzalcoatl, der Gott der Azteken. Zahlreiche Kulturen verehren die Reinheit pubertierender Mädchen; bei einigen tantrischen Sekten werden sie als frühe Inkarnation der Muttergöttin verehrt. Daran erinnert das Fest *Durga Puja*, wo junge Mädchen neu eingekleidet und von ihren Familien verehrt werden.

Malerei eines mit Juwelen geschmückten nackten Mädchens als Bildnis der jungen Muttergöttin; die flankierenden beiden Vögel sind Symbole der befreiten Seelen (Indien, 18. Jahrhundert).

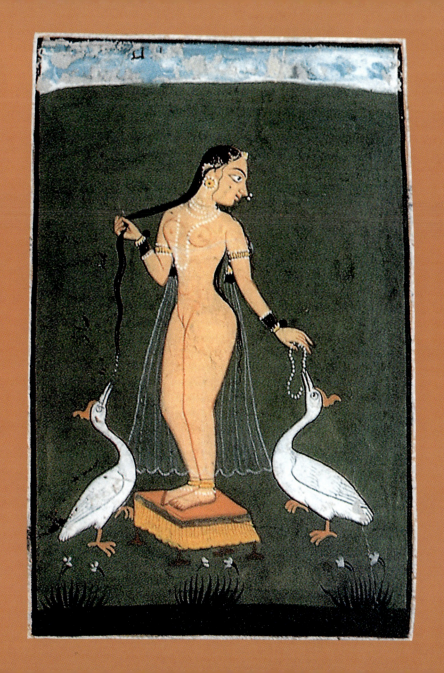

Weibliche Initiation

Die Idee der Initiation stammt aus prähistorischen Gesellschaften und ist auch in der Gegenwart lebendig. Durch diesen Vorgang soll ein Mensch in die Welt der Erwachsenen aufgenommen werden und die Geheimnisse des Universums entsprechend den jeweiligen Vorstellungen erfahren. Bei vielen Völkern findet die Initiation von Mädchen mit dem Einsetzen der Menstruation statt, durch die die Frau in Berührung mit dem Fließen der großen weiblichen Energien des Universums kommt. Bei tantrischen Sekten gilt das als Einführung der Frau in die grundlegenden Vorgänge der Natur; das Blut gilt manchmal als heilig. Bei manchen afrikanischen Völkern finden Initiationszeremonien statt, bei denen die Initianden von älteren Frauen in die Überlieferungen der Stammesgemeinschaft eingeweiht werden.

OBEN *Figur einer sitzenden Frau, die gerade ihre Initiation in die Gemeinschaft der Frauen vollzogen hat (Sierra Leone)*

GEGENÜBER *Pubertierende Mädchen bei einer Initiationszeremonie in Ghana*

Geburt und Wiedergeburt

UNTEN *Die Geburt eines Menschen als Symbol für die Erschaffung des Universums (Holzschnitzerei, Südindien, 18. Jahrhundert)*

Von den alten Kelten bis zu den Völkern Asiens und Mittelamerikas galt der Vorgang der Geburt als Symbol der Erneuerung und auch der Schöpfung. Die heilige Weiblichkeit wurde am intensivsten wahrgenommen, wenn das neue Wesen in die Welt hinausgepresst wurde. In der tantrischen Tradition ist der Geburtsakt das intensivste Erwachen, der volle Ausdruck der *Kundalini*-Kraft, weil er den kosmischen Kreislauf von Geburt, Tod, Wiedergeburt und Erneuerung erneut in Gang setzt.

GEGENÜBER *Blatt aus einer aztekischen Handschrift mit der Wiedergeburt des Gottes Quetzlacoatl nach seiner Reise durch die Unterwelt. Der wiedergeborene Gott wird durch die beiden Figuren am unteren Rand symbolisiert.*

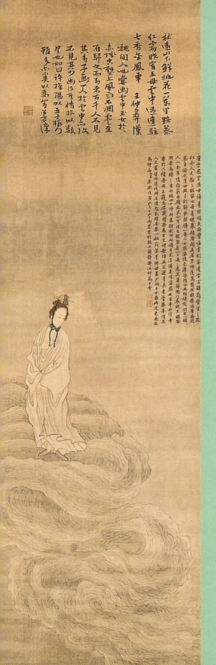

OBEN *Siegel aus Seifenstein mit Lan Tsai-hoh auf den Wolken schreitend (China, Ch'ing-Dynastie, späters 17. Jahrhundert)*

GEGENÜBER *Talisman in Form einer Jadedame zur Konzentration der* Yin-*Energien*

Die Jadedame

Obwohl die sexuelle und spirituelle Kraft des Weiblichen wesentlicher Bestandteil der Symbolik aller Kulturen ist, verfügt jedes Glaubenssystem über eine eigene Version. So wird die Jadedame des Taoismus, Lan Tsai-ho, in Form von verschlungenen Linien dargestellt, die auf organische Formen und somit auf die *Yin*-Energie in der Welt verweisen. Ihre Verbindung mit Jade, dem verfestigten Samen des Drachen, ist in der Tat sehr potent. Jade ist das mineralische Symbol der Vereinigung des himmlischen Drachen mit den Elementen der Erde und somit der vollkommenste Ausdruck der Union von *Yin* und *Yang* und der gegenseitigen Durchdringung der beiden großen universalen Kräfte.

Sphinx

Gewöhnlich denkt man bei dem Begriff *Sphinx* zuerst an monumentale ägyptische Skulpturen mit Menschenkopf und Löwenkörper, aber in der griechischen Tradition ist eine völlig andere Vorstellung damit verbunden. Die Sphinx ist Ausdruck der bedrohlichen Seite der weiblichen Kraft. Oft wird sie in Gestalt eines geflügelten weiblichen Dämons dargestellt, der auf Wanderer wartet, um ihnen bestimmte Rätsel aufzugeben. Wer das Rätsel nicht lösen kann, wird verschlungen. Nur Ödipus ging aus diesem Spiel um Leben und Tod siegreich hervor. Das Ritual symbolisiert einen Vorgang, das alle Menschen vollziehen müssen, um die Wahrheiten des Universums zu begreifen.

OBEN *Steinfigur einer Sphinx von einem römischen Friedhof (Colchester, England, 1. Jahrhundert n. Chr.)*

GEGENÜBER *Der Kuss der Sphinx von Franz von Stuck, um 1895*

Heilige Sexualität

Kali

GEGENÜBER Devi, *das große weibliche Prinzip, das durch Kali Gestalt erhält, mit einem abgeschlagenem Kopf zum Zeichen für das Ende eines kosmischen Kreislaufs. Die Wasser Shivas symbolisieren den Beginn eines neuen.*

UNTEN *Kali auf dem Leichnam Shivas sitzend (Bengalen, 18. Jahrhundert)*

Es gibt viele Manifestationen der Hindugöttin Kali als Verkörperung der Kraft des Weiblichen. Sie ist die *Schakti* des Shiva, sein feminines Gegenstück und Erzeugerin des Lebens, aber sie kann auch auf den Tod verweisen, wenn sie die Gestalt der Göttin Durga annimmt. Als oberste Göttin wird Kali als Lebensspenderin und – potenziell – auch als Vernichterin verehrt. In ihren gütigen Aspekten kann sie als heilige Nacktheit mit vollen Brüsten erscheinen. Aber sie ist eine Figur von so großer Vollkommenheit, dass sie auch Schrecken verbreiten kann, etwa in Gestalt der Göttin, die aus der Stirn von Durga hervorging, um in der Schlacht zwischen dem Göttlichen und dem Antigöttlichen den Sieg zu erringen und die Macht Devi einzusetzen.

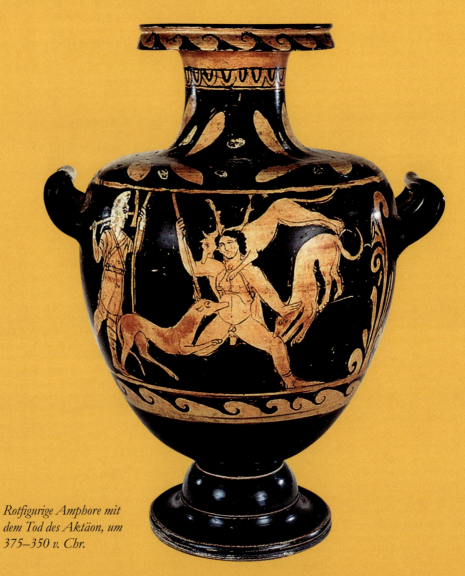

Rotfigurige Amphore mit dem Tod des Aktäon, um 375–350 v. Chr.

Diana

Die Göttin der Jagd aus der römischen Mythologie (in der griechischen heißt sie Artemis) ist Symbol und Allegorie der weiblichen Kraft. Sie steht in Verbindung mit Jungfräulichkeit und der Unabhängigkeit von Männern. Ihre persönlichen Attribute sind die Mondsichel und der Jagdbogen. Ihre ablehnende Haltung gegenüber männlichen Annäherungsversuchen kommt am deutlichsten im Schicksal Aktäons zum Ausdruck. Als dieser dabei erwischt wurde, wie er die Göttin beim Baden beobachtete, verwandelte sie ihn zur Strafe in einen Hirsch und ließ ihn von seinen eigenen Jagdhunden zerfleischen. Ein verborgener Aspekt der Diana, der auf ihre Macht als weibliche Ikone verweist, war die Erhebung im 19. Jahrhundert in den Rang einer zentralen Leitfigur des Hexenkults.

DAS MÄNNLICHE PRINZIP

In Mythen, die im Kosmos das Ergebnis der himmlischen und irdischen Kopulation sehen, gilt der Mann oft als Verkörperung des Himmels. Als Gott, Held oder Possenreißer bildet er in der Ikonographie und Symbolik das Gegenstück zum Bild der wohltätigen, fruchtbaren Göttin. In westlichen Kulturen sind die männlichen Archetypen oft sexuell aggressiv: die griechischen und römischen Götter, der lüsterne Satyr und der draufgängerische Held. Aber es gibt auch sanftmütigere Traditionen: der Heilige, der der fleischlichen Versuchung widersteht; der Gralsritter, der nach dem segenspendenden Kelch mit dem heiligen Blut Christi sucht, dem Symbol für die Ganzheit der Welt.

GEGENÜBER *Yogische Zeichen auf einem Bergkristall in Phallusform. Die glatten Rundungen legen nahe, dass der Gegenstand auch das Ei versinnbildlicht, die Urquelle der Schöpfung (18. Jahrhundert).*

Götter

Zwei Darstellungen des Mythos von Leda mit dem Schwan: römische Kopie einer griechischen Skulptur (unten) und Gemälde nach Michealangelo, um 1530 (gegenüber)

Als Hamlet den Menschen mit einem Gott verglich, stellte er einen Vergleich zwischen den Sterblichen und den höchsten Wesen im Universum an. Alle archaischen Gesellschaften und viele moderne kannten Gottheiten begrenzter oder unbegrenzter Macht als Verkörperung der Triebkräfte des männlichen Prinzips. In der griechischen Mythologie nahm der Göttervater Zeus (bei den Römern Jupiter) den Platz seines Vaters Chronos (römisch Saturn), der Verkörperung des Ur-Chaos ein und wurde zur Symbolfigur für die universale Ordnung. Seine exponierte Stellung wurde durch seine sexuellen Eroberungen bestätigt, bei denen er in unterschiedlicher Verkleidung auftrat: Als Goldregen schwängerte er Danae, als Stier entführte er Europa und als Schwan verführte er Leda.

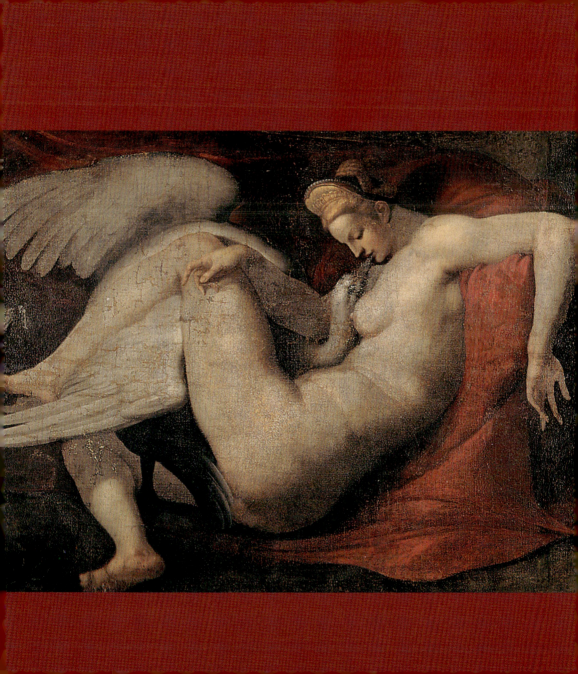

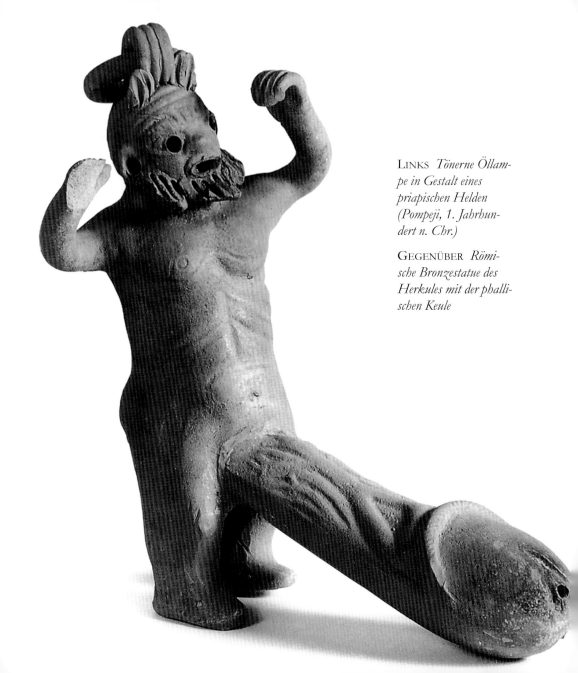

LINKS *Tönerne Öllampe in Gestalt eines priapischen Helden (Pompeji, 1. Jahrhundert n. Chr.)*

GEGENÜBER *Römische Bronzestatue des Herkules mit der phallischen Keule*

Helden

In vielen Mythologien existiert eine Klasse mächtiger Männer, die nicht ganz Götter, aber quasi-himmlisch sind. Oft gelten sie als Söhne von Göttern und verkörpern das universale Prinzip der Durchdringung der Erde durch die Mächte des Himmels. Herkules, der Held der Zwölf Arbeiten, war der Sohn Jupiters und der sterblichen Alkmene und wurde schließlich von seiner eifersüchtigen Gattin Deïaneira vergiftet. Als Herkules sich aufs Sterben vorbereitete und nach seiner treuen phallischen Keule griff, rettete ihn Jupiter, indem er bestimmte, dass nur die sterbliche Hälfte seiner Mutter sterben sollte. Der unsterblichen Hälfte gab Jupiter einen Platz unter den Göttern.

Satyrn

Als Dämonen der Natur, halb Mensch, halb Tier, verkörpern diese Kreaturen einen wichtigen Aspekt männlicher Sexualität. Die klassische Überlieferung assoziiert sie mit dem Gott Pan und schreibt ihnen unersättlichen sexuellen Appetit zu. Satyrn sind Begleiter des griechischen Dionysos (römisch Bacchus), Gott des Weins und Verführers von Nymphen. Solche maskulinen Erscheinungsformen der Naturgeister hängen vermutlich mit der Vorstellung vom Chaos zusammen, das herrschte, bevor das Gleichgewicht zwischen männlichen und weiblichen Kräften den Kosmos ordnete.

OBEN *Satyrähnliche Gestalt auf einer griechischen Münze von der Insel Naxos*

GEGENÜBER *Die Venus von Pardo von Tizian, um 1540. Ein lüsterner Satyr entblößt die ruhende Göttin.*

Heilige Sexualität 685

Phallus

Zur Verherrlichung dieses dominanten Symbols männlicher Kraft fanden sich Phalluskulte in der ganzen Welt, von Südostasien bis zur westlichen Grenze der keltischen Länder. Bei den indischen Sekten ist der Kult des *Lingam* die Entsprechung zum *Yoni*-Kult. Die Darstellung des Geschlechtsorgans erfolgt oft stark stilisiert, etwa als mächtige Säule in Anspielung auf die *Axis mundi* und zur Bestätigung der männlichen Kraft. Die Kunst der griechischen und römischen Antike ist reich an Phallusdarstellungen, aus denen man ein bestimmtes Element säkularer Heiterkeit herauslesen kann, insbesondere aus Darstellungen des Gottes Priapos, der mit einem übergroßen Phallus in Erscheinung tritt.

UNTEN *Talisman mit Phallusdarstellungen (Römisch, 2. Jahrhundert n. Chr.)*

GEGENÜBER *Indische Skulptur des jungen Gottes Shiva bei der Fellatio am eigenen Glied.*

Männliche Initiation

In Gesellschaften mit schamanischen Traditionen spielen Initiationsriten eine besondere Rolle. Bei den nordamerikanischen Prärieindianern wurden junge Initianden aus dem Dorf in die Wildnis geschickt, um die Härte der Natur kennenzulernen und so den Übergang zum Mann symbolisch zu vollziehen. In vielen anderen Gesellschaften diente die Beschneidung dem gleichen Zweck. Der Begriff Initiation verweist auf einen Anfang, eine neue Wahrnehmung der tieferen Geheimnisse des Universums und höheren Wahrheiten, die dem Kind verborgen bleiben. In der westlichen Welt werden noch heute bestimmte Initiationsriten durchgeführt, beispielsweise bei den Freimaurern.

OBEN *Bemalter Schemel für das Beschneidungsritual beim Volk der Dogon in Mali*

GEGENÜBER *Ägyptisches Wandrelief mit Beschneidungsritual*

LINKS *Ausschnitt aus* Die Versuchung des heiligen Antonius *von Hieronymus Bosch, um 1500. Der Heilige meditiert inmitten von Lüsternheit und Ausschweifungen.*

GEGENÜBER *Auf dieser französischen Minitaur aus dem 13. Jahrhundert entflieht der Initiand der Macht der Versuchung und tritt ins Kloster ein.*

Versuchung

Männliche Überlegenheit wurde nicht immer durch Kraft und sexuelle Potenz dargestellt. Eine in Ost und West gleichermaßen verbreitete Tradition sieht die Stärke des Männlichen in der Askese – Beweis für die Kraft, dem Reiz des Weiblichen zu widerstehen. Bei diesem Glauben kann die sexuelle Vereinigung als Versuchung wahrgenommen und mit dem Bösen gleichgesetzt werden. In der jüdisch-christlichen Welt steht dafür die Schlange im Garten Eden als Symbol. Der heilige Antonius (251–356) lebte als frommer Einsiedler in der Wildnis. Diese Enthaltsamkeit ärgerte den Teufel, der ihn mit schönen lasziven Frauen in Versuchung führen wollte. Der Heilige widerstand unerschütterlich den Annäherungsversuchen der Sünde und gilt heute als Symbol der Entsagung fleischlicher Gelüste, aber auch als Begründer des Mönchtums.

Kastration

Die Angst vor dem Verlust der Männlichkeit erscheint in vielen Kulturen als Zeichen der Unsicherheit im männlichen Prinzip. Dem griechischen Gott Uranos wurde der Penis abgeschnitten und ins Meer geworfen, aus dem weißer Schaum aufstieg und Aphrodite, die Göttin der Liebe gebar. Der hübsche junge Schäfer Attis entmannte sich in einem Anfall von Wahnsinn selbst, mit dem ihn die Fruchtbarkeitsgöttin Kybele schlug, nachdem er sich von ihr ab- und einer Prinzessin zugewandt hatte. Der Mythos löste einen quasireligiösen Kult aus, dessen Anhänger sich selbst verstümmelten und ihre Genitalien in einem Attis gewidmeten Schrein verwahrten. Diese Legenden scheinen eine Seite des Maskulinen zu repräsentieren, das sexueller Gewalt abgeschworen hatte.

OBEN *Römische Bronzefigur des tanzenden Attis*

Römische Skulptur des verklärten Attis, 2. Jahrhundert n. Chr. Nach Kastration, Tod und Wiedererweckung symbolisiert der junge Schäfer die befreite Seele, die sich von sexuellen Begierden und Ängsten losgelöst hat.

SEX UND ERLÖSUNG

Der Geschlechtsakt wird in einigen Kulturen als Mittel gefeiert, den Zustand der Gnade zu erlangen. Bei den Taoisten gilt der Liebesakt als eines der zentralen Symbole des Gleichgewichts der Kräfte von *Yin* und *Yang*. In einigen westlichen Überlieferungen versinnbildlicht der Hermaphrodit, in dem das Weibliche und das Männliche gegenwärtig sind, die Ganzheit und die Auflösung der Antagonismen der Welt. Auch der Garten ist ein Sinnbild des Glückzustands, die Erinnerung an eine Zeit vor dem Eindringen der Sünde in den Garten Eden. Manche damit zusammenhängende Traditionen befürworten eine von einschränkenden gesellschaftlichen Fesseln freie Sexualität als Schlüssel zur heiligen Freude, wie sie in Lucas Cranachs Goldenem Zeitalter (siehe Seite 707) beschworen wird.

GEGENÜBER *Die erlösende Kraft der Sexualität im tantrischen Brauchtum und Glauben. Die körperliche Vereinigung nach den anerkannten Regeln versetzt die Beteiligten auf eine höhere spirituelle Bewusstseinsebene (Gouache, um 1850).*

Krishna und die Gopis

In Ackerbau betreibenden Gesellschaften waren rituelle Tänze ein Mittel, um das Wohlwollen des Himmels und die Fruchtbarkeit der Erde auf Dauer zu sichern. Der Tanz zelebriert die Einheit allen Seins und ist ein quasi-religiöses Fest der universalen Harmonie und des Gleichgewichts der männlichen und weiblichen Kraft. Beim hinduistischen *Ras-Lila*-Tanz kopuliert der Liebesgott Krishna nacheinander mit seiner Gefolgschaft aus Hirtenmädchen, den *Gopis*. Vor Beginn des Tanzes werden die Gewänder der *Gopis* gestohlen, und sie stehen nackt vor dem Gott, der sie mit seinem Flötenspiel so betört, dass jede glaubt, allein mit ihm zu tanzen.

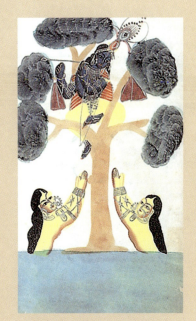

OBEN *Während die Hirtenmädchen baden, werden ihn die Kleider gestohlen (Gouache aus Kalkutta, Indien, 19. Jahrhundert).*

GEGENÜBER *Hochzeitsstickerei mit Krishna beim Tanz mit den Gopis (Pundschab, Indien, 18. Jahrhundert)*

Shiva

Zwar ist Shiva zweifellos das maskuline Absolute, aber seine Manifestationen durch das Zeichen des *Lingam* sind ein Hinweis auf die Versöhnung der in der Welt wirkenden dualen Kräfte. Die Säule des *Lingam* ist ein Symbol des Göttlichen; ihre Betrachtung belebt die Seele. Sie wird jedoch gewöhnlich zusammen mit *Yoni* dargestellt, dem weiblichen Symbol des Materiellen und Sichtbaren. Als Einheit bilden beide das Shiva-*Lingam*, die Einheit des Sichtbaren und des Unsichtbaren wie auch des Erhabenen und des Irdischen.

RECHTS *Deckel aus Messing in Form des* Lingam-Yoni. *Zwei Kobras bewachen das phallische Haupt Shivas, während eine dritte vor dem Zugang zum Yoni liegt.*

GEGENÜBER Lingam-Yoni *(Allahabad, Indien)*

Yin und Yang

Vereinfacht ausgedrückt versinnbildlichen *Yin* und *Yang* im Taoismus den Gegensatz zweier kosmischer Prinzipien. *Yin* ist das Weibliche und wird durch Empfänglichkeit, Feuchtigkeit, Schatten und Erde charakterisiert. *Yang* ist männlich und repräsentiert Himmel, Trockenheit, ausgeprägte Form und den Kaiser. Die Vereinigung beider und die sich daraus ergebende Harmonie wird durch den Geschlechtsakt symbolisiert. Die sich ineinander schmiegenden Zeichen für *Yin* und *Yang* sind von einem Kreis umgeben, der die Ganzheit des Lebens darstellt. Wie beim sexuellen Erlebnis kann nichts ohne sein Gegenstück, seine Entsprechung, sinnvoll existieren: Licht und Dunkelheit, Gut und Böse, Positiv und Negativ, Ebbe und Flut, männlich und weiblich.

OBEN *Dieses Paar in der »schwebenden Schmetterlingsstellung«, eine der dreißig »Himmel- und-Erde-Stellungen«, symbolisiert die Vereinigung von Yin und Yang (Porzellan, China, Ch'ing-Dynastie, Mitte 18. Jahrhundert).*

GEGENÜBER *Jadesiegel in Phallusform, verziert mit dem Motiv des Drachen zwischen Wolken (China, Ch'ing-Dynastie, 18. Jahrhundert)*

Kundalini

Die in vielen Kulturen mit dem Bösen in Beziehung stehende Schlange verwandelt sich im traditionellen Hinduglauben in *Kundalini*, das Agens des Erwachens und größter spiritueller und physischer Zufriedenheit. *Kundalini* liegt zusammengerollt auf der Ebene des ersten Chakra, aber sobald sie mit den angemessenen Methoden der Meditation aufgeweckt wird, steigt sie erst zum zweiten Chakra empor, dem Ort der Genitalien, und von dort aus weiter zum siebten, dem allerwichtigsten *Sahasrara chakra* ganz oben im Kopf. Es heißt, dass man ein reines Bewusstsein erlangt, wenn die Energie das siebte Chakra erreicht.

GEGENÜBER *Psychische Zentren in goldenem Relief (Südindien, 18. Jahrhundert)*

UNTEN *Die Chakras als Blütenköpfe; die Blütenblätter symbolisieren die Schwingungsfrequenzen.*

Geheime Harmonien

Wenn sich Anhänger des Tantrismus auf die Suche nach der Weisheit kosmischer Harmonie und der Beseitigung des Gegensatzes von männlich und weiblich machen, sagen sie möglicherweise ein Mantra auf, wobei sie Silben benutzen, die auf den Schwingungen basieren, welche den Zustand des Erweckens der Chakras durch *Kundali* repräsentieren. Im tantrischen Buddhismus repräsentiert das *Yab-Yum* (tibetisch »Vater-Mutter«) die sexuelle Vereinigung der männlichen Gottheit mit seiner weiblichen Konsortin. Dieser Vorgang wird als ekstatische Umarmung der verschlungenen Gliedmaßen dargestellt. Die Gottheit sitzt in Lotosstellung und hält oft in der einen Hand den *Dorje*, eine kleine Waffe als Symbol der Härte und Männlichkeit, und in der anderen die Glocke, die den weiblichen Aspekt der Paarung symbolisiert.

GEGENÜBER *Vajra, die Verkörperung der universalen Weisheit, vereinigt sich mit weiblicher Weisheit, nachdem die* Kundalini-*Energie ihn schließlich in einen Zustand versetzt hat, der sexuelle Dualität transzendiert (Gouache, Tibet, 19. Jahrhundert).*

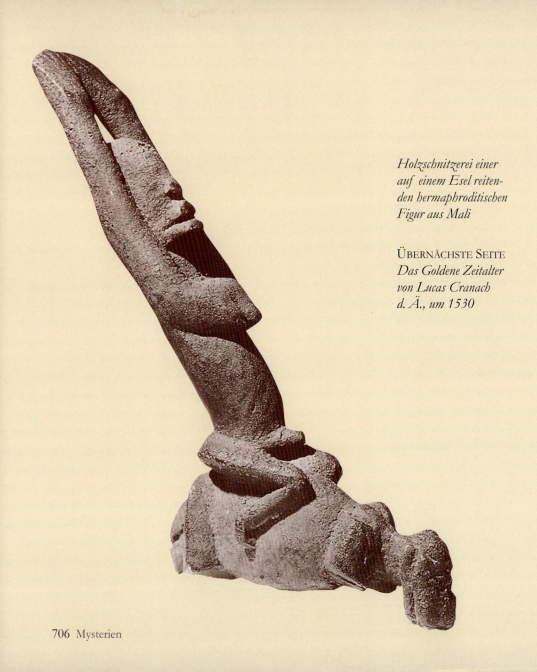

Holzschnitzerei einer auf einem Esel reitenden hermaphroditischen Figur aus Mali

ÜBERNÄCHSTE SEITE
Das Goldene Zeitalter von Lucas Cranach d. Ä., um 1530

Das wiedergewonnene Paradies

Das vollkommenste sexuelle Symbol für den Zustand der Ur-Energie, als die männlichen und weiblichen Energien im Gleichgewicht waren und die Schlange noch nicht ins Paradies eingedrungen war, ist wohl das Androgyne, der Hermaphrodit. Der griechische Gott Hermaphroditos war Sohn der Aphrodite und des Hermes, und aus seiner Verschmelzung mit einer Quellnymphe entstand ein bärtiger Gott mit weiblichen Brüsten. Andere Vorstellungen von der Rückkehr zu einer Zeit der Unbeflecktheit und des kosmischen Gleichgewichts halten die Geschlechter zwar auseinander, aber nicht getrennt, und bestätigen damit eine Vision des empfindlichen Gleichgewichts der sexuellen Urkräfte, wie es in Lucas Cranachs Gemälde *Das Goldene Zeitalter* zum Ausdruck kommen (siehe nächste Seite).

UNTEN *Skulptur einer halb männlichen, halb weiblichen Gottheit (Bengalen, 12. Jahrhundert)*

Heilige Sexualität

DAS TAROT

DAS TAROT

Die Ursprünge des Tarot liegen im Dunkeln. Viel deutet darauf hin, dass es auf ein Spielkartendeck des 15. Jahrhunderts zurückgeht, das Bomfacio Bembo für die Mailänder Familie Visconti malte. Vergleichbare Kartenspiele unterschiedlichen Umfangs verbreiteten sich von dort in Norditalien und schließlich in ganz Europa. Die erste Beschreibung der Tarotkarten erschien 1659 in Frankreich. Auch wenn die Karten nicht unmittelbar auf uralte Mysterien zurückgehen sollten, kann man sie im Sinne C. G. Jungs als archetypische Bilder aus dem kollektiven Unbewussten der Menschheit erklären. Die Faszination des Tarot liegt in der Symbolkraft der Karten: dem Gegensatz zwischen Gut und Böse, zwischen weiblichem und männlichem Prinzip und dem Zusammenwirken der vier Elemente Luft, Wasser, Feuer und Erde.

Moderne Tarotdecks beruhen auf dem sogenannten »Venezianischen« oder »Piemontesischen« Deck, das aus 21 nummerierten Trumpfkarten (die großen Arkana), einer unnummerierten Karte (dem Narren oder Joker) und den vier Farben mit je zehn Zahlen- und vier Hofkarten besteht (die kleinen Arkana). Viele Decks sind brillant und individuell gestaltet; die Illustrationen in diesem Kapitel sind deshalb aus einer Vielzahl von Tarotdecks verschiedener Epochen ausgewählt – ein genussvoller Einstieg in ein Thema von unendlicher Tiefe und Komplexität.

DIE GROSSEN ARKANA

Die schillernde, esoterische Symbolik der Tarot-Trumpfkarten schlägt jeden Betrachter in ihren Bann. Die großen Fragen des Lebens sind hier in den Archetypen religiöser und weltlicher Erfahrung dargestellt und berühren die wesentlichen Prinzipien des Daseins. Jedes Bild der 21 Trumpfkarten hat sein eigenes, unverwechselbares Gesicht, dessen charakteristische Eigenschaften nachfolgend beschrieben werden. Bei umgekehrt ausgelegter Karte können diese ins Gegenteil umschlagen.

1
Der Magier

Auf traditionellen Darstellungen verkauft der Magier verschiedene Dinge von einem Tisch oder Stand. Er hält einen Stab in der Hand, der auf seine magischen Kräfte verweist. Mit der anderen Hand zeigt er auf die vor ihm liegenden Dinge, die seine praktische Begabung symbolisieren. Auf späteren Illustrationen liegen ein Stab, ein Schwert sowie Kelche und Münzen vor ihm. Das sind die vier symbolträchtigen Farben der kleinen Arkana.

Hauptbedeutungen

Selbstvertrauen und Geschick im Alltag; Überzeugungskraft und Charme im Gespräch und bei Verhandlungen

Umgekehrte Karte

Mangelndes Selbstbewusstsein und Schwierigkeiten bei der Verständigung; ein untüchtiger, ja sogar durchtriebener, verschlagener Mensch

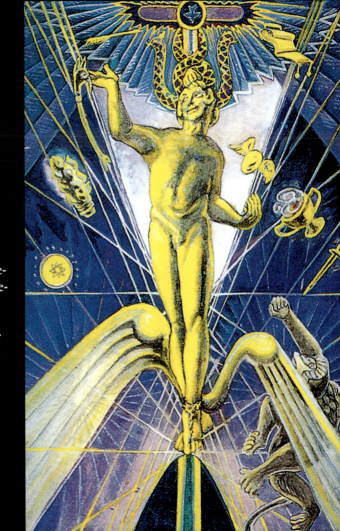

2
Die Hohepriesterin

In traditionellen Tarotdecks wird sie als Päpstin bezeichnet. Sie steht für die Welt der Träume, des Unbewussten, der Intuition. Häufig sitzt sie zwischen zwei Säulen, die als Jakin und Boaz oder Alpha und Omega bezeichnet werden. Sie verweisen auf die Säulen des Tempels von Jerusalem. Eine ist schwarz und symbolisiert das weibliche Prinzip des Mysteriums und der Intuition, während ihr weißes Gegenstück für männliche Vernunft steht.

HAUPTBEDEUTUNGEN

Intuitives Wissen und Weisheit; die weibliche Seite des Mannes

UMGEKEHRTE KARTE

Oberflächlichkeit, Unausgeglichenheit; Unterdrückung der weiblichen oder intuitiven Aspekte der Persönlichkeit

3
Die Herrscherin

Sie steht für die praktischen, mütterlichen Aspekte des weiblichen Prinzips. Die würdige, aber freundliche, hoheitliche Gestalt der Herrscherin ist gelegentlich von Fruchtbarkeitssymbolen umgeben, die auf Geburt, Ehe und Haushalt verweisen. Ihren Mitmenschen gegenüber ist sie liebenswürdig und großzügig.

Hauptbedeutungen

Beharrlichkeit im Handeln, Sicherung des Wohlergehens

Umgekehrte Karte

Untätigkeit, mangelnde Konzentration; häusliche Probleme bis hin zu Schwierigkeiten bei der Geburt

4
Der Herrscher

Diese allmächtige Figur strahlt Verantwortungsgefühl und Entschlossenheit aus. Das Machtbewusstsein des Herrschers zeigt sich in seiner Haltung: Er wendet das Gesicht vom Betrachter ab und schafft so Distanz. Seine Kontrolle über die materielle Welt wird durch die gekreuzten Beine angedeutet, welche die Zahl Vier bilden – Symbol der vier Elemente.

HAUPTBEDEUTUNGEN

Fähigkeit, Verantwortung zu tragen; Tatkraft, energisches Vorantreiben der Entwicklung

UMGEKEHRTE KARTE

Widerstand gegen Autorität, Unreife, Unentschlossenheit

5
Der Hierophant oder Papst

Im traditionellen Tarotdeck symbolisiert er die religiöse Autorität; heute wird er aber eher als kluger, professioneller Ratgeber gesehen. Der Hierophant – Priester der heiligen Mysterien Griechenlands – wird häufig mit zwei Gestalten im Vordergrund dargestellt, die als Wahrheitssuchende seinen Segen erhoffen. Manchmal werden sie einfach durch zwei Hände angedeutet, die nach dem Gewand des heiligen Mannes greifen.

Hauptbedeutungen

Religiöse Führung und Autorität; wertvoller Rat

Umgekehrte Karte

Zweifelhafte Ratschläge; irreführende, unpassende Kommentare

HAUPTBEDEUTUNGEN

Wichtige Entscheidungen (nicht nur in der Liebe) treffen; Erwägung, bedeutende Verpflichtungen einzugehen

UMGEKEHRTE KARTE

Aufschieben von Entscheidungen; Unentschlossenheit oder falsche Entscheidungen

6
Die Liebenden

Im Lauf der Jahrhunderte entstanden die unterschiedlichsten Darstellungen dieser Karte. Traditionelle Varianten zeigen einen Mann zwischen zwei Frauen, während ein rundlicher Cupido seinen Pfeil auf das Herz des Verliebten richtet. Auf späteren Bildern sind Adam und Eva im Paradies zu sehen. Diese Karte steht für das Problem, die richtige Entscheidung zu treffen.

7
Der Triumphwagen

Der Triumphwagen wird von zwei Pferden ohne Zügel gezogen. Der Wagenlenker, angetan mit Krone und Rüstung, lenkt die Pferde offenbar durch schiere Willenskraft; daher wird die Karte mit dem menschlichen Ego und mit dem Ehrgeiz in Verbindung gebracht. Versionen mit einem schwarzen und einem weißen Pferd – das weibliche und männliche Prinzip – deuten an, dass widersprüchliche seelische Aspekte durch Charakterstärke in Einklang gebracht wurden.

Hauptbedeutungen

Fähigkeit, mit schwierigen Situationen fertig zu werden; Ehrgeiz und Entschlossenheit bei der Verfolgung von Zielen

Umgekehrte Karte

Kontrollverlust; Chaos im Privatleben und Gleichgültigkeit gegenüber den Mitmenschen

8
Gerechtigkeit

Drei der vier Kardinaltugenden wurden in das Tarot aufgenommen: Gerechtigkeit, Stärke und Mäßigung. In manchen Decks wird die Gerechtigkeit der Zahl Elf zugeordnet, während die Stärke auf den achten Platz vorrückt, um die Zuordnung der Karten zu den Tierkreiszeichen Waage und Löwe zu ermöglichen. Die Gerechtigkeit wird durch eine Frau verkörpert. Sie sitzt auf dem Richterstuhl und hält die traditionellen Symbole Schwert und Waage in der Hand.

HAUPTBEDEUTUNGEN

Gerechtes und vernünftiges Urteil; Triumph über Frömmelei und Vorurteil

UMGEKEHRTE KARTE

Ungerechtes oder verzögertes Urteil; Ungleichheit und Parteilichkeit

9
Der Eremit

Auf traditionellen Karten sehen wir einen alten Mann mit einer langen Kutte, der eine Laterne trägt. Diese wird manchmal durch ein Stundenglas ersetzt, das den Bezug zu Zeit und Geduld herstellt. Da sich der Eremit aus der menschlichen Gemeinschaft zurückgezogen hat, symbolisiert er Unabhängigkeit und Selbstbeobachtung, dazu die Notwendigkeit zur Gewissensprüfung. Wenn der Eremit beim Kartenlegen auftaucht, verweist er oft auf ein Bedürfnis nach besinnlicher, individueller Entscheidungssuche.

Hauptbedeutungen

Besonnenheit; das Bedürfnis, die eigenen inneren Kräfte zu erschließen

Umgekehrte Karte

Isolation von den anderen; Widerstand gegen Hilfsangebote

10
Das Glücksrad

Im Zentrum der Karte steht das Rad, an das sich unter Gefahren einige Tiere oder auch Menschen klammern. Über dem Rad thront eine Gestalt, manchmal ist es die Göttin Fortuna, manchmal auch ein Sphinx. Bei dieser Karte geht es vor allem um zufällige Ereignisse, die unser Leben beeinflussen und – hoffentlich – eine günstige Schicksalswendung herbeiführen. Eine auf den Kopf gestellte Karte kann jedoch das Gegenteil bedeuten: ein Unglücksfall, der all unsere Bestrebungen zunichtemacht.

Hauptbedeutungen

Ein unerwarteter Glücksfall; Erfolg ohne Anstrengung

Umgekehrte Karte

Misserfolg trotz aller Bemühungen; unerwartetes Pech

11
Stärke

Die Kardinaltugend der Stärke wird im Tarot durch eine Frau, die das Maul eines Löwen offen hält, oder durch Herkules im Kampf mit dem Nemeischen Löwen verkörpert. Der Löwe steht für Mut und innere Kraft, vorausgesetzt, dass die mächtigen Gefühle, die hier im Spiel sind, richtig gelenkt und gezügelt werden. Wenn die Karte auf dem Kopf steht, verweist sie auf die Unfähigkeit, Selbstbeherrschung zu üben.

HAUPTBEDEUTUNGEN

Kontrollierte Kraft und Macht; die Tugend der Tapferkeit

UMGEKEHRTE KARTE

Man fühlt sich unzulänglich und machtlos; Machtmissbrauch

Hauptbedeutungen

Aufopferung für höhere Ziele; Opfer für eine große Sache

Umgekehrte Karte

Mangelnder Einsatz bei der Verfolgung eines Ziels; Apathie

12
Der Aufgehängte

Es ist nicht leicht, die Bedeutung dieses Geheimnis umwobenen Bildes zu entschlüsseln. Es zeigt einen Mann, der an einem Bein an einem Querbalken aufgehängt ist, aber in der Regel durchaus zufrieden dreinschaut. Auf manchen Darstellungen fallen ihm Münzen aus den Taschen, das heißt, er verzichtet auf weltlichen, materiellen Reichtum und bringt ein Opfer dar.

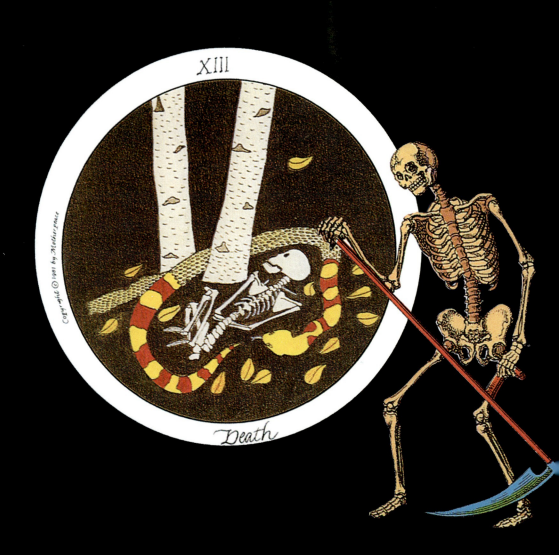

13
Der Tod

Die meisten Darstellungen zeigen den Tod als Knochenmann, der die Sense schwingt, umgeben von den abgetrennten Gliedmaßen seiner Opfer. Doch der schauerliche Anblick trügt, nur selten verweist diese Karte auf einen Todesfall. Es geht vielmehr um den Übergang zu einem neuen, oft viel versprechenden Lebensabschnitt. Allerdings sollte man sich mit einer positiven Haltung auf die Veränderung einlassen.

Hauptbedeutungen

Wechsel und Veränderung; der Beginn eines neuen Lebens

Umgekehrte Karte

Unangenehme, schmerzliche Veränderung, langwierige, oft qualvolle Übergangszeit

14
Die Mäßigkeit

Die Tugend der Mäßigkeit wird durch eine Frau verkörpert. Häufig erscheint sie als geflügelte Gestalt, die eine Flüssigkeit von einem Krug in einen anderen gießt. Die Flügel auf dem Rücken verleihen ihr ein engelhaftes Aussehen, aber ihr Vorbild sind vermutlich die geflügelten weiblichen Gestalten des klassischen Altertums. Das Umgießen der Flüssigkeit verweist auf die Notwendigkeit, in allen Dingen das rechte Maß zu finden und die verschiedenen Elemente so lange zu mischen, bis das Gleichgewicht gefunden ist.

HAUPTBEDEUTUNGEN

Gleichgewicht, vor allem im seelischen Bereich; Reife bei der Bewältigung schwieriger Fragen

UMGEKEHRTE KARTE

Gegensätzliche Interessen; Wankelmut, Unentschlossenheit

15
Der Teufel

Die zentrale Gestalt dieser Karte ist der Teufel, manchmal mit Flügeln und teilweise auch als Ziegenbock dargestellt. Unter ihm stehen zwei dämonische Gestalten, die mit einer Kette um den Hals angebunden sind. Andere Darstellungen zeigen ihn als gehörnten Gott. Vielleicht besteht ein Zusammenhang mit dem keltischen Hirschgott und dessen Fruchtbarkeitsriten. Wie beim Tod ist die Bedeutung der Karte nicht wörtlich zu verstehen: Sie symbolisiert nicht das Dämonische an sich, sondern eher die unangenehmen Umstände, die einem das Leben vergällen.

Hauptbedeutungen

Enttäuschungen und Schikane; Übergewicht der materiellen Aspekte des Lebens

Umgekehrte Karte

Verstärkung der oben genannten Aspekte: das Böse schlechthin

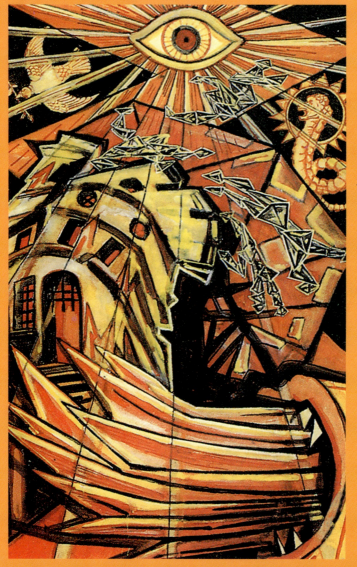

Hauptbedeutungen

Erschütterung und Verderben; plötzlicher, gewaltsamer Verlust

Umgekehrte Karte

Abschwächung der oben genannten Aspekte

16
Der vom Blitz getroffene Turm

Auf den ersten Blick bietet sich ein Bild völliger Zerstörung, doch wie die meisten erschreckenden Karten des Tarot hat der Turm auch positive Aspekte. Wir sehen eine beunruhigende Szene: Ein von Zinnen gekrönter Turm wird vom Blitz getroffen, sodass die Bewohner aus dem Fenster hinab in den Tod stürzen.

Die Zinnenkrone wird heruntergerissen, was als Anschlag auf das menschliche Ego aufzufassen ist. Zweifelsfrei verweist die Karte auf unangenehme, ja gewaltsame Ereignisse, doch es ist nicht auszuschließen, dass man aus dieser Erfahrung etwas Sinnvolles lernt. Auf den Kopf gestellt prophezeit die Karte eine weniger schlimme Erfahrung als in aufrechter Lage.

17
Der Stern

Im Mittelpunkt steht hier eine nackte Frau, die aus zwei Krügen Wasser auf die Erde schüttet. Vielleicht stellt sie die babylonische Göttin Ischtar dar, die das Wasser des Lebens suchte, um ihren toten Geliebten wiederzuerwecken. Am Himmel hinter ihr steht ein großer Stern inmitten von kleineren Sternen. Diese Karte verheißt Genesung und Leben, vor allem nach einer leidvollen, spannungsreichen Zeit.

HAUPTBEDEUTUNGEN

Wiederbelebung und neue Hoffnung; Aussicht auf Erfüllung

UMGEKEHRTE KARTE

Reduziertes Leben; Hindernisse, die dem Glück im Wege stehen, das aber noch nicht unerreichbar geworden ist

18
Der Mond

Der Mond trägt bei dieser Karte häufig die Züge einer alten Frau – ein weiterer Aspekt des weiblichen Prinzips, das hier für Alter und Einsamkeit steht. Oft werden auch ein Hund oder ein Wolf dargestellt, die den Mond anheulen, während aus einem Teich im Vordergrund ein unheimlicher Krebs kriecht – wie eine Erscheinung aus den dunklen Abgründen der Seele. Da die Orientierung fehlt, entsteht Verwirrung; man ist im Netz der eigenen Irrtümer gefangen.

HAUPTBEDEUTUNGEN

Depression; Verwirrung, da man nicht in der Lage ist, die Dinge klar zu sehen

UMGEKEHRTE KARTE

Verstärkung der oben genannten Aspekte; Verzweiflung, verzweifelte Suche nach Hilfe

19
Die Sonne

Dieses Bild strahlt Optimismus aus. Die Sonne symbolisiert große Errungenschaften, inneres Gleichgewicht und Glück. Auf traditionellen Darstellungen hat die Sonne ein menschliches Antlitz und lächelt freundlich auf Zwillinge herab, die sich in einem ummauerten Garten befinden. Manchmal sitzt eines der Kinder auf einem Pferd, einem Tier, das dem Gott Jupiter zugeordnet wird und daher ein kraftvolles Sonnensymbol ist.

Hauptbedeutungen

Glück und Zufriedenheit über errungene Erfolge

Umgekehrte Karte

Abschwächung der oben genannten Aspekte

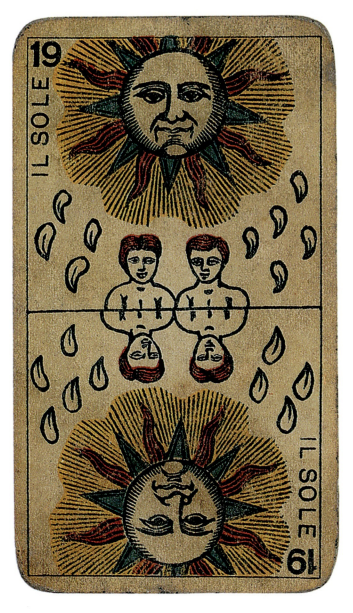

20
Das Jüngste Gericht

Obwohl diese Karte auf das Ende verweist, liegt ihre Bedeutung eher im Rückblick, im Ziehen einer Bilanz im Hinblick auf Geschehenes. Der Vordergrund zeigt die Auferstehung der Toten, die sich aus ihren Gräbern erheben, auferweckt von Trompetenschall eines Engels, der den oberen Teil der Karte beherrscht. Der Antagonismus zwischen der aufrecht und der umgedreht liegenden Karte ist klar: Im ersten Fall gibt es Grund zur Zufriedenheit mit dem Abschluss eines Lebensabschnitts, im zweiten Fall gibt es manches zu bedauern und zu bereuen.

HAUPTBEDEUTUNGEN

Befriedigendes Ergebnis eines Lebensabschnitts oder einer besonderen Angelegenheit

UMGEKEHRTE KARTE

Trauer über jüngst vergangene Ereignisse; der Abschluss einer größeren Aufgabe verzögert sich

21
Die Welt

Auf dieser Karte offenbart sich der ganze Reichtum der Tarot-Symbolik. Eine nackte, von einem Lorbeerkranz umrankte Frau tanzt, während in den Ecken die vier Tiere des Ezechiel zu sehen sind. Sie stehen für die vier Elemente und die vier stabilen Zeichen des Tierkreises. Eine christliche Auslegung des Tarot mag in ihnen die Evangelisten Matthäus, Markus, Lukas und Johannes sehen. Die Karte ist sehr positiv; sie verweist auf den erfolgreichen Abschluss eines Lebensabschnitts und den vielversprechenden Beginn des nächsten.

Hauptbedeutungen

Erfolgreicher Abschluss; Erlebnis der Fülle

Umgekehrte Karte

Enttäuschung, Unfähigkeit, etwas zu einem befriedigenden Abschluss zu bringen

DIE KLEINEN
Die Hof- und

Die vier Farben der kleinen Arkana sind in zwei Gruppen gegliedert: die Hofkarten, die im Unterschied zu normalen Spielkarten einen Ritter enthalten, und die Zahlenkarten, die traditionell nur mit den Symbolen oder »Augen« der jeweiligen Farbe versehen sind. Das Ass nimmt eine Sonderstellung ein, da es die wesentlichen

ARKANA
Zahlenkarten

Aspekte der Farbe in Reinform darstellt. Jede Farbe hat eine eigene, ausgeprägte Symbolik. Stäbe und Schwerter gelten als männliche Farben, während Kelche und Münzen dem weiblichen Prinzip zugeordnet werden. Feuer ist das Element der Stäbe, Wasser das der Kelche, Luft gehört zu den Schwertern und Erde zu den Münzen.

Der König der Stäbe

Da er Verantwortungsgefühl und positives Denken verkörpert, wird er oft als Vaterfigur gesehen. Er besitzt Tatkraft und Urteilsvermögen, nimmt aber auch Rücksicht auf andere. Eine so starke Persönlichkeit kann jedoch zur Intoleranz neigen, und umgekehrt deutet der König auf die Unfähigkeit hin, den Standpunkt anderer Menschen zu akzeptieren, vor allem, wenn deren ethische Normen geringer eingeschätzt werden als die eigenen.

Die Königin der Stäbe

S. L. Macgregor Mathers, ein bekannter Okkultist des 19. Jahrhunderts, sah diese Königin als Frau, die auf dem Land lebt und als Herrin einem großen Haus vorsteht. Wie der König ist sie tatkräftig, aufrichtig und fair im Umgang mit anderen. Die Stäbe verweisen auf aktives, zielgerichtetes Handeln, wobei die Bedeutung des Erreichten in den Hintergrund tritt. Liegen die Karten umgekehrt, werden die positiven Aspekte durch Herrschsucht und Verbitterung verdrängt.

Der Ritter der Stäbe

Die Ritter der kleinen Arkana stehen generell für Bewegung und Energie. Beim Ritter der Stäbe liegt jedoch der Verdacht nahe, dass er seine durchaus gut gemeinten Taten nicht zu Ende führt. Diese Eigenschaft wird durch die Lücke zwischen den Mäulern und Schwänzen der Salamander auf seinem Wams symbolisiert und kommt vor allem dann zum Tragen, wenn die Karte umgekehrt liegt: Dann können seine Begeisterung und Feurigkeit zum Streit und zum Abbruch von Beziehungen führen.

Der Page der Stäbe

Der Page bringt die Eigenschaften seines Symbols auf unbeschwertere Weise zum Ausdruck als die höheren Hofkarten. Der extravertierte Aspekt der Stäbe zeigt sich hier als jugendlicher Enthusiasmus, als Wunsch, Licht und Spannung ins Leben anderer zu bringen. Unter ungünstigen Umständen verwandelt sich die Offenheit und Aufrichtigkeit des Pagen jedoch in Verdrießlichkeit und Schwäche: Er wird zum Überbringer schlechter Nachrichten.

Die Stäbe zehn bis sechs

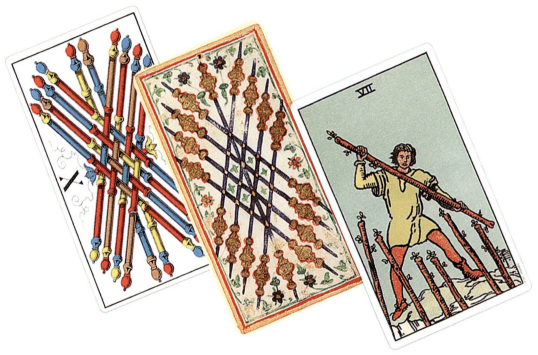

Stab	Hauptbedeutungen	Umgekehrte Karte
10	Ehre und Anstand	Betrug
9	Ordnung, Disziplin	Unordnung, Verspätung
8	Harmonie, Verständnis	Unstimmigkeit, Streit
7	Erfolgreicher Vorstoß	Rückzug, Unentschlossenheit
6	Optimismus	Unentschlossenheit

Die Stäbe fünf bis zwei

STAB	HAUPTBEDEUTUNGEN	UMGEKEHRTE KARTE
5	Materielles Wohlergehen	Schaden, Verderben
4	Standhaftigkeit	Glück, Wohlergehen
3	Unternehmungsgeist	Nachdenklichkeit, Bestandsaufnahme
2	Materieller Erfolg	Veränderung, Vorstoß ins Unbekannte

Das Ass der Stäbe

Die Einzigartigkeit der Asse liegt in der Konzentration auf das Hauptmerkmal der Farbe – in diesem Fall Feuer. Es steht für Stärke, Macht, schöpferische Kraft und gewaltige sexuelle Energie: Das alles kommt in der Fruchtbarkeit des astartigen Stabes zum Ausdruck. Diese Karte ist ein Ausdruck an Energie und Hoffnung. Aber die gebündelte Kraft der Karte bedeutet auch, dass die Umkehrung verheerend ist: Chaos und Verderben drohen, weil vielleicht die große, kreative Tatkraft der Stäbe fehlgeleitet wurde.

Der König der Kelche

Die Kelche sind dem Wasser zugeordnet, also einem sanfteren, seelenvolleren Element, als es das Feuer der Stäbe ist. Dank der inneren geistigen Kraft des Wassers ist der König der Kelche ein intelligenter Mensch. Seine Macht steht außer Zweifel: Hoheitsvoll hält er seinen Kelch, als gehöre dieser zu seinen Insignien. Dennoch wirkt er kühl; seine inneren Konflikte kann man nur ahnen. In der Umkehrung nutzt er seine Kreativität für unehrenhafte, korrupte Zwecke.

Die Königin der Kelche

Eine Glück verheißende Karte, die für inneres Gleichgewicht und Harmonie steht. Die Königin hält stets einen besonders kunstvoll ausgeführten Kelch, der die hohen Ziele symbolisiert, die durch verantwortungsvollen Umgang mit den Kräften der Fantasie erreichbar werden. Freundlich und verständnisvoll tritt sie stets für das Gute ein. In der Umkehrung können ihre Qualitäten jedoch als Launenhaftigkeit und Wankelmut erscheinen.

Der Ritter der Kelche

Der Ritter ist weniger konzentriert und machtvoll als die höheren Hofkarten. Zwar meint er es gut, aber er neigt zur Fantasterei, anstatt mit Hilfe seiner geistigen Kräfte die tieferen Lebenswahrheiten zu erforschen. Er scheint seinen Kelch mit gemischten Gefühlen zu betrachten, als wäre er sich seiner wahren Natur nicht ganz sicher. Die Karte kündigt Veränderungen und neue Abenteuer an, umgekehrt bedeutet sie jedoch Unzuverlässigkeit und Rücksichtslosigkeit.

Prince of Cups

Der Page der Kelche

Der unschuldige Page ahnt noch nichts von den inneren Konflikten der höheren Hofkarten seiner Farbe. Sein sanfter Blick ruht arglos auf dem Kelch, der manchmal mit einem Fisch, dem Symbol der Fantasie, dargestellt wird. Der Page steht für verborgene Talente; er kann auch darauf hinweisen, dass es Zeit ist, sich stillen Betrachtungen hinzugeben. Umgekehrt bedeutet er Faulheit, Oberflächlichkeit und Vernachlässigung von Talenten.

Die Kelche zehn bis sechs

KELCH	HAUPTBEDEUTUNGEN	UMGEKEHRTE KARTE
10	Guter Ruf, Ehrbarkeit	Hader, Zwietracht
9	Schwierigkeiten überwinden	dem Irrtum verfallen
8	Sicherheit, Zuneigung	Hirngespinste, Risiko
7	Kraft der Fantasie	Irrglauben, Unentschlossenheit
6	Beschäftigung mit der Vergangenheit	übertriebene Nostalgie

Die Kelche fünf bis zwei

Kelch	Hauptbedeutungen	umgekehrte Karte
5	Vermählung und Vereinigung	Fehlstart
4	Apathie, Festhalten an Vergangenem	Offenheit für das Neue
3	Erstaunen und Freude	verlorenes Glück
2	Zuneigung, Liebe	Zusammenbruch, Ende

Das Ass der Kelche

Das Ass steht hier für die verschiedenen Spielarten der Liebe und alle positiven Mächte des Unbewussten. Die Karte zeigt einen großen, kunstvollen Kelch, der als Heiliger Gral, als Gefäß des Heiligen Geistes oder als einigende Kraft der Welt aufgefasst wird. Liegt die Karte umgekehrt, symbolisiert sie Zerrüttung und negative Veränderung.

Der König der Schwerter

Die Schwerter werden dem Element Luft zugeordnet und stehen daher für geistige, intellektuelle Fähigkeiten. Doch das Schwert ist eine gefährliche Waffe; es kann Schmerzen und Verletzungen zufügen. Andererseits vermag es den Schleier von Irrtum und Selbsttäuschung zu zerreißen. Der König der Schwerter ist ein wahrer Herrscher, der unabhängig urteilt und erreicht, was er will. Umgekehrt verweist die Karte auf große Zerrüttung und Machtmissbrauch.

Die Königin der Schwerter

Diese Königin ist eine mutige Frau, die nicht selten großes Leid und schwere Verluste erlebt hat. Doch mit Hilfe ihres Schwerts ist es ihr gelungen, Rückschläge zu überwinden und Wahrhaftigkeit und innere Weisheit zu erlangen. Das Schwert hält sie als Symbol ihrer moralischen Redlichkeit. Liegt die Karte umgekehrt, besteht die Gefahr, dass der Kummer zum Selbstzweck wird und sie mit Gehässigkeit und Übeltaten auf widrige Umstände reagiert.

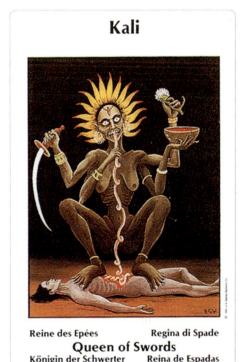

Der Ritter der Schwerter

Bezeichnenderweise hält der Ritter sein Schwert schräg in die Höhe oder schwingt es durch die Luft. Das heißt, neben seinem Mut und seinem kriegerischen Können hat er ein heftiges Temperament. Liegt die Karte umgekehrt, verstärkt sich diese Tendenz: Aus Mut wird Ungestüm, der geschickte Umgang mit der Waffe wird zu roher Gewalt, große Energien werden nicht mehr gelenkt, sondern zügellos eingesetzt.

Der Page der Schwerter

Diese Karte wird oft mit Bespitzelung, Überwachung und Misstrauen in Verbindung gebracht. Doch der Page versteht es auch, einen Konflikt zu vermeiden. Unabhängigkeit ist die zentrale Eigenschaft des Pagen, wenn er jedoch in eine Sache hineingezogen wird, erwägt er das Für und Wider sehr genau. Allerdings zögert er oft, den Stier bei den Hörnern zu packen; angesichts widriger Umstände versäumt er es zu handeln.

Die Schwerter zehn bis sechs

Schwert	Hauptbedeutungen	Umgekehrte Karte
10	Unglück und Kummer	vorübergehendes Glück
9	Ruhiges Gewissen, gutes Benehmen	Argwohn und Misstrauen
8	Tyrannei, Krankheit	Veränderung, Unfall, Befreiung
7	Impuls, plötzliches Verlangen	präziser Rat, Ratschluss
6	Allmähliche Veränderung, Reisen	unverhoffte Entwicklungen

Die Schwerter fünf bis zwei

Schwert	Hauptbedeutungen	umgekehrte Karte
5	Verlust und Niederlage	Verstärkung dieser Aspekte
4	Rückzug, Rücktritt	Wiederkehr
3	extremer Schmerz und Kummer	geistige und seelische Verwirrung
2	Unsicherheit in Notzeiten, Mut	Gewalt und Betrug

Das Ass der Schwerter

Die Schwerter sind stark männlich geprägt. Sie symbolisieren rationales Handeln, aber auch Verlust, Schmerz und Zerstörung. In seiner reinsten Form steht das Ass für eine große, maßgebende Autorität und für Nachforschungen, die zu Grundwahrheiten führen. Wenn diese Klarheit fehlt und die Karte auf dem Kopf steht, dann entstehen Verwirrung und Übertreibung in Gedanken, Gefühlen und Taten.

Der König der Münzen

Die Hofkarten der Münzen sind viel realitätsbezogener als die übrigen Farben. In manchen Decks heißen sie Pentakel oder Pentagramm – das magische Zeichen für die uns umgebende Welt. Ihr Element, die Erde, ist handfester als Luft, Feuer und Wasser. Folglich sieht der König eher aus wie ein Kaufmann und nicht wie eine fürstliche Erscheinung. Er ist im Beruf erfolgreich, genießt aber auch die Freuden eines behaglichen Lebens. Liegt die Karte umgekehrt, bedeutet sie Misserfolg und Schwäche.

Die Königin der Münzen

Ihr Blick ruht konzentriert auf dem Pentagramm in ihrem Schoß, das heißt, die Königin hat die Hand am Puls des Lebens. Dieser Eindruck verstärkt sich durch die Fruchtbarkeitssymbole, die sie umgeben: ein üppiger Garten mit Rosen und einem Hasen. Wie die Herrscherin in den großen Arkana hat die Königin der Münzen ein goldenes Herz, ohne dabei die Belange des praktischen Lebens zu vergessen. Negativ gedeutet, wird sie von Selbstzweifeln und Misstrauen gequält.

Der Ritter der Münzen

Er ist weniger abenteuerlustig als die anderen Ritter des Tarot, vielmehr zeigt er eine sympathische Schlichtheit und Vertrauenswürdigkeit. Sein Leben verläuft relativ ereignislos, denn er besitzt keine Fantasie und wenig Sinn für Romantik. Aber er ist zuverlässig und wird sein Ziel erreichen, wenn die Zeit reif ist. Der Mangel an Schwung und Eleganz verstärkt sich, wenn die Karte umgekehrt liegt; statt gesundem Menschenverstand bleiben nur noch Dummheit und Trägheit.

Der Page der Münzen

Die Karte zeigt einen Studenten oder einen Menschen, der die ersten Schritte ins Leben wagt. Dieser junge Mann betrachtet seine Münze meist mit großer Eindringlichkeit. Die Wissenschaft bedeutet ihm alles, sodass er nichts anderes mehr wahrnimmt. Er widmet sich ganz seiner Aufgabe und arbeitet ernst und verantwortungsbewusst. Ist die Karte jedoch umgekehrt, treten an die Stelle dieser positiven Eigenschaften Schwerfälligkeit und Pfuscherei.

Die Münzen zehn bis sechs

MÜNZEN	HAUPTBEDEUTUNGEN	UMGEKEHRTE KARTE
10	Familienzusammenhalt	Leichtsinn, Verlust
9	Geduld, Fürsorglichkeit	Täuschung, unsolide Arbeit
8	schlicht, aber anziehend	oberflächlich, heuchlerisch
7	Korruption, Materialismus	finanzielle Sorgen
6	Angebote, Befriedigung	übertriebener, anmaßender Ehrgeiz

Die Münzen fünf bis zwei

MÜNZEN	HAUPTBEDEUTUNGEN	UMGEKEHRTE KARTE
5	Partnerschaft, unverdorbene Liebe	Geilheit, Zügellosigkeit
4	Ungetrübtes Vergnügen	Bedenken und Einwände
3	Hohe Auszeichnungen und Ämter	Anfänge, undankbare Arbeit
2	Labiles Gleichgewicht, arrangiertes Vergnügen	Verantwortungslosigkeit, erzwungene Fröhlichkeit

Das Ass der Münzen

Die Münzen versinnbildlichen die ganze Vielfalt einer glücklichen Existenz in dieser Welt, und das Ass ist die Quintessenz der Zufriedenheit und des Wohlergehens. Aufrecht steht die Karte für den Lebensgenuss im Alltag; sie feiert die Freigebigkeit der Natur, wie sie sich vor allem im Garten darbietet. Doch Reichtum und Fülle können auch verderblich wirken, wenn sie Egoismus und Prasserei fördern.

Bild- und Textnachweis

*Abkürzungen: o oben, u unten,
Hg Hintergrund, M Mitte, l links, r rechts.*

Titelseite
(von links nach rechts)
Cairo Museum. British Museum London. Photo © British Museum, London. Copyright Merle Greene Robertson, 1976. The Victoria & Albert Museum, London (Photo Eileen Tweedy). Foto: Wellcome Institute Library, London. © Christina Gascoigne. Private Sammlung. Ajit Mookerjee Collection. Mit freundlicher Genehmigung von Frances Cartes BP 49–45130 Sain Max– France.

Die Ägypter
The Walters Art Gallery, Baltimore 64. Staatliche Museen Berlin, Bildarchiv Preußischer Kulturbesitz 32. Brooklyn Museum (49.48 Charles Edwin Wilbour Fund) 72. Cairo Museum 3, 14, 46, 76–77; (Foto: Gallimard, l'Univers des Formes, Paris) 57, 78; (Foto: Kodansha Ltd, Tokio) 50; (Foto: Albert Shoucair) 36, 68, 69, 70, 74. Foto: Peter Clayton 87. Ny Carlsberg Glyptotek, Kopenhagen 52. Foto: André Held 56. Römer-und Pelizäus-Museum, Hildesheim 83. Foto: Max Hirmer 35. Foto: Kodansha Ltd, Tokio 55, 59, 82. British Museum, London 15, 24–25, 27, 28, 29, 31, 33, 37, 44, 45, 63, 65, 66, 72, 75, 89. Foto: Kazimierz Michalowski 16–17, 42. Musée du Louvre, Paris, © Photo RMN 60. Foto: James Putnam 80–81. Foto: John Ross 48–49. Foto: Scala 39. Foto: Chris Scarre 84.

Zitate aus dem Ägyptischen Totenbuch stammen aus der englischen Ausgabe von Raymond O. Faulkner, überarbeitete Neuauflage herausgegeben von British Museum Press.

Die Kelten
Foto: Aerofilms 101. National Museum, Budapest 130. Musée de Chatillon-sur-Seine (Foto: Jean Roubier) 115. Nationalmuseet, Kopenhagen 127, 139, 146, 147, 157. National Museum of Ireland, Dublin 145, 161, 162. Mit freundlicher Genehmigung des Board of Trinity College Dublin 133, 158–159, 165, 166, 167. Foto: Werner Forman Archive 98. British Museum, London 135, 150, 152, 154, 156. Musée Borély, Marseilles 108–109. Foto: George Mott 102. Prähistorische Staatssammlung, München 134. Museum of Antiquities, Newcastle 105. Bibliothèque Nationale de France, Paris 121; (Cabinet des Médailles) 111o, 140. National Museum, Prag 118. Landesmuseum für Vor-und Frühgeschichte, Saarbrücken 124, 142–143. Musée des Antiquités Nationales, St-Germain-en-Laye (Foto: © RMN) 90, 112. Historisches Museum der Pfalz, Speyer 136. Württembergisches Landesmuseum, Stuttgart 122. Foto: Homer Sykes 96–97. Foto: Telegraph Colour Library 128–129. Naturhistorisches Museum, Wien 131. Der Abdruck aller Zeichnungen, mit Ausnahme der oben genannten, erfolgte mit freundlicher Genehmigung von Aidan Meehan (© Aidan Meehan).

Die Indianer
Anschutz Collection 179. Tony Campbell 227. E. C. Curtis 170, 205. Werner Forman Archive 174, 190, 191, 200, 216, 219, 224, 228, 233, 237; (Alaska Gallery of Eskimo Art) 234; (Maxwell Museum of Anthropology, Albuquerque) 184; (Anchorage Museum of History and Art) 232; (Ethnologisches Museum, Berlin) 193, 240; (Field Museum of Natural History, Chicago) 177; (Plains Indians Museum, Buffalo Bill Historical Center, Cody, Wyoming) 168, 172, 176; (British Museum, London) 199; (National Museum of the Ameri-

can Indian, Smithsonian Institution, New York) 189, 206, 210, 213; (Private Sammlung, New York) 241; (National Museum of Man, Ottawa, Ontario) 214, 231, 236; (University of Pennsylvania Museum, Philadelphia) 203; (Haffenreffer Museum of Anthropology, Brown University, Providence) 182; (Arizona State Museum, Tucson) 79;
(University of British Columbia, Vancouver) 238; (Provincial Museum, Victoria, British Columbia) 198, 209, 230, 235.
Copyright British Museum, London 244. National Museum of the American Indian, Smithsonian Institution, New York 186.
Franc J. Newcomb *Sandpaintings of the Navajo Shooting Chant*, 1938, 204–205. Sally Nicholls 222–223. Private Sammlung 197. The Wheelwright Museum of the American Indian, Santa Fe 179, 221, 242. Museum für Völkerkunde, Wien 194. Eva Wilson *North American Indian Designs*, 1984, 168, 175, 178, 201, 202, 207, 211, 212, 229.

Die Maya

The Baltimore Museum of Art, Spende von Alan Wurtzburger 314. Zeichnung von C. P. Beetz, nach dem Original von J. A. Fox 305. Museum of Fine Arts, Boston, Schenkung von Landon T. Clay 247, 263, 278. Copyright British Museum 286, 297. Zeichnung von Michael Coe 271*l*, 290–291. T. Patrick Culbert *Maya Civilization*, 1993, 249. Dallas Museum of Art, The Eugene and Margaret McDermott Fund zu Ehren von Mrs. Alex Spence 322. Copyright © 1985 Founders Society Detroit Institute of Arts, Founders Society Erwerb, Katherine Margaret Kay Bequest Fund und New Endowment Fund 308*l*. Duke University Museum of Art, Durham, Museumserwerb 280–281. Nach einer Kopie von Felipe Dávalos, Florida State Museum, Gainesville 246.

J. G. Fuller/The Hutchinson Library, UK 306. Museo Popol Vuh, Universidad Francisco Marroquín, Guatemala City 289. F. H. A. von Humboldt *Nouvelle Espagne Atlas*, 1810, 255, 273. Foto: © Justin Kerr 247, 257, 261, 263, 265, 266, 270, 278, 280–281, 283, 284, 289, 293, 294, 295, 309, 314, 320–321, 323. Viscount Edward Kingsborough *Antiquities of Mexico Volume III*, 1830, 276. Finn Lewis/The Hutchinson Library, UK: 251. A. P. Maudslay *Biologia Centrali Americana Volume II*, 1889–1902, 296. Instituto de Cultura de Tabasco, Dirección de Patrimonio Cultural, Museo Regional de Antropologia »Carlos Pellicer Cámara«, Villahermosa 268. Museo Nacional de Antropologia, Mexico 299, 301. Zeichnung von Mary Miller 308*r*. New Orleans Museum of Art, Ella West Freeman Foundation Matching Fund 293; Women's Volunteer Committee Fund 295. American Museum of Natural History, New York 307.
J. Pate/The Hutchinson Library, UK 313. Peabody Museum, Harvard University, Cambridge 302–303, 310–311, 317. Edwin Pearlman, M.D., Norfolk, Virginia 270. Zeichnung von Diane Griffiths Peck 275. Princeton University Art Museum, Spende der Hans and Dorothy Widenmann Stiftung 323. Private Sammlung 257, 265, 266. Copyright Merle Greene Robertson, 1976, 258, 304. Saint Louis Art Museum, Gift of Morton D. May 320–321. Zeichnung von Linda Schele 259, 267, 271*r*, 277, 280*o*, 288, 289, 292, 300, 316*r*. Paul Schellhas *Representation of Deities of Mayan Manuscripts*, 1904, 298. Robert J. Sharer *The Ancient Maya*, 1994, 282. Zeichnung von Karl Taube 252, 260, 262, 264, 285, 315. Antonio Tejeda 310–311. Nach J. E. S. Thompson *The Rise and Fall of Maya Civilization*, 1956, 253. Wilson G. Turner *Maya Designs*, 1980, 318. Utah Museum of Fine Arts, Salt Lake City, Permanent Collection 284.

Bild- und Textnachweis 789

Buddhismus

Martin Brauen 368. Indian Museum, Kalkutta 334. University Library, Cambridge 3. Ananda K. Coomaraswamy, *Elements of Buddhist Iconography*, 1935, 328, 333, 337, 348, 377. Nach A. van Gabain, *Das Uigurische Königreich*, 1960, 401. Bernard P. Groslier *Hinterindien*, 1962, 391. Graham Harrison 326, 354, 374, 382, 398–399, 402. Martin Hürlimann 370, 390. The Nelson-Atkins Museum of Art (Nelson Fund), Kansas City 373. Kozan-ji, Kyoto 380. Toji, Kyoto 379. Mit Erlaubnis von The British Library, London 327, 342–343, 371, 389. Copyright British Museum, London 336, 340, 345, 353, 356–357, 358, 364, 367, 372, 375, 388, 400. Mit freundlicher Genehmigung des Victoria & Albert Museum, London 329, 351, 359. Los Angeles County Museum of Art, Mr and Mrs Harry Lenart 350. Lu K'uan Yü *Taoist Yoga*, 1970, 403. John Lundquist 385. Staatliches Museum für Völkerkunde, München 332, 347, 376. Collection of the Newark Museum, Newark, Schenkung von Herman und Paul Jaehne, 1941 (Foto: John Bigelow Taylor) 349; erworben 1920, Shelton Collection (Foto: John Bigelow Taylor) 395. Musée Guimet, Paris 363, 386; (Giraudon) 339; (© PHOTO R.M.N.) 335, 338. Eremitage, St. Petersburg (Foto: John Bigelow Taylor) 326; Prince Ukhtomsky Collection (Foto: John Bigelow Taylor) 361. Asian Art Museum of San Francisco, The Avery Brundage Collection (Foto: John Bigelow Taylor) 344. Archäologisches Museum, Sarnath (Foto: Martin Hürlimann) 300. Seattle Art Museum 331. *Taisho-shinshu-daizokyo* 384, 394. Toyo Bunko Library, Tokio 381, 397. Smithsonian Institution, Washington, D.C. 396.

Taoismus

Bowes Museum, Barnard Castle, Durham 453*r*. Palace Museum, Beijing 442, 476–477. The Oriental Museum, Durham University 409, 414, 418, 422, 423, 429*Hg*, 438*l*, 439, 443, 446, 449, 450, 451, 461. Feng Yun-p'eng & Feng Yun-yuan, *Chin Shih So*, 1906, 117, 437*ur*. After J. J. M. de Groot *The Religious System of China*, 1892–1910, 408. *Hui Ming Ching* 467. The Nelson-Atkins Museum of Art (Nelson Fund), Kansas City 436. John Lagerwey, Mitglied der École française d'Extrême-Orient (EFEO) 415, 416, 426*o*, 459. Lin Ling-su, *Tao-tsang*, frühes 12. Jh., 405. Copyright British Museum, London, 407, 420, 453*l*, 470. Percival David Foundation of Chinese Art, School of Oriental and African Studies, University of London 456. The Hutchinson Library, London, © Melanie Friend 472. Spink & Son Ltd, London 404, 410–411, 430, 434–435, 454. Mit freundlicher Genehmigung des Victoria & Albert Museum, London 413, 432, 448, 478–479. Wellcome Institute Library, London 425. New York Public Library, Spencer Collection, Astor, Lennon and Tilden Foundation 445. © Foto: Bibliothèque Nationale de France, Paris 419. Private Sammlung 463, 468. R. C. Rudolph und Wen Yu *Han Tomb Art of West China*, 1951, 452. *San-tsai-t'u-hui*, 1609, 433. Museum of Art and History, Shanghai 474*l*. Shojuraigo Temple, Shiga 438*u*. *Shu Ching T'u Shuo* 428. National Palace Museum, Taipei 440, 460, 462, 471. *Tao-tsang* 426*b*, 441, 444, 464*o*, 466, 469. C. Trever *Excavations in Northern Mongolia (1924–1925)*, 1932, 455*o*. Christopher Ward 464*u*. Yu Yen *Chou I Tshan Thung Chhi Fa Hui*, 1284, 429.

Christentum

Text von James Bentley.
Musées Royaux des Beaux-Arts, Antwerpen 6.
Barbier de Montault *Iconographie Chrétienne*,1890, 530.
W. E. C. Baynes *St. Joseph of Arimathaea*, 1929, 548.
Rheinisches Landesmuseum, Bonn 524. Museo Civico, Sansepolcro 536. Musée d'Unterlinden, Colmar 498, 515. Kölnisches Stadtmuseum, Köln 510. Nationalmuseet, Kopenhagen 508. Office of Public Works in Ireland, Dublin 509. Galleria dell'Accademia, Florence 488. St. Marien Cathedral, Havelberg 514. Hirmer Fotoarchiv 513, 516. Museo de Escultura, Lérida 483. Mit freundlicher Genehmigung von The British Library, London 485, 491, 500, 506, 507, 544, 554, 555. Copyright British Museum, London 481, 551. Abdruck mit freundlicher Genehmigung von The National Gallery, London 495, 517, 518, 521, 527, 531, 532, 535, 553. Mit freundlicher Genehmigung des Victoria & Albert Museum, London 545, 552. Santa Maria, Loretto Aprutino 541. Biblioteca Nacional, Madrid 504. Museo Nacional de Antropologia, Mexiko-Stadt 519. Bayerische Staatsbibliothek, München 511. Copyright The Frick Collection, New York 496. Germanisches Nationalmuseum, Nürnberg 499. © Foto: Bibliothèque Nationale de France, Paris 492, 501, 512, 525, 556–557. Musée National du Moyen-Age, Thermes de Cluny, Paris 537. Private Sammlung 549. Museum of Art,
Rhode Island School of Design, Providence 523. Museo delle Terme, Rom 484. Foto: Scala 486–487, 488, 498, 515, 522, 533, 536, 541. Schoeffer *Hortus Sanitatis*, 1485, 490. Senlis Cathedral 534. Torcello Cathedral 542. San Pietro, Vatikanstadt 533. Vatikanisches Museum 493, 494, 502–503, 522, 538.
San Marco, Venedig 480. Kunsthistorisches Museum, Wien 528, 550. P. Vignon *The Shroud of Christ*, 1902, 546. Santa Marta de Terra, Zamora (Jean Dieuzaide) 542*l*.

Der Abdruck von Auszügen aus der New English Bible erfolgte mit Erlaubnis der Oxford University Press und der Cambridge University Press.

Mandala

Prince of Wales Museum of Western India, Bombay 580. Indian Museum, Kalkutta 592. Gerd-Wolfgang Essen 595, 596. Robert Fludd *Tomus Primus De Macrocosmi Historia*, 1617, 579. Aus der Sammlung von Joan Halifax 573. Carl G. Jung *Archetypes and the Collective Unconscious, Collected Works*, 1959, 628, 629. Stanislaus Klossowski de Rola 620. Copyright British Museum, London 576, 591, 599. Mit freundlicher Genehmigung des Victoria & Albert Museum, London 560. Ajit Mookerjee Collection 569, 570, 585, 586, 587, 588, 593, 604, 608, 612, 614, 616, 618, 619, 623, 625, 627. Ronald Nameth 633. Musée Guimet, Paris 600. Miranda Payne 630, 631. Private Sammlung 561, 563, 565, 566, 575, 581, 582, 603, 610. Museum für Völkerkunde, Zürich 606.

Die auf den hier aufgeführten Seiten abgedruckten Zitate stammen aus den folgenden Quellen: *The Theory and Practice of the Mandala*, London, 1961, © Giuseppe Tucci 571, 605, 607, 632; *The Upanishads*, Harmondsworth, 1965, ins Engl. übers. von © Juan Mascaró 580, 622, 624, 626; *The Dhammapada*, Harmondsworth, 1973, ins Engl. übers. von © Juan Mascaró 587, 594, 598, 605, 609, 615; *Buddhist Scriptures*, Harmondsworth, 1959, ins Engl. übers. von © Edward Conze 594, 597; *Speaking of Siva*, Harmondsworth, 1973, übers. © A. K. Ramanujan 583.

Heilige Sexualität

Boltin Picture Library 656. Szépmüvészeti Muzeum, Budapest 672. Indian Museum, Kalkutta707. The Oriental Institute, The University of Chicago 689. © Foto: Peter Clayton 644. Colchester Museums 673. Foto: Lance Dane 637, 687. The Oriental Museum, Durham University 670r, 671, 700, 701. Robert Fludd *Utriusque Cosmi*, 1619, 643. Werner Forman Archive 653, 657, 662. Hildesheimer Mariendom 655. Foto: Madhu Khanna 665, 695. Paul Jenkins nach Anati 648r. Mit Erlaubnis von The British Library, London 691. Copyright British Museum, London 698. Abdruck mit freundlicher Genehmigung von The National Gallery, London 681. Mit freundlicher Genehmigung von The Victoria & Albert Museum, London 652, 678, 696. Museo Nacional del Prado, Madrid (Foto: Scala, Florenz) 690. Museo Nacional de Antropologia, Mexiko-Stadt (Foto: Michel Zabé) 648*l*, 659*l*. Biblioteca Estense Universitaria, Modena 649, 650. Ajit Mookerjee Collection 634, 635, 639, 641, 642, 644, 645, 668, 674, 705. Museo Nazionale, Neapel 682. Museum of Antiquities, Newcastle 638. Mit freundlicher Genehmigung der Royal-Athena Galleries, New York 676. © Janie Hampton/Panos Pictures 666. © Bibliothèque Nationale de France, Paris 660–661. Musée de l'Homme, Paris 688, 706. Musée du Louvre, Paris 659r; (© Photo RMN) 685, 692. Private Sammlung 640, 675, 697, 702. Palazzo dei Conservatori, Rom (Foto: DAI Rom) 683. Museum voor Volkenkunde, Rotterdam 667. National Museum of Korea, Seoul 651. Museum of Art and History, Shanghai 670*l*. Foto: Alistair Shearer 699. Biblioteca Apostolica, Vatikanstadt 669. Museo Laterano, Vatikanstadt 693. Museo Archeologico, Venedig 680. Kunsthistorisches Museum, Wien 654, 708–709.

Das Tarot

Naipes Heraclio Fournier S. A. 765*l*, 779*l*, 783, 786*l*. B. P. GRIMAUD 1981, mit freundlicher Genehmigung von FRANCE CARTES BP 49 - 54130 SAINT MAX - FRANCE 724, 736, 739, 747, 756, 761, 777, 781. Heron 726, 737, 741, 742, 748, 754*c*, 758, 759, 762, 765*r*, 768, 771*r*, 772*r*, 779*r*, 784, 785*l*. Aleister Crowley und Freida Harris *Thoth Tarot Deck*, © 1970 Ordo Templi Orientis und AG Müller & Cie, Abdruck mit freundlicher Genehmigung von Samuel Weiser Inc., and U.S. Games Systems, Inc. 717, 723, 746, 754*l*, 765*c*, 769, 771*l*, 778*l*, 786*r*. © Foto: Bibliothèque Nationale, Paris 722, 734, 744. Illustrationen aus den unten angegebenen Tarotspielen, herausgegeben von U.S. Games Systems, Inc., Stamford, CT 06902 USA, der Abdruck erfolgte mit freundlicher Genehmigung von Aquarian Tarot Deck, © 1970 U.S. Games Systems, Inc. 720, 750, 774; Barbara Walker Tarot Deck, © 1986 U.S. Games Systems, Inc. 775; Motherpeace Round Tarot Deck, © 1981, 1983 by Motherpeace, Inc. 32l; The Rider-Waite Tarot Deck ®, © 1971 by U.S. Games Systems, Inc. Copyright ©1993 Rider, aus dem Nachlass von A. E. Waite. All Rights Reserved 731, 745, 755, 760, 764*r*, 772*M*, 776, 778*M*, 782, 787; 1JJ Swiss Tarot Deck, © 1974 U.S. Games Systems, Inc. 711, 727, 732, 735, 752, 763, 764*l*, 767, 772*l*, 778*r*, 780, 786*M*; Pierpont Morgan-Bergamo Visconti-Sforza Tarocchi Deck © 1975, 1984 by U.S. Games Systems, Inc. 715, 720*r*, 743, 764*M*, 766, 771*M*, 785*r*; Charles Walker Collection & Images Colour Library Limited 713, 716, 718, 719, 725, 728, 730, 738, 749, 751, 753, 754*r*, 757, 770. Robert Wang 720*l*, 729, 733, 773, 779*M*, 785*M*.